Victor du BLED

HISTOIRE ANECDOTIQUE ET PSYCHOLOGIE DES
JEUX de CARTES DÉS, ÉCHECS

LIBRAIRIE · DELAGRAVE
15 · RVE · SOVFFLOT · PARIS

HISTOIRE ANECDOTIQUE
ET PSYCHOLOGIE
DES
JEUX DE CARTES
DÉS, ÉCHECS

OUVRAGES DU MÊME AUTEUR

La Société française du seizième au vingtième siècle.
Ouvrage deux fois couronné par l'Académie française :
Prix Monbinne et Prix Lambert; 9 vol. in-12, Perrin éditeur, 35, quai des Grands-Augustins, Paris.

Histoire de la Monarchie de Juillet, 2 vol. in-8º. Calmann-Lévy éditeur. Couronné par l'Académie française : Prix Thérouanne.

Les Causeurs de la Révolution, 1 vol. in-12. Calmann-Lévy. Couronné par l'Académie française : Prix Montyon.

Le Prince de Ligne et ses contemporains, 1 vol. in-12. Calmann-Lévy.

Orateurs et Tribuns (1789-1794), 1 vol. in-12. Calmann-Lévy.

La Société française avant et après 1789, 1 vol. in-12. Calmann-Lévy.

La Comédie de Société au dix-huitième siècle, 1 vol. in-12. Calmann-Lévy.

Le Bridge et les Bridgeurs, Règles, Psychologie, Anecdotes, 1 vol. in-16. Librairie Delagrave, rue Soufflot, 15, Paris.

HISTOIRE ANECDOTIQUE

ET PSYCHOLOGIE

DES

JEUX DE CARTES

DÉS, ÉCHECS

PAR

Victor DU BLED

PARIS
LIBRAIRIE DELAGRAVE
15, RUE SOUFFLOT, 15

1919

A Madame LA BARONNE DAVID LÉONINO

Très respectueux hommage d'un ami reconnaissant.

Victor du BLED.

Tous droits de reproduction, de traduction et d'adaptation
réservés pour tous pays.
Copyright by Librairie Delagrave, 1919.

HISTOIRE ANECDOTIQUE
ET PSYCHOLOGIE
DES
JEUX DE CARTES
DÉS, ÉCHECS

CHAPITRE PREMIER

CONSIDÉRATIONS GÉNÉRALES SUR LE JEU

Nombreux problèmes que soulève le jeu : instinct primordial, passion organique, maladie de l'âme; corrompt le pauvre par l'envie, le riche par l'habitude; huitième péché capital; son caractère impératif, universel. Distinction nécessaire entre les jeux de combinaison et les jeux de hasard. — Opinion d'un publiciste sur les *Villes entretenues.* — Principaux jeux des Grecs et des Romains. Tradition populaire sur l'inventeur du jeu de dés. Les osselets et l'amoureux d'Aphrodite. — Le cottabe. — Le tablier ou trictrac. Passion des Grecs pour le jeu : il fit perdre plus d'une bataille. — Le temple de Minerve Scirade. Partie de trictrac entre un prêtre d'Hercule et son dieu. — Impuissance des lois en Grèce et à Rome : le palais des Césars plus d'une fois transformé en tripot. Discussion entre savants sur le jeu d'échecs : il fut pratiqué à Rome; Ovide y fait allusion. Prière du joueur d'échecs. Scènes de jeu dans les peintures de Pompéï.

Le jeu, qui est, avec le mariage, le moyen le plus rapide de s'approprier légalement le bien d'autrui, — et surtout de perdre le sien, — soulève une foule de problèmes philosophiques, législatifs, financiers, historiques, moraux, et même religieux, bien qu'il n'ait pas été compris parmi les sept péchés capitaux. Il a ses sceptiques et ses passionnés, ses défenseurs et ses adversaires : ceux-ci ont peint, non sans éloquence, les dangers qu'il présente, les ravages qu'il exerce dans l'empire de la vertu, de la santé, de la fortune publique et privée; en dehors même de la religion, ils ont arraché aux gouvernements des prohibitions qui parfois font plus d'honneur à leur zèle qu'à leur clairvoyance. Hélas! le jeu est aussi naturel à l'homme que le fait de dormir, boire, manger, aimer; ou, si l'on veut, quand il dépasse certaines limites, il entre dans la catégorie des fléaux de l'humanité, au même titre que la maladie, le vice et la mort. C'est un besoin inné, primordial, organique en quelque sorte, des peuples et des individus, des primitifs et des civilisés; c'est en même temps une maladie de l'âme, une manifestation du désir éternel de l'homme d'améliorer sa situation, de faire appel à l'imprévu, au merveilleux, une transformation de l'instinct guerrier et de l'esprit d'aventure; c'est un magicien subtil qui, dans un brillant mirage, métamorphose les orties en fleurs, les cailloux en diamants; c'est un huitième péché capital; il flatte la vanité, la curiosité, l'avarice, la superstition, procure les multiples plaisirs de la surprise, en même temps qu'il détruit dans leur source la bonté, l'esprit de dévouement et de sacrifice, pour y substituer une frénésie d'égoïsme maladif. Et le réquisitoire serait incomplet, si l'on n'ajoutait que le jeu corrompt le pauvre par l'envie, le riche par l'habitude; il fait penser à cette Chimère, aux yeux aigus comme des poignards, qu'un peintre, il y a quelques années, nous montrait entraînant vers l'abîme l'immense et lamentable théorie de ses dévots. Quelqu'un m'a dit un jour que le cœur de l'homme est une chaudière d'eau bouillante dont le jeu devient une des soupapes de sûreté : ne fait-il pas au contraire l'office du charbon qui active l'incandescence du foyer?

De tout temps, sous des formes très diverses, le jeu a triomphé, sévi, enivré les foules; et naturellement il a rencontré plus de détracteurs que d'apologistes, tant l'homme se pique peu de logique, tant il éprouve une sorte de besoin haineux de se venger de ses idoles en déblatérant contre elles, parfois en les renversant. Et d'évoquer les principaux jeux enfantés par le génie du plaisir ou le démon du lucre, les anecdotes les plus typiques qui s'y rattachent, d'énumérer seulement les écrivains qui ont malmené cette passion, un tel travail exigerait un traité long comme un poème hindou. Si je tente d'effleurer le sujet, c'est surtout pour montrer combien le jeu a un caractère impératif, universel, comment, malgré tant d'avatars, de déguisements, il demeure le même dans ses causes et ses effets.

Gardons-nous aussi d'un absolutisme rigoureux : le jeu qui n'est qu'un passe-temps, un simple délassement de l'esprit, une diversion aux travaux ordinaires, celui où l'enjeu est assez modeste en un mot pour ne pas constituer un gain appréciable à celui qui le reçoit, une perte à celui qui paye, le jeu désintéressé en un mot, celui-là ne justifie nullement les anathèmes des moralistes : ceux-ci ne devraient viser que les joueurs qui immolent tous les devoirs, et même les autres passions à cette passion, à ceux qui vivent et bien souvent meurent du jeu, à ceux qu'il subjugue au point de leur faire oublier le goût, le tact, la discrétion et l'élégance des manières, aux tristes forçats du jeu. Pour ceux-là, ces deux proverbes populaires sont infiniment prophétiques : *Qui en jeu entre, jeu consente ; de deux regardeurs il y en a un qui devient joueur.* — Henri Rochefort, qu'on ne s'attendait peut-être pas à rencontrer en cette affaire, — mais ce diable d'homme eut quelquefois aussi du bon sens, — Henri Rochefort écrit cette page assez piquante sur Bade et autres *villes entretenues :*

« Si les tenanciers de ces claque-dents décoratifs n'étaient pas aussi sûrs de la jocrisserie de leur clientèle, ils installeraient leurs croupiers dans des hangars à peine blanchis à la chaux, et circuleraient autour des tables dans le costume le plus délabré. Ce serait au moins une tentative pour faire accroire aux passants que les gains des joueurs sont considérables, au point d'avoir réduit à la misère noire le personnel de la maison.

« Mais cet étalage de frais quotidiens, cette multiplication de tous les plaisirs, ces opéras pour lesquels on fait venir de France et d'Italie des ténors à cinq mille francs par soirée, équivalent à cet aveu : « Faut-il que nous vous « en prenions, de l'argent, pour que nous en dépensions tant, « et qu'il nous en reste encore dix fois plus ? »

« Mais, après le *Traité de la servitude volontaire*, il y aurait encore à écrire un *Traité des dévalisés volontaires*. Ils savent qu'ils sont en face de l'abattoir, et ils s'y ruent tout de même, se disputent les places pour être égorgés les premiers. »

Le père Martin, secrétaire général du casino de Bade, et qui était en même temps marguillier à Versailles, — il cachait soigneusement qu'il allait, l'été, rendre le pain bénit dans une paroisse où tous les sermons tiennent dans ce seul commandement de l'Église : Messieurs, faites votre jeu ! — le père Martin explique à Rochefort la philosophie pratique sur laquelle se fonde la fortune du casino : « Voyez-vous, ce ne sont pas les gros pontes qui font notre fortune, ce sont les petits. L'homme qui joue mille francs le coup peut encore s'en aller gagnant. Celui qui joue cinq francs est dévoré d'avance. Vous comprenez : deux cents hommes peuvent lutter un instant contre trois mille; mais si à ces trois mille on en ajoute trois mille autres, puis trois mille encore, les deux cents finissent nécessairement par succomber. Eh bien! c'est votre histoire : votre pièce de cinq francs se défendra une, deux, trois minutes contre nos millions; seulement nos millions arriveront inévitablement à vous la prendre. » (*Aventures de ma vie*, tome Ier.)

Pour ne pas remonter plus haut, voici, d'après Daremberg, Saglio et Potier, les principaux jeux et divertissements des Grecs et des Romains : Aes manuarium, Aiora, Alea, Alveus, Amystis, Apodidraskinda, Aria, Askolia, Astragalus (osselets), Basilinda, Capita aut nuvia, Chalké Muia, Chalkinda, Chalkismos, Chiramaxium, Chytrinda, Cotyla, Comissatio, Crepitaculum, Crepundia, Diagrammismos, Duodecim Scripta, Ephedrismos, Ephetinda, Epostrakismos,

Esbothyn, Flagellum, Fritillus, Griphus, Harpaston, Himanteligmos, Kottabos, Latrunculi, Loculus, Ludi, Lusoria, Lusoria tabula, Mandra, Meretrices, Micatio, Muinda, Mustea, Neuropaston, Nuces, Ocellata, Oscillatio, Ostrakinda, Plinthion, Tessera. Becq de Fouquières, Hyde, ajoutent Kubeia, Pesseia. Kubeia d'ailleurs est le mot grec générique qui désigne tous les jeux de hasard. Les prétendants de Pénélope se divertissaient au jeu des pessas devant les portes du palais. On sait qu'une tradition populaire attribuait à Palamède, un des héros de la guerre de Troie, l'invention des dames et des dés; dans une peinture du Lesché de Delphes, Thersite et Palamède étaient représentés jouant avec les dés imaginés par celui-ci, et dans la *Corinthie*, on lit : « Au-dessus du temple de Jupiter Néméen, s'élève l'antique temple de la Fortune, où Palamède fit l'offrande des dés qu'il avait inventés. » Becq de Fouquières remarque, à ce propos, qu'à toutes choses l'amour-propre hellénique cherchait et attribuait une origine grecque. En fait, l'antiquité a attribué l'invention des jeux de hasard à des personnages très divers : Pyrrhus, Chilon, Attale, Alea, etc. Platon les fait remonter au dieu égyptien Theuth, et Hérodote aux Lydiens :

« J'ai entendu dire qu'aux environs de Maurratis d'Egypte exista un des plus anciens dieux, celui auquel est consacré l'oiseau qu'on appelle Ibis; que son nom est Theuth, et que, le premier, il avait découvert le nombre, le calcul, la géométrie, l'astronomie, les dames et les dés. » (PLATON, *Phèdre*.)

« En Élide, conte Pausanias, les Grâces ont un temple... Elles tiennent, l'une une rose, celle du milieu un osselet, la troisième un rameau de myrte. On peut facilement conjecturer pourquoi elles ont ces attributs. La rose et le myrte, emblèmes de la beauté, sont consacrés à Vénus, et les Grâces sont les compagnes ordinaires de cette déesse. Les osselets servent d'amusement aux jeunes garçons et aux jeunes filles dont la vieillesse n'a pas obscurci le front. »

Le dé grec, romain, est absolument semblable au nôtre,

en ivoire, en os, en bois, en or, parfois en matière très précieuse; c'est le dé cubique. Les Orientaux ont des dés oblongs; dans la collection égyptienne du Louvre, on en voit qui ont la forme de pyramides superposées, et dont les faces sont des triangles. Avant de jeter les dés, on les remuait dans le cornet; aussi Pollux leur donne-t-il l'épithète d'*agités* (*diaseistoi*).

Le jeu d'osselets et le jeu de dés étaient les deux grands jeux de hasard des anciens. Plutarque nous rapporte ce trait d'Alcibiade : « Étant encore enfant, il jouait aux osselets au beau milieu d'une rue; or, quand ce fut son tour de jeter les osselets, un chariot vint à passer. Il pria le conducteur de s'arrêter, car les osselets étaient tombés dans la voie du char. Celui-ci ne voulant rien écouter, les autres enfants s'écartèrent, mais Alcibiade, se couchant en travers de la voie, lui ordonna de passer sur son corps. Le conducteur effrayé fit reculer les chevaux. » Les osselets, dans la poétique grecque, demeurèrent l'emblème de l'enfance, de l'innocence de cet âge, de sa grâce; ils conservèrent une sorte d'immunité, tandis que le dé devint le symbole du hasard et de l'incertitude. Cependant ils recouvraient parfois de singuliers trafics; Athénée affirme qu'à Rhodes un certain Hégésiloque abusait de son pouvoir pour jouer aux osselets avec ses compagnons les plus jolies femmes de ses concitoyens, le perdant s'engageant à livrer la femme désignée comme enjeu. Les coups d'osselets, affirme Eustathe, fournissent un assez grand nombre de combinaisons, et portent des noms empruntés aux dieux, aux héros, aux hommes illustres, aux courtisanes, aux événements eux-mêmes. Aux osselets le coup réputé le meilleur est celui d'Aphrodite, que Lucien, dans les *Amours,* nous explique par une anecdote curieuse où il présente un jeune homme amoureux de la Vénus de Cnide de Praxitèle : « Voulait-il donner le change à sa passion, il disait quelques mots à la statue, comptait sur une table quatre osselets, et faisait dépendre son destin du hasard. S'il réussissait, si surtout il amenait la déesse elle-même, aucun osselet ne tombant dans la même position, il se mettait à adorer son idole, persuadé qu'il jouirait bientôt de l'objet de ses désirs. Mais si, au contraire, ce qui n'arrive que trop souvent, le coup était mauvais, et si les osselets tombaient dans une position défavorable, il maudissait Cnide entière ; puis, bientôt après, reprenant les osselets, il essayait par un autre coup de corriger son infortune. »

Les anciens tiraient au sort la royauté des festins. « Tu ne tireras plus aux osselets, dit Horace, la royauté du festin. » Celui qui amenait Vénus était nommé le roi, l'arbitre du festin. Le plus beau coup de dés est le triple six : le proverbe grec : *ou trois six ou trois as,* nous l'a appris. Ce qui fit leur fortune, ce fut la facilité avec laquelle le premier venu pouvait y jouer, puisque la valeur du coup était accusée par la somme des points marqués ; tandis qu'aux osselets, il y avait trente-cinq combinaisons, portant chacune un nom particulier.

Pausanias explique la marche du jeu : « Près du fleuve Buraicus, est une caverne. Il y a dans cette caverne un oracle qui fait connaître l'avenir par le moyen d'un tableau et d'osselets ; il prend ensuite des osselets qui sont en grand nombre devant lui, en jette quatre sur la table, et va chercher l'explication du coup sur le tableau où les différents coups d'osselets sont figurés avec l'explication de ce qu'ils représentent. »

Un jeu singulier, le cottabe, l'art de lancer le vin de la coupe, a une origine religieuse : l'habitude des libations aux morts, aux dieux ; par suite, la tendance à chercher des présages heureux ou malheureux dans les circonstances de la libation elle-même. Les anciens et les modernes ont beaucoup disserté sur ce jeu, qui fut tellement à la mode, qu'on établit dans les festins des jeux qui en portaient le nom, avec des coupes appropriées à ce sport, et qu'on bâtit aussi des salles rondes, afin que, l'appareil étant bien au centre, tous les joueurs, placés à une égale distance, et dans une position semblable, pussent prétendre à la victoire. On raffinait sur cette sciencette, on ajoutait sans cesse *au gymnase de Bacchus,* comme d'autres raffinent sur le langage ou la toilette. Et l'on jouait parfois au cottabe comme aux dés, chacun mettant un enjeu, comme on voit dans un dialogue du *Jupiter* de Platon le Comique :

« Jouez au cottabe tandis que je vais préparer le repas — (S'adressant à l'esclave.) Toi, prends l'eau, donne les coupes. — Jouons des baisers. — Cela n'est pas permis. Mettez tous deux pour enjeux, celle-ci les crépides qu'elle porte, et toi, ton cotyle. — Bravo ! le combat laissera loin de lui ceux de l'Isthme. »

Le trictrac porta longtemps le nom de jeu du tablier, et les Romains l'appelaient le jeu des douze lignes (*ludus duodecim scriptorum*. Cinq cents ans après Jésus-Christ, Agathias composa une épigramme sur une partie de trictrac de l'empereur Zénon : ce jeu paraît bien avoir été connu des Perses à une époque très reculée. D'un homme habile au trictrac, les Grecs disaient simplement qu'il était habile à jouer aux dés ; quant aux Romains, ils se servaient de trois expressions : le jeu des tessères, le jeu du tablier, le jeu des douze lignes.

Le jeu recrutait en Grèce d'innombrables adeptes. Plutarque, Eubule, Aristophane, Amphis, etc., ne se font point faute de les poursuivre de leurs mordantes allusions. Hérodote rapporte que Pisistrate fit marcher son armée si à point, qu'il vint surprendre les Athéniens à table; ceux-ci après dîner s'étaient mis, les uns à jouer aux dés, les autres à dormir. On joue en Thessalie, en Sicile, à Athènes, même à Sparte; à Athènes les tripots ne manquent pas, et, pour échapper à la sévérité des lois, les joueurs pénètrent jusque dans les temples. Près d'Athènes, un temple dédié à Minerve Scirade devient une sorte de maison de jeu clandestine : d'où le surnom de *sciraphies* appliqué à ces repaires. D'autres écrivains racontent l'aventure des trois jeunes filles qui interrogent le sort pour savoir laquelle descendra la première chez Pluton : trois fois de suite elles jettent les dés, trois fois la même jeune fille est désignée; elle ne fait qu'en rire, mais peu après elle tombe du haut d'un toit, et l'oracle s'accomplit. Puis vient l'anecdote d'un prêtre d'Hercule qui employait ses loisirs à jouer aux dames et aux dés (c'est-à-dire au trictrac); un jour, n'ayant point ses compagnons habituels, il invite le dieu à jouer aux dés avec lui, stipulant que, s'il est vainqueur, Hercule lui accordera ses faveurs, et que, s'il est vaincu, il lui offrira un souper avec une belle fille : là-dessus il jette les dés, l'un pour lui, l'autre pour le dieu, et, ayant perdu, il prépare loyalement un festin dans le temple où il enferme la courtisane Larentia.

Les criminels, les voleurs dans les prisons, les soldats dans les camps, jouent aux dés ou aux dames. Lorsque Corinthe fut prise par les soldats de Mummius, Polybe vit les soldats jouer sur des tableaux renversés à terre. Lucien dresse le cérémonial de la journée de l'homme à la mode : « Bain quand l'ombre du cadran sera de six pieds ; avant le bain, jeux de noix et de dames. »

Les Etrusques avaient précédé les Romains dans cette voie, et Valère Maxime rapporte qu'une tragique méprise ensanglanta le palais de Tolumnius, roi des Véiens. Après un heureux coup de dés, comme il disait en riant à son adversaire : à mort (*occide!*), tandis que les ambassadeurs romains entraient par hasard dans la salle, les gardes de ce prince, prenant la plaisanterie pour un ordre, se précipitèrent sur les envoyés et les massacrèrent.

A Rome les choses en viennent au point que les riches se présentent à la table de jeu (*tabulæ casum*) non seulement avec des sacs d'argent, mais avec leur caisse elle-même, ce qu'on appelle maintenant le coffre-fort. Comme toujours, les lois demeurent impuissantes. Il est vrai que, pendant les Saturnales, l'édile chargé de la surveillance des maisons de jeu ferme les yeux; mais pour le joueur les Saturnales durent toute l'année. Maintes fois, sous les Césars, le palais impérial se transforme en véritable tripot, et ceux qui font la loi sont les premiers à la violer. Caligula, pour se refaire de ses pertes au jeu, confisque les biens de riches chevaliers; Claude était passionné pour les jeux de hasard, et Sénèque le représente dans les enfers jouant aux dés avec un cornet percé de telle sorte que les dés fuyaient par le fond.

Néron, d'après Suétone, jouait quatre cent mille sesterces, plus de soixante-six mille francs, le point. Commode, Vérus, établirent des jeux dans leurs propres palais. Depuis plusieurs siècles, on a publié force traités sur les jeux; les Romains nous avaient donné l'exemple. « Là, remarque Ovide, on apprend ce que valent les osselets (*quid valeant tali*), par quel jet on peut amener le plus fort coup, ou éviter les chiens de mauvais augure. » Les maisons de jeu étaient clandestines à Rome, et, peut-être pour se dédommager des risques, les banquiers prélevaient une part sur les bénéfices des joueurs, sous la forme d'une certaine somme fixée, d'arrhes (*arra*) que l'on payait en entrant. Pour les tabliers et les dés, on employait les bois les plus rares, les matières les plus précieuses; les riches d'alors avaient leurs tabliers de voyage : ainsi la voiture et la table de Claude étaient machinées de telle sorte que le jeu ne se brouillât point.

Hyde (*Traité des jeux orientaux*), Becq de Fouquières (*Jeux des Anciens*), Ficoroni, Meursius, Christié, Wensdorff, Souterius, Calcagninus, d'autres encore ont savamment controversé sur quelques-uns de ces jeux : on me pardonnera de ne pas résumer leurs thèses. Je me contenterai de souligner la tournure de l'esprit des Égyptiens qui, dans le tablier, dans les douze lignes, dans le cornet, apercevaient une représentation symbolique du système du monde, de même que le jeu des dames leur semblait un symbole de la vie heureuse que menaient les justes après leur mort. Plusieurs écrivains soutiennent que les Grecs et les Romains n'ont point connu le jeu d'échecs; mais, quand ceux-ci se propagèrent en Europe, ils eurent bientôt détrôné les latroncules qui offraient des caractères communs avec les échecs et les dames. En tout cas, les échecs d'assez bonne heure furent en vogue à Rome; Ovide nous en apporte un précieux témoignage dans une élégante peinture des délassements permis aux deux sexes : « Je veux que mon élève sache jeter les dés avec adresse, et calculer la force d'impulsion; qu'elle sache tantôt amener le nombre trois, tantôt deviner à propos le côté qu'il faut adopter et qu'il faut demander.

Je veux aussi qu'aux échecs mon élève ne soit pas toujours battue; qu'elle prévoie qu'un pion ne peut pas résister à l'attaque de deux ennemis; qu'un roi, combattant séparé de la reine, s'expose à être pris, et que son rival est souvent obligé de revenir sur ses pas. » En somme, Ovide conseille cinq jeux pour les jeunes filles : les dés avec le calcul des chances, les latroncules, le solitaire, les douze lignes, la mérelle. Mais pour les jeunes gens, il nomme un certain nombre de jeux plus actifs, et combinés afin d'augmenter leur adresse et leur vigueur.

Pison passait pour être le meilleur joueur d'échecs de son époque, et ce talent lui avait valu l'amitié de Caligula. Les Romains, grands amateurs de ce jeu, l'avaient surnommé : *le jeu des voleurs*. Et voici la prière du joueur d'échecs : « Mon Dieu, enseigne-moi le moyen de faire mon adversaire échec et mat en trois coups, et je te tiens quitte du reste. » Une prière répétée par les ambitieux dans tous les ordres et dans tous les temps.

Un témoignage assez curieux de la rage des Romains pour le jeu, se rencontre au forum, à la basilique de Jules, dont il reste aujourd'hui le pavé de marbre. Le dallage demeure rayé d'une multitude de cercles ou de carrés, traversés par des lignes droites qui les partagent en compartiments séparés : c'étaient des espèces de damiers qui servaient aux Romains pour jouer, et non seulement aux désœuvrés, aux citoyens obscurs, mais même à des personnages assez importants. On avait essayé, vers la fin de la République, de réprimer cette passion par une loi; elle ne fut pas observée, et on continua de jouer pendant tout l'Empire.

Les peintures de Pompéi, qui éclairent tant de coins de la vie intime des provinciaux, ne manquent pas d'illuminer des scènes de jeu. Ainsi deux fresques, imitation probable d'un chef-d'œuvre de Timomaque, représentent Médée au moment où elle va tuer ses enfants; à côté d'elle le peintre a placé ses deux fils qui jouent aux dés sous la surveillance de leur précepteur : ce détail dramatique produit un saisissant contraste entre la gaieté insouciante des enfants et les terribles préoccupations de la mère. Une autre peinture représente deux hommes qui, tenant une table de jeu sur leurs genoux, paraissent fort animés; l'un semble tout triomphant du beau coup qu'il vient de réussir, tandis que l'autre agite les dés dans le cornet avec l'espoir de prendre sa revanche. Au tableau suivant, nos gens se disputent, chacun prétendant avoir gagné, et se disent des injures reproduites par des inscriptions placées au-dessus de leur tête. Au bruit, accourt le cabaretier qui, avec force révérences, les prie d'aller se gourmer ailleurs.

CHAPITRE II

SUPERSTITIONS DES JOUEURS

Les joueurs d'autrefois et d'aujourd'hui ont eu les mêmes superstitions. Méry se flatte en vain d'apprivoiser le Destin : le paladin de l'équilibre. La noire débitrice envers la rouge. Systèmes ou martingales. — Les échecs et la guerre. — Une explication fantaisiste. Variétés de superstitions : l'écu mascotte ; les plumes du pigeon blanc ; fétiches équestres ; le cloporte ; appel aux devineresses ; tapisserie et jettatura. — Celui qui se croit changé en une carte à jouer. — Théorie théosophique de l'unité des jeux ; le tarot des Bohémiens ; il serait le père de la plupart des jeux connus. Le jeu royal de la vie humaine.

Les joueurs d'autrefois ne sont pas moins superstitieux que les joueurs d'aujourd'hui : à Rome, avant de commencer, ils faisaient parfois un sacrifice à Palamède ; ceux d'aujourd'hui imaginent des fétiches, pièces anciennes, sous percés, canifs, bouts de corde, charnière de la table de jeu, systèmes, martingales[1], permanences, séries, grâce auxquels ils espèrent pénétrer la marche ou l'esprit du jeu. Un des hommes les plus spirituels de son temps, Méry, qu'Alphonse Karr, son ami, définit : « C'est Dieu qui s'est fait singe, » déployait des ruses d'Apache pour toucher la gibbosité d'un petit bossu qui fréquentait autour du tapis vert. Méry n'avait pas l'esprit mathématique ; Cazalès, Benjamin Constant non plus, non plus des millions d'autres. Il est vrai que l'esprit mathématique manque de grâce et de gaieté. Pauvre Méry ! Il avait beau se colleter avec le hasard qu'il sur-

---

1. Les systèmes ou martingales ont cependant un bon côté : ils forcent le joueur à réfléchir, à combiner, modèrent ou apaisent ses transports, le mettent en état de lutter un peu plus longtemps contre cette machine insensible qui s'appelle la banque.

nomma *le paladin de l'équilibre,* jouer éperdument pour la rouge contre la noire à Paris, à Ems, à Wiesbaden, à Bade; pendant trente ans de suite la rouge lui fut infidèle : il s'entêtait le plus plaisamment du monde, déclarant que, d'après ses calculs, la noire demeurait débitrice d'une somme énorme envers la rouge, et qu'elle ne pouvait manquer de s'acquitter bientôt. Heureusement il aimait beaucoup aussi les échecs, où il était assez fort pour lutter contre la Bourdonnaie, jouer par correspondance, conduire plusieurs parties de front, et, sur la stratégie de l'échiquier, écrire dans *le Palamède* et dans son roman de *la Floride* des pages qui font autorité.

Quand on demandait à Méry où il avait puisé son talent aux échecs, il répondait que c'était en suivant sur la carte les marches et les contremarches des armées de Montecuculli, Condé et Turenne.

Méry, battu par les cartes, se consolait en disant qu'il y avait une raison pour que les Français ne pussent gagner aux jeux de Bade. D'après lui, les âmes des Allemands tués par nos soldats dans le Palatinat voltigeaient, redoutables Némésis, et faisaient perdre les Français en amenant des rouges lorsqu'ils se mettaient à noire, et des noires lorsqu'ils se mettaient à rouge.

Les superstitions revêtent mille costumes : il y a des joueurs qui croient au *paroli,* d'autres au *tiers et le tout,* d'autres à la *montante et à la descendante;* il en est qui ne jouent que *les voisins du cylindre* à la roulette, qui consultent sous la table un jeu de cartes; qui s'imaginent que la dernière pièce porte toujours bonheur, et se cachent à eux-mêmes au fond d'une poche un écu fétiche. Et celui qui perd parce qu'il a mis son gilet jaune en poil de chèvre; cet autre qui ouvre son parapluie pour conjurer l'infernale chance du banquier; ce comte russe qui, avant de ponter, arrachait quelques plumes à un pigeon blanc, pontait cent louis sur le numéro correspondant au nombre des plumes *amenées,* et sortait quand le pigeon était entièrement déplumé! Villemessant cite un joueur qui installa quatre gardes municipaux à cheval devant la porte de la maison de jeu où allait s'engager une très grosse partie ; cela ne l'empêcha pas d'être *décavé* au point d'emprunter vingt-quatre francs pour payer ses fétiches équestres. Villemessant affirme aussi avoir connu un joueur qui plaçait devant lui un cloporte, son fétiche de jeu : il le tirait avec précaution d'un étui en coco sculpté, ouvrage de patience, qui, pour avoir toute sa vertu, devait être l'œuvre d'un forçat ayant passé huit ans au bagne.

Le vaudevilliste C., avant d'entrer au tripot, se cachait à lui-même un dernier louis, puis, ayant tout perdu, il prenait son paletot, son parapluie, ouvrait la porte, et, se souvenant de la pièce égarée : « Quel singulier hasard! s'écriait-il; je ne me trompe pas, au moins ? Est-ce bien un louis ? Parbleu! c'en est un. » C. rentrait, déposait parapluie, paletot, jetait la pièce sur le tapis et... la perdait.

M. de Fouquières, ancien client de la Voisin, venait souvent demander à Anne Delaville, devineresse, des talismans pour le jeu, l'amour et la guerre. Beaucoup de joueurs estiment qu'il ne faut pas compter son argent pendant qu'on est au jeu, que l'argent compté appelle une mauvaise chance qui le fait tôt glisser en d'autres mains. Un homme, perdant au jeu chez la Blondeau, qui tenait académie à la place Royale, tout d'un coup descend en bas et revient avec une échelle, puis l'appuie contre la tapisserie, et avec des ciseaux se met à décapiter une reine Esther qui y était, en disant : « Mordieu! il y a deux heures que ce chien de nez me porte malheur! » Le trait est conté par Tallemant des Réaux.

Faut-il voir une variété de superstitions dans certaines antipathies violentes que professent parfois des joueurs à l'égard d'objets, d'animaux ou de gens particuliers ? Ainsi il y avait à Bayreuth, au dix-huitième siècle, un joueur aussi détesté que redouté pour ses nombreux duels. Un jour qu'on parlait de lui devant le capitaine bourgeois, celui-ci offrit de délivrer la ville du dangereux personnage; ses interlocuteurs parièrent une grosse somme, le joueur fut insulté le lendemain, appelé en duel par le capitaine, et le margrave, mis dans le secret, permit que les deux champions se battissent sur la grande place en présence de la ville et de la cour. A peine le capitaine eut-il tiré l'épée, le joueur pâlit et s'enfuit à toutes jambes. L'événement, qui parut prodigieux à tous, tenait à ceci : le joueur éprouvait une insurmontable antipathie, au point de s'évanouir, quand il paraissait une carotte rouge sur la table. Son adversaire, connaissant cette répugnance instinctive, avait enfilé dans son épée une belle carotte bien rouge pour qu'elle couvrît exactement la garde inférieure. D'où la terreur subite qui débarrassa Bayreuth du trop fameux bretteur.

Au jeu, les excentricités et les superstitions s'engendrent réciproquement, ou du moins offrent plus d'un point de ressemblance. Voici, par exemple, le baron de Mecklembourg, ruiné, puis enrichi par le jeu, puis tombant gravement malade, et ne recouvrant la santé de l'esprit que longtemps après avoir recouvré celle du corps. Pendant cet intervalle, le baron se croyait changé en une carte à jouer, et *voyait* toujours la carte supérieure à celle qu'il croyait représenter : d'où un duel cérébral entre l'*As* et le *Roi*, ou entre Spadille et Manille, et, à la *vue* de la carte supérieure, il se baissait, se cachait sous le tapis de la table à thé. Un M. de Reufner, conseiller de légation, très capable en affaires, avait au jeu des colères curieuses; un jour qu'il se donnait de mauvaises cartes, il mit ses doigts dans la flamme de la bougie, et les y laissa pendant qu'il prononçait ces mots : « Brûlez, mauvais sots qui me servez si mal! » Rien ne l'arrêtait, affirme le chevalier de Cussy dans ses *Souvenirs*. N'eut-il pas l'audace d'adresser aux jeunes lions de la société berlinoise un billet ainsi conçu : « Ce soir, à neuf heures, il y aura, chez M. de Reufner, jeu, auquel prendront part la délicieuse Mme Seidler, et sa non moins jolie sœur Mlle Anna Wraniska (deux cantatrices en vogue)? »

Une variété de superstition originale est celle de certains théosophes. Papus (Encausse), occultiste à l'imagination riche, subtile, trop subtile même, préconise l'idée de l'unité des jeux, en apparence si divers, qu'il ramène au tarot des

Bohémiens[1]. Celui-ci, d'après Court de Gébelin, est d'origine égyptienne; il existe aussi en Chine, dans l'Inde antique, et serait le père de la plupart des jeux connus. On sait qu'il se compose de quatre séries de cartes : bâtons, coupes, épées, deniers, correspondant aux trèfles, cœurs, piques, carreaux, comprenant en plus un cavalier qui se place entre la dame et le valet, séries auxquelles s'ajoutent vingt-deux figures symboliques dont chacune représente une image, un nombre et une idée. Séparez ces figures, fixez-les en cercle sur le papier, faites rouler sur elles les nombres sous forme de dés, vous avez le *jeu d'oie* auquel trichait, sous les murs de Troie, le prudent Ulysse. Fixez maintenant ces nombres sur des casiers noirs et blancs, dirigez sur ceux-ci certaines figures du tarot, roi, dame, cavalier, fou ou valet, tour ou as, voilà le jeu d'échecs. Seuls, les nombres vous donnent le *jeu de dés*, et si vous marquez les caractères de ceux-ci sur de petites lames horizontales, le jeu de dominos apparaît. Remplacez les figures par des cases, lancez sur elles les nombres au moyen des dés, le jeu de trictrac prend naissance. Des échecs dégénérés on a tiré le *jeu de dames*, et nos jeux de cartes, d'après Papus, procèdent également du tarot, mais ils ont perdu les quatre cavaliers et les vingt-deux figures symboliques. Quant au tarot lui-même, à son origine, à sa destination primitive, notre théosophe hasarde une hypothèse qui lui aurait été suggérée par un vieux palimpseste. Quand l'Égypte fut hors d'état de tenir tête aux envahisseurs, ses savants — prêtres ou initiés — tinrent une grande assemblée pour savoir comment on préserverait de la destruction la science — celle-ci se confondait alors avec la religion. Quelques-uns proposèrent de confier les secrets à une vertueuse élite qui se recruterait elle-même, et transmettrait le flambeau aux adeptes. Plus avisé, un orateur émit l'idée de confier la tradition scientifique au vice, qui reste toujours debout, malgré des éclipses

---

1. Papus, *le Tarot des Bohémiens, le plus ancien livre du monde*, in-8°, G. Carré éditeur.

passagères, tandis que la vertu a de longs sommeils. On applaudit, et le jeu fut choisi comme vice préféré. « C'est alors qu'on grava sur de petites lames les mystérieuses figures qui enseignaient jadis les plus grands secrets de la science, et, depuis, les joueurs transmettent, de génération en génération, ce tarot, bien mieux que ne l'auraient fait les hommes les plus vertueux de la terre. »

Papus attribue aux Égyptiens l'invention du *Jeu royal de la vie humaine;* en voici la description abrégée.

Après avoir élu leur mage, les joueurs choisissent de même, dans les personnes qui ne jouent pas, un homme et une femme qu'ils nomment Osiris et Isis.

Le mage a la place dominante, dirige, ordonne tout. On convient d'abord du prix de la principale amende (supposons-la d'un sou), qui devra être déposée dans une corbeille au milieu de la table.

Le mage prend le livre de Thoth, mélange les feuillets, ayant soin de les mettre *à tête bêche* sans les regarder; puis il fait couper sur sa gauche, et distribue les cartes sur sa droite, sans dépasser le chiffre de sept pour chaque joueur.

Lorsqu'un des joueurs prononce un oracle d'après une carte, il prend la qualité d'*interprète,* et la personne à qui s'adresse l'oracle lui fait un présent, sous peine de payer la moitié de l'amende.

Quand une personne a été l'objet de trois oracles véridiques sur le passé, le présent, l'avenir, et qu'elle refuse de récompenser l'interprète, les joueurs délibèrent et décident, à la majorité des voix, si le refus est fondé ou non. Si la négative l'emporte, le mage prononce le mot *Pamenes,* et alors Osiris et Isis sont obligés de payer pour le refusant, parce qu'ils se sont engagés à répandre la paix et l'abondance sur les joueurs.

Lorsqu'un des spectateurs demande la main d'un joueur, le mage en fixe le prix, qui est divisé en trois : le premie tiers va à la caisse des amendes, le second au mage, le troi sième au joueur. Une fois la main acquise, le spectateu court toutes les chances du joueur, amendes ou présents.

Si, pouvant lire un oracle, un joueur ne voit pas à qui l'adresser, il pose ses cartes sur la table, prononce le discours qu'il voit, et ne paye rien. Mais si, d'après le jugement des autres joueurs, il lit mal, le mage le condamne à la moitié de l'amende.

Lorsque l'interprète a prononcé un oracle et reçu un présent, il peut faire battre ses sept cartes par le mage; et enfin, si les mêmes cartes produisent trois présents des personnes à qui les oracles sont rendus, tous les joueurs, à l'exception du mage, remettent à l'interprète trois fois le tarif de l'amende. C'est la couronne civique.

A la fin du jeu, on prélève les frais, et les amendes se partagent également entre tous les joueurs.

CHAPITRE III

LE CALCUL DES PROBABILITÉS

Les savants arrivent aux mêmes conclusions que les autres adversaires du jeu; dans un temps donné, le jeu ruine ceux qui s'y livrent, sauf ceux à qui les conditions acceptées ou la mauvaise foi confèrent un avantage. Le hasard a des caprices, il n'a pas d'habitudes. — Montmor applique la théorie de Bernouilli aux quatre jeux en vogue de son temps. Ceux qui perdent leur temps au jeu méritent d'y perdre leur argent; les jeux eux-mêmes sont soumis à la géométrie. — Définition de la probabilité. Opinions de Laplace, Emile Borel, Joseph Bertrand, Henri Poincaré, Arago. — Raison, logique et plaisir aux prises. — Le joueur viole le grand principe de la gradation; tous les coups sont nouveaux; le coup qui précède n'a aucune influence sur le coup qui suit. La loi des grands nombres. Regarder jouer, c'est jouer. Démonstration de Galilée. Propositions de Condorcet. — L'avantage du banquier change tout : celui-ci s'enrichit par la cagnotte. — Henri Langayrou : sorites scientifiques des savants. Trente et Quarante. Roulette. Caractère commun à tous les jeux de pur hasard. La Banque marchande d'espérances ou d'illusions.

Que le gagnant s'égare dans l'immensité de son désir, que son bonheur soit uniquement basé sur le malheur du perdant, que pour un joueur un autre joueur ne soit autre chose qu'un sac d'argent ouvert, que, pour parler comme la Rochefoucauld, toutes les vertus du joueur se perdent dans l'intérêt comme les fleuves se perdent dans l'Océan, qu'il soit fatalement condamné à la ruine, que les écrivains observateurs aient ironisé, multiplié les arguments, énuméré les catastrophes, que les prédicateurs aient fulminé, les gouvernements légiféré, et, plus ou moins vainement, sévi, ceci n'est pas pour nous surprendre. Ce qui semble rare, origi nal, extraordinaire, c'est que la science se soit jointe à cette armée d'adversaires. Bernouilli, et ceux qui vinrent après lui, Montmor, Lagrange, Laplace, Ampère, Arago, Joseph Bertrand, Emile Borel, Henri Poincaré, ont, par le calcul des probabilités, de façon irréfragable, établi que, dans un temps donné, le jeu ruine les gens qui s'y livrent, sauf toutefois ceux à qui les conditions acceptées confèrent un avantage. Le hasard a des caprices, jamais on ne lui vit d'habitudes ; les irrégularités mêmes ont leur loi, et les grands nombres régularisent tout ; le hasard reste libre, mais la carte est forcée.

Développant la théorie de Bernouilli, Montmor[1], en 1708, l'applique de la manière la plus ingénieuse aux quatre jeux en vogue à cette époque : le Pharaon, la Bassette, le Lansquenet, le Treize, puis à d'autres jeux moins accrédités, tels que la Rafle, le jeu des Noyaux, les Dés, l'Espérance, le Quinquenone, l'Impériale, le Brelan, le Piquet-Hombre, la Triomphe. La conduite des hommes fait le plus souvent leur bonne ou leur mauvaise fortune, et ceux qui perdent leur temps au jeu méritent bien d'y perdre leur argent, affirme Montmor ; lui aussi croit qu'il n'est pas si glorieux à l'esprit de géométrie de régner dans la Physique que dans les choses de morale, si casuelles, si compliquées, si changeantes. D'après ce savant, le hasard a des règles qu'on peut connaître, les jeux eux-mêmes sont soumis à la géométrie, et par celle-ci on peut mathématiquement prédire la destinée du joueur. « Pour faire voir plus précisément, conclut-il, que l'analyse des géomètres est propre à dissiper en par-

---

1. A. de Montmor, *Essai d'analyse sur les jeux de hasard*, 1708. — Joseph Bertrand, *Calcul des probabilités*. — Henri Poincaré, *la Science et l'Hypothèse*. — Emile Borel, *Eléments de la Théorie des Probabilités*. — Henri Langayrou, *les Jeux de Monaco*. — Fontenelle, *Eloge de Bernouilli*. — Jacques Ozanam, *Récréations mathématiques*, 1710. — De Joncourt, *les Jeux de hasard*, 1713. — Paschalius Justus, *Des Jeux de hasard et de la maladie de jouer de l'argent*, 1560. — Becq de Fouquières, *les Jeux des Anciens*. — Hyde, *De Ludis Orientalibus*, Oxford, 1894. — Alfred Bertezène, *le Jeu* ; *Mémoire à l'Académie des sciences*.

tie les ténèbres qui semblent répandues sur les choses de la vie civile qui ont rapport à l'avenir, il faut remarquer que, de même qu'il y a des jeux qui se règlent par le hasard seul, et d'autres qui se règlent en partie par le hasard et en partie par l'habileté des joueurs, ainsi, entre les choses de la vie, il y en a dont le succès dépend entièrement du hasard, et d'autres auxquelles la conduite des hommes a beaucoup de part; et que généralement, dans toutes les choses de la vie sur lesquelles nous avons à prendre notre parti, notre délibération doit se réduire, comme dans les paris sur les jeux, à comparer le nombre des cas où il n'arrivera pas; ou, pour parler en géomètre, à examiner si ce que nous espérons, multiplié par le degré de probabilité qu'il y a que nous l'obtiendrons, égale ou surpasse notre mise, c'est-à-dire les avances que nous devons faire, soit peine, soit argent, soit crédit. »

On peut, ce semble, définir la probabilité : le rapport du nombre des cas favorables à un événement au nombre total des cas possibles, lorsque tous les cas sont regardés comme également probables. Tandis qu'une pièce de monnaie est jetée en l'air, des paris s'engagent sur le côté qui sera apparent après la chute, pile ou face; les deux hypothèses étant également probables, on convient de dire que la probabilité de chacune d'elles est un sur deux, 1 : 2 ou 0,5. On appelle *espérance mathématique* d'un joueur le produit de son gain possible par la probabilité qu'il a de le réaliser. Ainsi Pierre doit recevoir 100 francs si une partie de pile ou face donne pile; la probabilité est de 0,5; son espérance mathématique représente cinquante francs. On dit qu'un jeu est *équitable* lorsque l'espérance mathématique du joueur est égale à sa mise ; l'espérance mathématique d'une certaine somme peut donc être échangée contre cette somme, dans le cas où l'on trouve un joueur disposé à accepter un certain jeu équitable. Il arrive aussi que la valeur commerciale de l'espérance mathématique dépasse sa valeur numérique; c'est là une conséquence du goût du public pour les loteries. Un billet de loterie auquel est attachée une espérance mathématique de trente centimes, trouve aisément preneur à un franc : pour obtenir ici l'espérance mathématique, il suffit de diviser la somme totale des lots par le nombre des billets.

Résumons maintenant les opinions des savants nommés plus haut :

« C'est principalement au jeu qu'une foule d'illusions entretient l'espérance et la soutient contre les chances défavorables. La plupart de ceux qui mettent aux loteries ne savent pas combien de chances sont à leur avantage, combien leur sont contraires. Ils n'envisagent que la possibilité, pour une mise légère, de gagner une somme considérable, et les projets que leur imagination enfante exagèrent à leurs yeux la probabilité de l'obtenir; le pauvre surtout, excité par le désir d'un meilleur sort, expose à ce jeu son nécessaire, en s'attachant aux combinaisons les plus défavorables, qui lui promettent un grand bénéfice. Tous seraient sans doute effrayés du nombre immense des mises perdues, s'ils pouvaient les connaître; mais on prend soin, au contraire, de donner aux gains une grande publicité, qui devient une nouvelle cause d'excitation à ce jeu funeste. » (LAPLACE.)

« C'est surtout l'habitude des jeux de hasard qui rend certains esprits réfractaires à cette notion de l'indépendance des événements successifs; comme ils ont observé que, dans une longue série, les coups de pile ou face sont à peu près également nombreux, ils en concluent qu'une longue série de coups ayant amené pile *doit* être suivie d'un coup face; c'est une *dette* que le jeu a contractée envers eux. Il suffit d'un peu de réflexion pour se convaincre à quel point cet authropomorphisme est puéril : les raisons pour lesquelles les chances de pile et de face sont égales subsistent à chaque partie, et l'on ne peut concevoir aucun mécanisme par lequel les résultats des parties antérieures pourraient modifier l'égalité des chances. Cette croyance anthropomorphique à la mémoire et à la conscience de la pièce de monnaie, n'a donc aucun fondement positif... » (ÉMILE BOREL.)

« Le mot *Hasard,* conclut Joseph Bertrand, intelligible

de soi, éveille dans l'esprit une idée parfaitement claire. Quand un joueur de trictrac jette les dés, s'ils ne sont pas pipés, s'il ne sait ni ne veut amener aucun point plutôt qu'aucun autre, le coup est l'œuvre du hasard. Les grands noms de Pascal, de Fermat et de Huyghens décorent le berceau du calcul des hasards. On est injuste en oubliant Galilée...

« Un paradoxe singulier rend ce jeu (pile ou face) — ce *Problème de Saint-Pétesbourg*, c'est le nom qu'on lui donne — mémorable et célèbre. Pierre joue avec Paul; voici les conditions : Pierre jettera une pièce de monnaie autant de fois qu'il sera nécessaire pour qu'elle montre le côté face. Si cela arrive au premier coup, Paul lui donnera un écu; si ce n'est qu'au second, deux écus; s'il faut attendre un troisième coup, il en donnera quatre, huit au quatrième, toujours en doublant. Tels sont les engagements de Paul. Quels doivent être ceux de Pierre? La science, consultée par Daniel Bernouilli, donne pour réponse : une somme infinie. Le *parti* de Pierre, c'est le mot consacré, est au-dessus de toute mesure... Ceux qui suivent Condorcet et Poisson, sans contester la bonne foi de Paul, tiennent ses engagements pour nuls. Si le hasard amenait pile soixante-quatre fois, Paul devrait payer autant d'écus que le sultan des Indes ne put donner de grains de blé à l'inventeur du jeu d'échecs. Une telle promesse est téméraire; si riche qu'on le suppose, Paul, ruiné dès la trentième fois, ne pourra plus payer double. Ne comptant plus sur ses promesses, Pierre ne doit pas les payer, et le calcul règle le droit de Paul à quinze écus.

M. Henri Poincaré (*La Science et l'Hypothèse*) s'est aussi occupé de ce grave problème. Il faut donc bien, dit-il, que le hasard soit autre chose que le nom que nous donnons à notre ignorance... Tous les joueurs connaissent cette loi...; mais elle les entraîne dans une singulière erreur, qui a été souvent relevée, et dans laquelle ils retombent toujours. Quand la rouge est sortie, par exemple, six fois de suite, ils mettent sur la noire, croyant jouer à coup sûr; parce que, disent-ils, il est bien rare que la rouge sorte sept fois de suite. En réalité, leur probabilité de gain reste 1. L'observation montre, il est vrai, que les suites de sept rouges consécutives sont très rares; mais les séries de six rouges suivies d'une noire sont tout aussi rares. Ils ont remarqué la rareté des suites de sept rouges; s'ils n'ont pas remarqué la rareté des séries de six rouges et une noire, c'est uniquement parce que de pareilles séries frappent moins l'attention.

« Un joueur me demande conseil; si je le lui donne, je m'inspirerai du calcul des probabilités; mais je ne lui garantirai pas le succès. C'est là ce que j'appellerai la *probabilité subjective*... »

« Je connaissais à Paris, écrit Arago, il y a quelques années, un étranger de distinction, à la fois très riche et très mal portant, dont les journées, sauf un petit nombre d'heures de repos, étaient régulièrement partagées entre d'intéressantes recherches scientifiques et le jeu... Malheureusement, quelques intermittences de gain et de perte, momentanément balancés, lui avaient persuadé que les avantages des banques contre lesquelles il jouait n'étaient ni assez assurés ni assez considérables pour qu'on ne fût pas en droit d'attendre *une bonne veine*. Les formules analytiques des probabilités offrant un moyen radical, le seul peut-être, de dissiper cette illusion, je proposai, *le nombre des coups et les mises m'étant donnés*, de déterminer à l'avance, de mon cabinet, à combien se monterait, non pas assurément la perte d'un jour, non pas même la perte d'un trimestre, mais la perte de chaque trimestre. Les calculs se trouvèrent si régulièrement d'accord avec la diminution correspondante des banknotes dans le portefeuille de l'étranger, que le doute n'était plus permis. Le savant gentleman renonça donc au jeu... pour toujours? Non, pendant une quinzaine. Après ce temps, il déclara que mes calculs l'avaient complètement convaincu; qu'il ne serait plus le tributaire inintelligent des tripots de Paris... « Je n'ignore plus, concluait-il bizarrement, que je perdrai tous les ans 50,000 francs de ma fortune que je puis consacrer au jeu;

j'y suis parfaitement résigné... Je continuerai à jouer, parce que mes 50.000 francs de superflu, employés de toute autre manière, n'exciteraient pas dans mon corps débile, miné par la douleur, les vives sensations qu'il éprouve en présence des combinaisons variées, tantôt heureuses et tantôt fatales, qui se déroulent tous les soirs sur un tapis vert. » Les passions, conclut Arago, quoique *d'institution divine*, comme disait une femme du grand monde, sont des protées que le calcul essaierait en vain d'enlever dans ses filets réguliers et méthodiques. Au surplus, si les sciences ont échoué dans une pareille tâche, ce malheur, elles le partagent avec la dialectique des moralistes et l'éloquence de la chaire. »

Appliquée aux dés, aux cartes, au jeu de rouge et de noire, aux numéros pairs et impairs, à pile ou face, la théorie des chances est indiscutable; rien n'y altère la rigueur des preuves; l'algèbre exécute les dénombrements plus rapidement qu'on ne pourrait le faire sur ses doigts avec de la patience et du temps.

Alfred Bertezène, dans son *Mémoire à l'Academie des sciences,* et sa brochure sur *le Jeu,* arrive aux mêmes conclusions que les mathématiciens patentés. Il traitait d'ailleurs le sujet avec compétence, car il fut lui-même un joueur enragé, fit du chantage à Monaco, et finit par se tuer. Et voici en somme ses conclusions. Le joueur viole le grand principe de la gradation, il prétend s'enrichir, non par l'épargne, mais tout d'un coup, en une main de baccara, en un tour de roulette, en une taille de trente et quarante.
— L'incertitude constitue l'ossature et l'attrait du jeu; le banquier peut passer quinze fois de suite au baccara; et donc le jeu a sa source dans ces écarts et ces oscillations.
— Tous les coups sont nouveaux; le coup qui précède n'a aucune influence, et ne saurait donner aucune lumière sur le coup qui suit; donc tous les systèmes se valent, en ce sens qu'il n'y a ni bons ni mauvais systèmes. — La plupart du temps on marche au *jugé*. — Les joueurs à *parolis* sont à peu près sûrs de perdre de petites sommes, et n'ont qu'une faible espérance d'en gagner de grosses. Les joueurs à *mar-*

tingales peuvent gagner souvent de petites sommes, mais ils peuvent en perdre de considérables. A la longue, tout finit par s'équilibrer, sauf les frais généraux : refaits au trente et quarante, zéro à la roulette, coût des tailles au baccara ; ces redevances, sans cesse accumulées, suffisent à elles seules pour ruiner successivement tous les joueurs. — A quoi reconnaît-on ce qu'on appelle *l'emballage?* Au fait accompli. Or on ne sait jamais jusqu'à quel moment on a perdu. Tel individu semble *emballé* qui ne l'est pas s'il gagne le coup. — Il n'y a pas de séries. La série est un mythe. — Au jeu tout arrive. Si l'on ne remarque que les coups de gain extraordinaire, on compte... sans son hôte. — En mars 1869, la princesse Souwarow, le comte Murewski et Mme de Kisselew, enlevèrent en une semaine quatorze cent mille francs à la banque de Monaco : ces trois joueurs formaient public; si M. François Blanc n'avait eu son *Refait*, ils l'auraient ruiné. La *loi des grands nombres* rétablit l'équilibre, mais il en est de l'équilibre comme de l'esprit dont parle l'Écriture : « Il souffle où il veut! » Nul ne peut savoir à quel moment l'équilibre se rétablira. On ne peut même pas savoir si l'équilibre est troublé. — Le joueur n'est pas ridicule en donnant de l'importance aux *infiniment petits;* le tort qu'il a... c'est de jouer, c'est de poursuivre un problème insoluble, c'est de faire dépendre son avenir et celui de sa famille, d'une chaise qui crie, d'un monsieur qui tousse, d'une parole que lui adresse un ami. Le tapis vert hypnotise. On voit à Monte-Carlo des individus, les traits décomposés, restant des heures entières l'œil fixé sur les cartes. Ce sont des *décavés*. Ils rappellent ce paysan qui allait assister au tirage d'une loterie. On lui demande : « Avez-vous au moins un billet? — Non, dit-il, mais le hasard est si grand. » Regarder jouer, c'est jouer. Parler de jeu est malsain. Le joueur qui, au théâtre, à table, en chemin de fer, parle de jeu, joue. Le joueur qui me lit, joue. — Le jeu ne saurait être une spéculation; il ne peut être qu'une distraction, et la plus coûteuse de toutes. — Une nuit, au cercle de la rue Royale, un grand seigneur ruiné reçoit du caissier cinq cents francs pour occuper le tapis et tenir la partie qui allait tomber. Avec ces cinq cents francs, en quelques jours, il gagne deux millions. Il reperd les deux millions, plus les cinq cents francs du caissier qu'il n'avait pas rendus. — Les tenanciers, entrepreneurs de roulette et de baccara se ruinent aussi (pas toujours). Les variations de la probabilité sont, pour le cerveau équilibré, ce que sont les nuances et les couleurs pour un œil exercé.

Ce n'est pas seulement au dix-neuvième siècle, au vingtième siècle, que les gens du monde, lettrés ou non, consultent les savants. Le chevalier de Méré soumit à Pascal une contradiction et un doute, et, cinquante ans auparavant, un joueur faisait part à Galilée d'un sujet d'étonnement. — Au *passe-dix*, où l'on jette trois dés, et où l'on gagne si la somme des points dépasse dix, cet amateur s'émerveillait d'obtenir mille quatre-vingts fois le point 11 contre mille fois le point 19, et 10 plus souvent aussi que 9. Et cependant les quatre points ne se présentent chacun que de six manières. Les cas, répond en substance Galilée, — ne sont pas pareils : 4, 4, 4, par exemple, qui donne 12, n'est pas comparable à 4, 5, 2, qui donne 11 ; la première combinaison est unique, chacun des trois dés devant amener 4. Tandis que 4, 5, 2 représentent six combinaisons, par la même raison qu'avec trois lettres distinctes on peut écrire six mots différents. Au lieu de six chances, Galilée en montre nettement vingt-sept pour le point 11, vingt-cinq seulement pour le point 12. Là-dessus, les non-savants opinent comme les savants. Panurge, lorsqu'un dé montrait trop souvent la même face, expliquait le fait par la piperie. Et l'abbé Galiani interprétait la même conviction universelle des joueurs, lorsqu'il s'écriait : « *Sangue di Bacco !* les dés sont pipés ! » en voyant un homme de la Basilicate amener trois, quatre, cinq fois de suite rafle de six avec ses trois dés. A ce point de vue, les ignorants sont en quelque sorte les dévots ou les mystiques de la science.

En résumé, la certitude n'est susceptible que d'un degré,

car elle est ou elle n'est pas; elle est exprimée par l'unité; tandis que la *probabilité* est susceptible de degrés à l'infini, et peut se mesurer, qu'ainsi les lois des nombres peuvent lui être appliquées; et cette application forme l'objet du calcul des probabilités. Le fait de l'équilibre constitue la *loi des grands nombres,* qui signifie que deux chances égales opposées donnent en masse des résultats égaux, de même que deux chances inégales, jouant l'une contre l'autre, établiront une différence dans les résultats. La probabilité, qui naît de l'expérience répétée, va toujours en croissant, et croît tellement, qu'elle s'approche indéfiniment de la certitude. Aux yeux des géomètres, la certitude est un tout, et les probabilités sont les parties de ce tout. Je prends un billet dans une loterie d'un million de billets; il y a 999,999 à parier contre un que mon numéro ne sortira pas; voilà la presque certitude. Dans le langage ordinaire, on appelle *probable* ce qui a plus qu'une demi-certitude, *vraisemblable* ce qui la surpasse considérablement, et *moralement certain* ce qui touche à la certitude entière. Les probabilités sont les règles du hasard. Condorcet formule ces trois propositions : 1º si la probabilité d'un événement surpasse 12, il y a lieu de croire que cet événement arrivera, plutôt que de croire qu'il n'arrivera pas; 2º plus cette probabilité augmente, plus le motif de croire augmente; 3º il augmente proportionnellement à cette probabilité.

« Tout change, a-t-on observé, quand les conditions du jeu sont inégales. Le moindre avantage fait pencher la balance. Pour le joueur que les conditions favorisent, le gain augmente sans limite. Au trente et quarante, par exemple, l'avantage du banquier est un peu plus de 0,6 pour 100. Si l'on joue cent parties, en évaluant à 1000 francs la somme des enjeux pour chacune d'elles, l'avantage réservé au banquier par les règles du jeu représente 600 francs... Sur un million de parties, le bénéfice régulier, équivalant à l'avantage réservé au banquier, serait six millions; l'écart[1]

1. L'écart est la différence possible entre la rouge et la noire, entre la perte et le gain.

moyen, en plus ou en moins, 800000 francs seulement; s'il gagne moins de cinq millions, le banquier a eu du malheur; un gain inférieur à quatre millions serait très invraisemblable, et il y a 10 000 à parier contre 1 que son gain ne s'abaisse pas au-dessous de deux millions. »

Au fond, dans les jeux de pur hasard, où le banquier se réserve un avantage, le joueur est dupe ou coquin. Quant au banquier, honnête ou fripon, plus souvent celui-ci que celui-là, il s'enrichit par la cagnotte. On appelle cagnotte (ne pas confondre avec celle qui inspira à E. Labiche un de ses joyeux chefs-d'œuvre) le droit que les joueurs payent à la maîtresse du tripot pour se livrer à leur passion favorite. C'est ce qui constitue à la fois le bénéfice de la maison, et le délit judiciaire que la police recherche. Nul, remarque un moraliste, n'a le droit de fournir à autrui le moyen de se ruiner, sans y être préalablement autorisé... Comme les banques aristocratiques des bords du Rhin, la cagnotte doit toujours gagner, et il a été calculé qu'il ne faudrait pas jouer une lune entière avant qu'elle n'eût absorbé les capitaux engagés. « Le trou de la cagnotte est une imitation impie de la tirelire, cette vertueuse cavité dans laquelle passent, réunis et maintenus par l'économie, les gros sous de l'ouvrier rangé et de la bonne ménagère. » Presque toujours le tripot se dissimule sous les dehors débonnaires d'une table d'hôte; « le dîner est servi avec l'exactitude d'un pensionnat, et une prodigalité de mets qui déconcerte tout d'abord, quand on pense à la modicité de ses prix. Pour cinq francs par tête, on a des asperges en mars et du raisin en décembre. »

Henri Langayrou commente avec verve les sorites scientifiques des savants, d'où il résulte mathématiquement : 1º le joueur gagne moins le droit du jeu, perd plus le droit du jeu; 2º le passé n'a aucune répercussion sur l'avenir, et tous les coups sont nouveaux; l'argent n'a ni conscience ni mémoire; chaque coup la chance est égale à 1/2; tout joueur fatalement se ruine si le temps ne lui manque pas; 3º rien ne porte bonheur ni malheur; il n'y a ni prudence ni audace au jeu,

Et s'il est un joueur qui vive de son gain,
On en voit tous les jours mille mourir de faim.

Prenons un exemple : le *trente et quarante*[1], appelé aussi *rouge et noir*, exigeant l'emploi de six jeux entiers, soit 312 cartes, avec un banquier, un croupier ou tailleur, des pontes en nombre indéterminé, le tapis vert de la table divisé en deux couleurs, la rouge et la noire. Les cartes battues, mêlées par les pontes, coupées, le croupier dit : « Faites le jeu, messieurs. Le jeu est fait. Rien ne va plus! » Puis il découvre une carte qu'il étale sur la table en disant *noire;* et il continue à découvrir des cartes jusqu'à ce que les points formés par elles ne soient pas supérieurs à quarante, inférieurs à trente et un. Il fait alors la même opération pour la *rouge*. (L'as vaut un, les figures valent dix points, les autres cartes ce qu'elles marquent.) Si le point total de la première rangée apporte plus de trente et un, les pontes gagnent une somme égale à leur mise sur la noire, les râteaux s'abattent, l'or, les billets tombent sur le tableau gagnant; si la rouge l'emporte, le contraire se produit naturellement dans les gains et dans les pertes. Si le même nombre est amené par chaque couleur, coup nul, *refait ou doublet,* sauf le cas où c'est le nombre trente et un que le croupier amène alternativement dans les deux couleurs : alors le banquier s'adjuge la moitié de l'argent exposé sur chaque couleur. Premier avantage du banquier : or on a établi une assurance de dix francs par somme de mille francs; en d'autres termes, le joueur ou ponte engage 100 francs contre 99. Assuré ou non, il paye un droit pour tous les coups qu'il joue. Supposons que vous jouiez 100 coups de 100 francs. Vous faites passer sur le tapis 10 000 francs; si après avoir joué ces cent coups, vous n'avez ni perdu ni gagné, il vous manquera toujours 100 francs. Si vous faites 1 000 expériences dans les mêmes conditions, vous aurez perdu 10 000 francs, puisque vous

---

1. Un caractère commun à presque tous les jeux de pur hasard est leur simplicité et leur rapidité : il fallait que tout le monde pût s'y adonner.

aurez versé 10000 francs pour le droit du jeu. Il va de soi qu'on a inventé l'assurance surtout pour les grosses mises, le ponte préférant payer 120 francs plutôt que de s'exposer à perdre 6000 francs d'un seul coup. Second avantage de la banque : l'équilibre, la loi mathématique qui fonctionne contre le joueur, en faisant gagner à la longue le plus riche, celui qui a le plus de mises, d'après le calcul des probabilités qui roule sur la théorie des combinaisons et la loi des grands nombres.

A la roulette, le zéro fait l'office du refait : quand il sort, le banquier prélève la moitié des mises qui se trouvent sur les chances simples, et toutes les mises qui couvrent les numéros. Pour les chances simples, le maximum est de 6000 francs à Monte-Carlo, le minimum de cinq francs; sur un numéro, l'on peut jouer de 5 à 180 francs. C'est le numéro gagnant qui décide du sort de toutes les mises; il rapporte jusqu'à 35 fois la mise; la roulette comprend 36 numéros plus le zéro. Ici le droit du jeu est plus cher qu'au trente et quarante, puisqu'il atteint environ 3 p. 100. On engage son argent de diverses manières : transversale à quatre numéros, numéro plein, à cheval sur deux numéros, transversale à trois numéros, le carré de quatre numéros, transversale de six numéros, sur la douzaine, sur la colonne de douze numéros. Rouge et noir, pair et impair, manque et passe; à chaque manière correspondent un gain ou une perte plus ou moins sérieux. Le rouge et noir est une loterie, qui ne diffère de la loterie ordinaire, qu'en ce que le tirage se fait sur des couleurs au lieu de se faire sur des chiffres.

En somme, la banque remplit le rôle d'un marchand d'espérances ou d'illusions. Neuf cent quatre-vingt-dix-neuf fois sur mille, il en est de ces appels au dieu Hasard comme de ces marchés avec le diable, où l'acheteur ne reçoit qu'un peu de cendre et de feuilles sèches.

Les démonstrations des savants ont institué de nouveaux garde-fous : combien de joueurs ont-elles détournés de l'abîme? Et néanmoins il ne faut pas se lasser de leur répéter qu'ils violent le principe de la gradation, selon le mot d'Alfred Bertezène, en voulant remplacer vingt, trente ans de travail accumulé par l'effet d'une main de baccara, d'un tour de roulette, d'une main de trente et quarante. Leur logique, leurs combinaisons, sont à peu près aussi puériles que celle d'un enfant de trois ans; la série est un mythe, c'est folie de lutter contre les zéros, les refaits, et ils poursuivent un problème insoluble. Enfin, regarder jouer, parler de jeu, c'est jouer.

CHAPITRE IV

ORIGINE DES CARTES : LEURS TRANSFORMATIONS

Chaque peuple prétend avoir inventé les cartes. Des auteurs croient qu'elles viennent des Egyptiens, des Chaldéens, des Chinois, ou des Hindous. Partisans de l'origine allemande. Réponse de Virmaître. Les cartes connues en Belgique dès 1379. Jeux primitifs de figures allégoriques ou mythologiques. La légende de Gringonneur : les cartes de Charles VI sont des tarots vénitiens. — Symbolique des jeux. — Trois classes de tarots. Le tarot de Venise. Legs de Gaignières au roi. Nombreuses métamorphoses et applications des cartes. — Un jeu de fantaisie allemand. Le Ghendgifeh hindoustani. En fait, la question de l'origine reste posée, et n'est pas résolue. — Décret de la Convention nationale en 1793 : cartes républicaines. Quatorze de chefs du pouvoir exécutif. Jeu de cartes contre-révolutionnaires. Cartes cartomanciennes. Décret de 1889. Jeux pédagogiques, gastronomiques, servant de gravures de modes, etc.

On a beaucoup disserté sur l'origine et la date de l'invention des jeux de cartes. Bien que la thèse contraire ait réuni quelques adeptes, les Grecs, les Romains, le Moyen âge, semblent ne pas avoir connu les cartes. Allemands, Espagnols, Français, Italiens ont d'ailleurs plaidé pour leurs pays respectifs. Certains auteurs croient à une origine orientale, nomment les Égyptiens, les Libyens, les Chaldéens; seulement les cartes n'étaient pas alors un moyen de jeu, et servaient à l'art de la divination. D'Auriac affirme qu'on les connaissait en Chine onze siècles avant l'ère chrétienne. Cette tradition orientale aurait été transmise à l'Italie par les artistes grecs chassés de Constantinople.

Les partisans de l'origine allemande des cartes à jouer, Heinecken, Breitkopf, Nicolaï, invoquent une lettre pastorale de l'évêque de Wurzbourg (1329) interdisant aux moines et aux religieuses de son diocèse les jeux de cartes. Aux érudits allemands qui font remonter à la première moitié du seizième siècle l'apparition en France des cartes à jouer, Virmaître oppose un édit de Louis XII publié en 1487, où on lit cette défense : « Article VIII : le prévôt (de Beauvais) prendra, à partir du présent jour, trois deniers par taverne où viennent les joueurs, vendeurs de trictracs, cartiers, peintres et autres vendant ou employant des images à jouer. » A son tour, Virmaître, zélé champion de la thèse française, cite un manuscrit de Lancelot, écrit de 1328 à 1341, où on lit ces vers (mais Duchesne croit que le mot *cartes* est une addition du copiste) :

> Si comme fols et folles sont,...
> Jouent aux dez, aux cartes, aux tables,
> Qui à Dieu ne sont délectables.

Alexandre Pinchart a prouvé d'une manière formelle que les jeux de cartes étaient bien connus en Belgique dès l'année 1379; ainsi le budget des souverains du Brabant à cette époque mentionne plusieurs jeux achetés d'après leurs ordres; un de ces crédits est ainsi libellé : « Donné à Monseigneur et à Madame, le 14 mai 1379, 4 peters 2 florins, valant 8 1/2 moutons, pour acheter un jeu de cartes. »

Dès 1381, le jeu de cartes était à Marseille considéré comme un fléau pour la jeunesse[1].

---

1. Henry-René d'Allemagne, *les Cartes à jouer du quatorzième au dix-neuvième siècle*, 2 vol. in-8°. Hachette, 1906. — Eugène d'Auriac, *le Destin antique*. — N.-T. Horri, *A Bibliography of card games of the history of the playing cards*, Cleveland, 1892, in-8°. — Breitkopf, *Essai sur l'origine des cartes à jouer*. — *Histoire du jeu de cartes du grenadier Richard ou Explication du jeu de cinquante-deux cartes en forme de livre de prières*, par Hadin, Paris, 1811, in-16. — Taylor, *History of playing cards*, London, 1865. — Duchesne, *Jeux de Cartes, tarots et cartes numérales du quatorzième au dix-huitième siècle*. Publication de la Société des bibliophiles français, 1844. — Boiteau d'Ambly, *les Cartes à jouer et la cartomancie*, Paris, 1854. — *Le Jeu de l'Aluette* dans *le Vendéen de Paris*, juin 1895, et dans le *Petit Phare* du 14 juillet 1901. — R. Merlin, *Origine des Cartes à jouer*, Paris, 1869, in-4°. — Rey, *Origine*

« Entrés chez nous dans la première partie du quatorzième siècle, remarque M. d'Allemagne[1], les jeux de cartes se répandirent principalement parmi les maisons nobles, heureuses de connaître une distraction nouvelle. C'est ce qui explique que les premières prohibitions soient lancées par les chefs ecclésiastiques à leurs subordonnés; ceux-ci, en effet, souvent invités à la table des seigneurs voisins, prenaient part à leurs distractions; et c'est là vraisemblablement qu'ils connurent les jeux de cartes, puis les introduisirent dans les couvents, où ils apportèrent en même temps des disputes et des désordres incompatibles avec l'austérité dont ils devaient faire preuve. »

Les anciennes cartes étaient peintes à la main, ou gravées et dorées sur des feuilles d'argent; il y eut aussi des cartes en cuir. Les premiers jeux, entièrement composés de figures allégoriques ou mythologiques, telles que les vertus, les mages, les planètes, les différents états de la vie, ignoraient la division par couleurs et points numériques. Ils reçurent en Italie le nom de *naibi*, en Espagne celui de *naipe*, qui signifie jeu d'enfant, mot dérivé sans doute de *naipi* : c'est ainsi que les Arabes appelaient les cartes à jeux. Il n'est pas téméraire de conjecturer, qu'alors comme plus tard, on employait les cartes pour apprendre aux enfants, tout en les amusant, l'histoire et la mythologie : on ne saurait nier que ces cartes fussent assurément plus propres à distraire que celles d'aujourd'hui.

D'aucuns racontent qu'elles furent imaginées pour amuser le roi Charles VI : ils nomment l'inventeur, le peintre Jacquemin Gringonneur. On lit dans un compte de Charles Poupart, argentier du roi fou : « Donné 56 sols parisis à Jacquemin Gringonneur, peintre, pour jeux de cartes à or et diverses couleurs, de plusieurs devises, pour porter devers

---

française des cartes à jouer, Paris, 1836. — Charlotte Schreiber, *Playing cards of various ages and countries*, London, J. Murray, 1892, 3 volumes. — Charles Virmaître, *les Jeux et les Joueurs*.

1. L'ouvrage de M. d'Allemagne est le plus complet qu'on ait publié sur la question des cartes.

ledit seigneur roi Charles VI, pour son esbattement pendant les intervalles de sa maladie. » Poètes, romanciers, gens de théâtre se sont évertués sur ce thème : il est aujourd'hui démontré que les cartes de Charles VI sont tout simplement de beaux tarots vénitiens qui remontent au début du quinzième siècle.

Les imaginations subtiles ne tardèrent pas à se donner libre carrière. Dans les *Cartes parlantes* (1545), Pierre Aretin attache une interprétation plus ou moins ingénieuse à chaque figure. Ainsi le pape symbolise la fidélité au jeu et la sincérité du joueur; l'empereur, les lois qui nous régissent; les varlets, les servitudes qui nous rivent au jeu; les épées, la mort que méritent ceux qui se désespèrent en jouant; les bâtons, le châtiment de ceux qui trompent; les coupes, le breuvage où s'apaisent les débats des joueurs; les carreaux, la fermeté des cartes; les piques, la salade qui stimule l'appétit des piliers de taverne; les cœurs, la volonté de rester en paix; les trèfles, les plaisirs des bons mots; les grelots, la folie de ceux qui se consument à amasser des biens éphémères; les glands, la première nourriture de l'homme.

Les tarots, formés par l'alliance du jeu de naibi avec les cartes numérales, se divisaient en trois classes : 1° tarot de Lombardie ou de Venise, 78 cartes; 2° tarocchino de Bologne, 62 cartes; 3° minchiate de Florence, 97 cartes.

Le plus ancien jeu de cartes italien connu, le *Tarocco ou Tarot de Venise*, se composait de 78 cartes, et comprenait, outre les quatre séries des jeux ordinaires, une suite de figures ou tarots au nombre de 22. Voici les noms de ceux-ci : le Fou, le Bateleur, la Papesse, l'Impératrice, l'Empereur, le Pape, l'Amoureux, le Chariot, la Justice, l'Ermite, la Roue de fortune, la Force, le Pendu, la Mort, la Tempérance, le Diable, la Maison-Dieu ou la Foudre, l'Etoile, la Lune, le Soleil, le Jugement, le Monde. Ce dernier atout l'emportait sur tous les autres. Les quatre séries, cœur, carreau, pique, trèfle, eurent d'abord les noms de Deniers, Coupes, Epées et Bâtons. Les tarots servaient aux diseurs de bonne aventure. Comme on voit, les cartes-tarots se composaient de figures, la plupart allégoriques, tandis que le nom de cartes numérales désigne des jeux à combinaisons arithmétiques, pouvant toutefois être asservis aux chances du hasard. — Les *Minchiate,* jeu florentin inventé au seizième siècle, comptaient 97 cartes, dont 41 tarots, parmi lesquels 35 sujets tirés d'images dites de Mantegna et Boldini. A l'exception du Fou, les 22 tarots l'emportaient sur toutes les autres cartes du jeu : aussi les appelait-on *atouts* (*attutti*) ou *Triomphes*.

Le tarocchino se combinait avec les cartes numérales, de manière à former un jeu composé de 62 cartes, comprises dans quatre couleurs. L'inventeur de ce jeu, François Fibbia, prince de Pisa, réfugié à Bologne au commencement du quinzième siècle, avait obtenu, comme inventeur du tarocchino, le droit de placer l'écusson de ses armes et celui de sa femme sur la reine des Deniers.

Avant la découverte de la gravure sur bois, qui mit les cartes à la portée du peuple, celles-ci étaient considérées comme objets d'art. Une Malatesta, joueuse frénétique, se fait fabriquer des cartes incrustées d'or et d'émail bleu d'outremer.

Le duc Philippe-Marie Visconti, né en 1392, s'exerçait souvent au palet, au ballon et « au jeu où l'on se sert de figures peintes »; il donna 500 écus d'or pour un jeu peint par son secrétaire Murziano.

A Londres, vers 1880, une seule carte, un cinq de carreau, fut adjugé pour la somme de 2.750 livres sterling, soit 68.750 francs! Il est vrai qu'au bas de la carte se trouvait une miniature à la gouache, signée Hans Holbein le jeune. Elle représente Francès Howard, duchesse de Norfolk, à l'âge de vingt-trois ans; et c'est un des portraits les mieux réussis de Holbein.

En 1711, Gaignières, ancien sous-gouverneur des petits-fils de Louis XIV, légua au roi toutes les richesses de son cabinet, où figuraient dix-sept cartes tarots, dont voici la nomenclature : le Fou, l'Ecuyer, l'Empereur, le Pape, les Amoureux, la Fortune, la Tempérance, la Force, la

Justice, le Soleil, la Lune, le Char, l'Ermite, le Pendu, le Mort, la Maison de Dieu, le Jugement dernier.

Les cartes ont donc passé par une série de petites métamorphoses avant d'arriver au type que nous connaissons. Sur des jeux anciens, les rois sont remplacés par des dieux, les reines par des déesses. Dans le livre des *Jeux et Tarots*, que publiait en 1844 la Société des bibliophiles de Paris, on rencontre des rois, des dames, des valets, Salomon, Auguste, Clovis, Constantin, Cyrus, Ninus, Natanabo, Coursube, Apollin; Polyxène, Elisabeth, Didon, Clotilde, Pentésilée, Roxane, Sémiramis, Pompéia, Roland, Renaud, Roger...

Souvent aussi on donna aux figures des noms de preux et de preuses, tirés des romans de chevalerie. A partir de 1450, les cartes, gravées d'abord sur bois, puis sur métal, à Ulm et à Venise, sont fabriquées dans toute l'Europe. Le cabinet des Estampes de Paris (Bibliothèque Nationale) possède en grande partie un jeu gravé au burin par l'artiste allemand qu'on avait surnommé le Maître aux cartes à jouer, jeu de 52 cartes réparties en quatre séries, dont chacune compte neuf cartes de points et quatre séries : roi, dame, valet supérieur (*ober*), valet inférieur (*unter*) : ce dernier remplaçait le cavalier des cartes italiennes.

Quand on composa le jeu moderne, les cartes furent divisées en quatre compagnies égales, ayant une enseigne pour les reconnaître : l'as servit d'enseigne. Dans chaque compagnie, huit soldats, numérotés de 2 à 9, avaient à leur tête un roi, une reine, un écuyer et un valet. Bientôt on supprima l'écuyer, auquel on substitua le numéro 10.

Voici un jeu de fantaisie allemand au quinzième siècle : les enseignes sont remplacées par les armoiries du Saint-Empire, de France, de Hongrie et de Bohême; les séries numérales représentent les hauts dignitaires et les principaux domestiques d'un souverain. Les quatre dix sont les maîtres de cour; les neuf, quatre maréchaux; les huit, le chapelain, le chancelier, le médecin et la maîtresse de cour; les sept, l'échanson, le grand maître de cuisine, le cantinier et le chef de cuisine; les six, les demoiselles d'honneur; les cinq, le fauconnier, le chasseur, le sommelier et le cuisinier; les quatre, le barbier, l'écuyer et deux trompettes; les trois, le coureur, le hérault, le pêcheur et le tailleur; les deux, le messager, le valet de pied, la servante de cuisine et le marmiton; les as, les bouffons.

L'Allemagne du seizième siècle eut aussi des jeux satiriques, moralisateurs, héraldiques et juridiques : l'un d'eux comprend onze séries de dix cartes chacune; comme enseignes, on rencontre les objets les plus divers, grelots, peignes, glands, poissons, cloches, couronnes, soufflets, poêles à frire, écussons, aumônières, couteaux.

Un iconographe anglais, Chatto, a étudié plusieurs jeux hindoustani, notamment le *Ghendgifeh*, formé de 96 cartes qui se divisent en huit séries de 12 cartes. Chacune de ces séries comprend deux figures, le roi, le vizir, dix cartes de points, de un à dix, et se distingue par la représentation d'un objet : couronnes, pleines lunes, sabres, esclaves, harpes, soleils, diplômes, coussins; ces signes, ainsi que les règles du jeu, offrent une analogie directe avec le jeu espagnol l'*hombre*, mais d'abord avec l'ancien jeu d'échecs indien qui se jouait à quatre personnes et formait quatre armées : encore une allégorie du jeu de la guerre. Merlin, d'Allemagne, combattent la thèse d'Abel Rémusat et de Chatto, qui voient dans les cartes chinoises ou hindoues les ancêtres de nos cartes.

M. d'Allemagne fournit un argument spécieux : lorsque des relations suivies s'établirent entre l'Asie et l'Europe, le jeu de cartes était déjà pratiqué dans celle-ci depuis plus d'un siècle. Les cartes qui servent à l'amusement des Chinois, observe Brunet, sont comprises dans le livre de M. Chatto, sous le nom de Tseen-wan-che-pae, qui signifie littéralement mille fois dix mille cartes. Le jeu se compose de trente cartes, savoir : trois suites de neuf cartes, et trois cartes isolées qui sont supérieures à toutes les autres. Elles portent les noms de : Tseen-Wan, mille fois dix mille; Hang-hwa, la fleur rouge, et Hih-hwa, la fleur blanche. On trouve sur les cartes des têtes d'homme ou de femme, des figures de quadrupèdes ou des fleurs, des assemblages de traits bizarrement réunis... Le nombre des points marqués sur les cartes qui constituent un jeu et qui sont assorties par couple, est réglé d'après des considérations morales, géographiques ou historiques : c'est ainsi que le couple appelé *Te-pae* (cartes terrestres) présente quatre points rouges correspondant aux quatre points cardinaux; le couple *Tin-pae* (cartes humaines) offre seize ponts rouges, qui signifient la bienveillance, la justice, l'ordre et la sagesse élevés à un degré quadruple.

Le véritable inventeur des cartes était Français, affirme Virmaitre : « Voyez plutôt ces fleurs de lys aux couronnes et aux sceptres des rois; voyez Charlemagne, monarque français, mêlé à David, à César, à Alexandre, aux plus fameux héros de l'antiquité; c'est un Français qui a fait Charlemagne roi de cœur. Dans les autres figures, nous trouvons Ogier, un des preux de Charlemagne; le fameux Lancelot du Lac; Lahire, autrement dit Etienne Vignole, le valeureux compagnon d'armes de Jeanne d'Arc et de Dunois; et enfin Hector, fils de Priam, dont on faisait descendre nos rois par son fils Francus. » Remarquons au reste que le titre de valet, anciennement varlet, était le premier degré conduisant à la chevalerie; les quatre valets représentent donc la noblesse de France. On peut encore soutenir que toutes les autres cartes représentent les soldats, comme il convient pour une société presque encore féodale et guerrière : le cœur, c'est la bravoure; pique et carreau, les armes; trèfle, les fourrages. L'as, monnaie romaine, devient le symbole des finances, nerf de la guerre.

En somme, la question de l'origine des cartes, nées du tarot, archétype du jeu moderne, reste posée; elle n'est pas résolue. Vers la fin du dix-septième siècle, remarque M. d'Allemagne, les cartes perdent leur personnalité : on les voit s'orienter vers un type qui ira en se transformant jusqu'à la fin du dix-huitième siècle, pour devenir ensuite ce qu'est le portrait actuellement en usage.

Un décret de la Convention nationale (22 octobre 1793) ayant supprimé tous emblèmes de la royauté et de la féodalité, génies, libertés, égalités, philosophes, héros républicains, saisons, remplacèrent rois, dames, valets. Il y eut : Génie de cœur ou la guerre, Génie de trèfle ou la paix, Génie de pique ou les arts, Génie de carreau ou le commerce; — Liberté de cœur ou des cultes : dame de cœur; Liberté de trèfle ou de mariage : dame de trèfle; Liberté de pique ou de la presse : dame de pique; Liberté du commerce ou des professions : dame de carreau; — Egalité de cœur ou de devoirs : valet de cœur; Egalité de trèfle ou des droits : valet de trèfle; Egalité de pique ou de rangs : valet de pique; Egalité de carreau ou de couleurs : valet de carreau. Au lieu des quatre as, on eut Loi de cœur, Loi de pique, Loi de trèfle et Loi de carreau. Un néo-conventionnel de 1848 ne manquait jamais de dire en jouant au piquet : « J'ai quatorze de chefs du pouvoir exécutif. »

Un cartier de Château-Thierry, Bezu, lança un jeu de cartes historiques, composé de devises républicaines, du calendrier révolutionnaire, du système métrique, de la division géographique de la France, et de la Déclaration des droits de l'homme. Voilà un jeu bien rempli !

Le peintre David, qui dessina les cartes révolutionnaires, avait été devancé par les citoyens Saint-Simon Vermandois, Jeanne et Dugoure; ceux-ci obtinrent un brevet d'invention pour *de nouvelles cartes à jouer de la République française*. « Il n'est pas de républicain, dit leur prospectus, qui puisse faire usage — même en jouant — d'expressions qui rappellent sans cesse le despotisme et l'inégalité; il n'était point d'homme de goût qui ne fût choqué de la maussaderie des figures des cartes à jouer et de l'insignifiance de leurs noms... Ainsi, plus de *rois*, de *dames*, de *valets;* le *Génie*, la *Liberté*, l'*Egalité*, les remplacent, la Loi seule est au-dessus d'eux. » Suit une longue description raisonnée. Ainsi le Génie remplace les rois. « *Génie de cœur ou de la guerre*, roi de cœur : tenant d'une main un glaive passé dans une couronne civique, de l'autre un bouclier orné d'un foudre et d'une couronne de lauriers, et sur lequel on lit : *Pour la République française;* il est assis sur un affût de mortier, symbole de la constance militaire ; sur le côté est écrit *Force,* que représente la peau de lion qui lui sert de coiffure... » Viennent ensuite : *Génie de trèfle* ou *de la paix* (roi de trèfle), *Génie de pique* ou *des Arts* (roi de pique) : « D'une main il tient la lyre et le plectrum, de l'autre, l'Apollon du Belvédère. Assis sur un cube chargé d'hiéroglyphes, il est environné des instruments ou des produits des arts, et le laurier accompagne sur sa tête le bonnet de la Liberté; près de lui on lit Goût... »

Les *Libertés* remplacent les *dames. Liberté de cœur* ou *des cultes* (dame de cœur); *Liberté de trèfle* ou *du mariage* (dame de trèfle); *Liberté de pique* ou *de la presse* (dame de pique); *Liberté de carreau* ou *des professions* (dame de carreau).

L'Egalité remplace les valets. *Egalité de cœur* ou *de devoirs* (valet de cœur); *Egalité de trèfle* ou *de droits* (valet de trèfle); *Egalité de pique* ou *de rangs* (valet de pique); *Egalité de carreau* ou *de couleurs* (valet de carreau).

Au lieu d'as, on aurait Lois de cœur, de pique, de trèfle, de carreau.

On ne dirait plus quatorze d'as, de rois, de dames ou de valets, mais quatorze de Loi, de Génie, de Pique ou d'Egalité.

Aux jeux où les valets de trèfle ou de cœur ont une valeur particulière, comme au *reversis* ou à la *mouche,* les prévoyants inventeurs proposent de « substituer l'Egalité de devoirs en celle de droits ».

Autre jeu de cartes révolutionnaire : Rois : Phœbus, Eole, Atlas, Neptune ; — reines : Cérès, Pomone, Femme se chauffant à un brasier, Flore ; — valets : Moissonneur, Vendangeur, Bûcheron, Jardinier. — Dans un troisième jeu, les rois sont remplacés par La Fontaine, Molière, Voltaire, J.-J. Rousseau ; les reines par les Vertus, les valets par le Fusilier, l'Artilleur, le Garde National et le Sans-Culotte.

Jeu de cartes contre-révolutionnaire; devises plus ou

moins versifiées, au-dessus une crosse, une épée, croisées et surmontées d'une couronne royale. Roi de cœur, Mirabeau :

> Monstre pendant sa vie et dieu depuis sa mort,
> Tel est donc le caprice et du peuple et du sort.

Dame de pique, Théroigne :

> Si j'en fais une Reine, à sa vertu civique
> Elle doit l'honneur d'être une femme publique.

Valet de carreau, Pétion :

> Tu triomphes au poste où l'intrigue t'élève :
> Tremble, l'Hôtel de Ville est bien près de la Grève.

Les autres personnages de ce jeu sont : Villette, Bailly, duc d'Orléans, Mmes de Staël, de Sillery, d'Aiguillon, la Fayette, Fauchet, Montmorency.

L'Empire, tout en proscrivant les cartes de la Révolution, tout de suite ne revint pas aux anciens types. Napoléon, en empereur romain, prit quelque temps la place du roi de carreau; les dames s'appelèrent Abigaïl, Calpurnie, Hildegarde, Statire; les valets, Azaraïl, Curion, Ogier, Palménéon. Les cartes cartomanciennes jouirent d'une grande vogue sous Louis-Philippe; on sait que les cartes pour dire la bonne aventure ne sont pas celles des jeux ordinaires; ce sont des jeux de 78 tarots, conformément à la tradition. D'ailleurs, un garçon coiffeur, Etteila, anagramme de son nom véritable, Aliette, rédigea le Livre de Toth, qui sert encore de guide aux devineresses du temps présent.

Un décret de 1889 interdit aux cartiers la fabrication de cartes en dehors des moulages officiels; toutefois on autorise la fabrication de quelques types qui gardent leur prestige dans certaines régions : tarots de Besançon, aluettes de Bretagne et de Vendée. L'aristocratie allemande n'a pas renoncé à ces cartes ornées qui rappellent celles de la Renaissance, et où l'imagination de ses maîtres cartiers se donnait libre carrière.

L'abbé Gauthier, peu avant la Révolution de 1789, avait remis les jeux pédagogiques à la mode en France, et nos grands-pères ont eu entre les mains des histoires de France en jeux de cartes, qui figurent dans maint musée. D'ailleurs l'abbé avait eu des précurseurs. En 1507, un moine cordelier imagine un jeu où les 52 cartes servent à enseigner la philosophie. Au dix-septième siècle, Desmarets publie le *Jeu de l'Histoire de France*, le *Jeu des Reines*, le *Jeu de la Géographie ;* Oronce Fine invente le *Jeu des Armoiries ;* d'autres des cartes gastronomiques où cœur est consacré à la viande, carreau à la volaille, trèfle au poisson, pique aux mets préparés. Il y eut aussi les jeux photographiques à deux têtes, les jeux de fantaisie où des acteurs célèbres, les personnages du roman des *Trois Mousquetaires* de Dumas, remplaçaient les figures ; — des jeux en l'honneur de Louis XVIII, Louis-Philippe, Napoléon III, Guillaume II, etc. ; — le jeu du petit soldat (1848) où sont exaltées les vertus civiques ; des cartes servant de gravures de modes, des jeux politiques où nos diverses formes de gouvernement avaient leurs tenants ; des jeux purement républicains (1870) dont les rois étaient : Gambetta, Garibaldi, Trochu, Jules Favre ; les reines : la Liberté, l'Egalité, la Fraternité et la France ; les valets : un franc-tireur, un garde national, un mobile, la Gloire. Et puis encore des jeux mythologiques, Jeu des Fables, Jeu de la Géographie, Jeu de l'Oie, dit des Fortifications, Cartes-proverbes, Jeu de la guerre, Cartes musicales, Jeux de cartes abécédaires, arithmétiques, géologiques, astronomiques, cartes à transformations, cartes par demande et réponse, sans oublier le jeu des cartes des batailles, les jeux satiriques, tels que le jeu de l'Armada espagnole, le jeu de la Révolution anglaise de 1688. Voici le jeu publié vers 1720, après le désastre du système de Law : des devises étaient gravées au-dessus de chaque vignette. — Roi de carreau : *J'ai des actions à tous les vents, malgré les plus grands efforts des vitriers.* — Dame de cœur : *Quand on a un cœur et une tête comme mon mari, on distille de l'or d'un chiffon de papier.* — Valet de trèfle : *Mon étoile de chance ne s'occupe pas si le navire va droit. Le lot gagnant rend rapidement le valet maître et le maître valet*, etc. Mentionnons le Jeu de la Révolution de 1830, le Jeu des

Barricades, les Jeux pour rire : *L'art de découper et de trancher à table*, les cœurs consacrés à la viande, les trèfles aux poissons, les carreaux à la volaille et les piques aux mets préparés. Le *Jeu des Journaux* (1819) où défilent en charge caricaturale les principales feuilles de l'époque : *Journal des Débats, Gazette de France, Constitutionnel, Minerve Française, Figaro, Moniteur, Lettres Normandes, Don Quichotte, Conservateur, Quotidienne*. Le *Jeu de cartes à rire de Thalie* mettait en caricature les théâtres et leurs premiers sujets. Le *Jeu de la Dot* se composait de 32 cartes ; 16 représentaient : les mariés, leurs parents, les filles et garçons d'honneur, la dot, les parents de province, le notaire, le curé ; les seize autres, appelées *les Importuns*, avaient l'avantage sur les autres cartes, jouant vis-à-vis d'elles le rôle des atouts ; c'étaient : la Pauvre Vieille, la Bouquetière, la Marchande de Macarons, la Prude, la Marchande de modes, la Coquette, Madame Grondar, la Marchande à la Toilette, le Pauvre, le Violon, le Cocher, le Rival, la Clarinette, les Enfants de chœur, le Bedeau, le Suisse.

Le *Jeu des Cris de Paris* (1835) parait avoir obtenu une vogue assez éphémère ; ses cartes reproduisent les marchands qui font retentir de leurs cris les rues de la capitale. Le roi y devient *marchand d'habits* ; la dame de carreau, *marchande de plaisir* ; le valet de carreau, *vitrier* ; l'as de carreau, *marchande d'œufs* ; le valet de trèfle, *gagne-petit* ; la dame de pique, *marchande d'huîtres* ; le valet de pique, *carreleur de souliers* ; l'as de cœur, *marchande de poisson* : Ah ! qu'il est beau le poisson ! Il arrive, il arrive ! etc.

C'est peut-être le cas de redire avec Leibnitz que les hommes n'ont jamais montré plus d'esprit que dans les jeux qu'ils ont inventés.

CHAPITRE V

QUELQUES JEUX EN VOGUE AUTREFOIS, AUJOURD'HUI

Divers sens du mot *jeu*. Les peuples civilisés se font des emprunts réciproques. Principaux jeux pratiqués en France du seizième au vingtième siècle. Jeux spéciaux à certaines provinces. La Bassette au dix-septième siècle : Mme de la Sablière abandonnée pour elle par la Fare. — Biribi. — Cavagnole. — L'inventeur du jeu d'échecs; partie providentielle; partie de Ximénès contre lui-même. Quatrain de Junot à la reine Hortense. Lamennais joueur d'échecs. Echiquiers vivants. — Le Quinze. — Le Reversis et Mlle de Sévigné. — Le Boston. Le Pharaon et *Candide*. — Blücher au *Salon des Etrangers* en 1814 : mot de Louis XVIII. — Le Quadrille honni par le P. du Cerceau. — Le ballet du jeu de Piquet. — Trictrac et politique.

Le mot *jeu* s'entend de bien des façons : jeux d'esprit ou jeux de société, jeux des enfants, jeux d'adresse et de force que nous appelons les sports athlétiques, jeux ou paris de courses, jeux de Bourse, enfin les jeux de dés, échecs, cartes, les seuls dont il soit question dans cette étude, et dont je me garderai bien de présenter un commentaire détaillé, même en me restreignant aux seuls jeux français. Il convient d'ailleurs de remarquer que plusieurs eurent ou gardent une vogue mondiale, que les peuples civilisés se font ici des emprunts réciproques, que d'autre part beaucoup de jeux n'ont pas dépassé les frontières du pays d'origine, qu'il existe des ressemblances frappantes entre certains jeux de nations très éloignées les unes des autres, ressemblances dues à la nature des choses ou à la nature humaine. Tous les peuples enfin reconnaissent en cette matière une première et capitale distinction : les jeux où le hasard aveugle est à peu près seul maître, ceux où la science, le talent, entrent, à des degrés divers, en ligne de compte.

Voici les noms des principaux jeux pratiqués en France du seizième siècle au vingtième siècle :

Ambigu, Aluette, As qui court, Baccara, Barbacolle, Bassette, Bataille, Belles Fleurs, Bête, Bête hombrée, Billard, Biribi, Boston, Bouillotte, Brelan ou Trente et Un, Briscan, Bridge, Brisque, Brusquembille, Boule, Cavagnole, Chemin de Fer, Cinquante-Cinq, Comète, Commerce, Commère accommodez-moi, Coucou, Crapette, Culbas ou Papillon, le Crescendo ou le Piémontais, Creps, Cribbage, Dames, Dames rabattues, Dés, Dominos, Dupe, Echecs, Emprunt, Enfle, Entonnoir, Espérance, Ferme, Franc-Carreau, Jeu du Florentin ou de la Dupe, Gillet, Guerre, Guimbarde ou la Mariée, Guinguette, Hère, Hoc Mazarin, Hoc de Lyon, Hombre, Hymen, Homme d'Auvergne, Impériale, Kébir, Lansquenet, Nain jaune ou Lindor, Loterie, Manille ou Comète, Mappemonde, Maryland, Marin, Médiateur, Médrille, Mouche, Misti ou Mistron, Noyaux, Palet, Pamphile, Papillon, Passe-Dix, Pelle, Petits Chevaux, Pharaon, Pique, Piquet, Piquet à écrire, Plain, Poque, Portique, Pour et Contre, Grande Prime, Petite Prime, Poker.

Quadrille, Quarante de roi, Quatre-fleurs, Quatre fins de l'Homme, Quine, Quinquenove, Quintille, Quinze.

Reversis, Revertier, Ronfle, Roulette, Romestecq, Séquence, Siam, Sixte, Sizette, Solitaire, Tarots, Toc, Tontine, Tourne-Case, Treize, Trente et Quarante, Trente et Un, Tresset, Trézette, Tricon, Tri, Trictrac, Toute-Table, Triomphe, Trou-Madame, Vingt-Quatre, Vingt et Un, Volant, Whist, Vieux Garçon.

Jeux d'enfants : la Bataille, le Brelan de Valets, l'Enflé, Jeu de la Faluche, Jeu de la petite brisque. Le plus d'atouts.

Sans parler du juge Bridoye, qui décidait les procès par le sort des dés, Rabelais nous présente plusieurs variétés de joueurs, et, au Chapitre XXII du livre I, se trouve une interminable énumération, plus de deux cents noms des jeux auxquels se livrait Gargantua adolescent; j'y renvoie le lecteur en l'avertissant que, parmi ces jeux, un certain nombre sont en réalité des jeux d'exercice n'ayant rien à voir avec les cartes et les dés.

Le Triolet, le jeu du Lindor ou Nain Jaune, semblent avoir été connus à la fin du dix-huitième siècle.

Maint jeu n'a inspiré aucun écrivain, et il ne nous en reste que le nom; d'autres jeux sont plus ou moins longuement expliqués dans les traités et les mémoires; quelques-uns, tels les Echecs, le Bridge, comptent par douzaines leurs historiographes. D'assez nombreux jeux ont excité la verve des rimeurs; ainsi, à propos du Piquet :

> Jadis j'étais le roi, j'ai trop aimé les dames;
> Et j'étais leur valet; maintenant j'en suis las.
> J'ai trop fané de trèfles, je sens que ça me pique;
> Dans un instant mon cœur sera sur le carreau;
> J'ai pris trop de reinettes, et j'en ai la pituite,
> Mon corps, qui n'est plus neuf, sonne *de Profundis*.

Citons encore cette énigme sur les points d'un dé à jouer.

> Nous sommes trois fois sept frères
> Logés en six carrés qui se touchent entre eux :
> A qui nous chérit trop si nous sommes contraires,
> Quelque riche qu'il soit, nous en ferons un gueux!

Le jeu de l'*Aluette* ou cartes des Pêcheurs a conservé de nombreux partisans en Vendée, Bretagne et Normandie; le *jeu catalan* charme encore les habitants du Roussillon, le tarot a ses fidèles en Bourgogne, en Franche-Comté, en Savoie et à Nice[1].

1. Auguste Villemot, *la Vie à Paris*. — Le vicomte de Launay, *Lettres parisiennes*, tome IV. — G. Rudler, *la Jeunesse de Benjamin Constant*. — Jean Dusaulx, *De la Passion du Jeu depuis les temps anciens jusqu'à nos jours*, 1779. — *Journal de la Librairie*. — *Bibliographie Française*, *Grande Encyclopédie*, t. IX et XXI. — *Dictionnaire Larousse*, t. II et IX. — Paul Bichet, *le Livre des Jeux*. — Léon de la Brière, *Au Cercle*. — Van Tenac et Jeandel, *Traités de trictrac, de Jaquet et de Jaquet de Versailles*. — Desnoiresterres, *Epicuriens et Lettrés*, *Cours Galantes*, tome III. — G.-B. de Savigny, *Traité complet des jeux de cartes*. — Fervac-

Ce terrible jeu de *Bassette*, qui fit tant de victimes en France, présente beaucoup d'analogies avec le pharaon et le lansquenet. Inventé par l'Italien Bassetti, il fut introduit vers 1674 à la cour par Justiniani, ambassadeur de la République de Venise en France. Il se jouait entre un banquier et plusieurs pontes, quatre en général, avec deux jeux entiers, l'un pour ceux-ci, l'autre pour le banquier. Chaque ponte prend treize cartes, désignées sous le nom de livre, et en abat une ou plusieurs sur lesquelles il *couche* son enjeu. Le banquier bat son jeu, tire les cartes deux par deux, les pose à découvert sur le tapis, la première carte étant pour lui, la seconde pour les pontes. Si la première est semblable à une des cartes couchées, le banquier gagne ce qui s'y trouve placé; si la seconde carte est semblable, il paye. Quand il fait un doublé, c'est-à-dire quand il amène deux cartes semblables, deux as, deux rois, il gagne

---

ques, *Mémoires d'un décavé*. — Paul Ginisty, *Paris à la loupe*. — *Correspondance de Grimm*. — Albert Wolff, *Mémoires d'un Parisien; la Haute Noce*. — Victor du Bled : *le Bridge et les Bridgeurs*. Delagrave, 1914. — Steward Culin, *Korean Games with notes on the Corresponding of China and Japon; Chinese Games with dice; The Gambling games of the Chinese in America*, 1893. — Fernand Giraudeau, *les Vices du jour et les Vertus d'autrefois*. — Gaston Vuillier, *Plaisirs et Jeux*. — *Mémoires* de Saint-Simon. — Hamilton, *Histoire amoureuse de la Cour d'Angleterre* (Mémoires du chevalier de Gramont). — Alfred Franklin, *la Civilité, l'Etiquette, la Mode, le bon ton du treizième au dix-huitième siècle*, 2 volumes. — *Académie universelle des Jeux*, Paris, 1825. — *Dictionnaire de la Conversation*, t. XI. — Edward Falkener, *Games ancient and Oriental*, London, 1892. — A. B. Mitford, *Tales of old Japan*, London, 1871. — W. Wilkinson, *A Manual of Chinese Chess*, Shangaï, 1893. — *Chinese origin of Playing Cards*, dans *American Anthropologist*, January 1895. — Charles Virmaître, *les Jeux et les joueurs*. — Villemessant, *Mémoires d'un journaliste*, tome IV. — Edmond et Jules de Goncourt, *la Société française pendant la Révolution*. — Alphonse Karr, *le Livre de bord;* — *Journal du maréchal de Castellane*. — Molière, *les Fâcheux*. — *Mémoires de Casanova de Seingalt*. — Arnault, *Souvenirs d'un sexagénaire*. — Jules Lecomte, *le Luxe* (comédie). — Jules Claretie, *la Vie à Paris*, tome IV. — Sébastien Mercier, *Tableau de Paris*, 10 volumes, *le Nouveau Paris*, 6 volu-

les mises sur les cartes ainsi arrivées en double. La Bassette, ayant été proscrite par Louis XIV, fut remplacée par la *Barbacolle,* puis par le *Pour-et-Contre :* le nom seul avait changé.

Le marquis de la Fare, après avoir adoré Mme de la Sablière, et avoir été adoré d'elle, se refroidit; et savez-vous la cause ? Mme de Sévigné va vous édifier :

« ... C'est la bassette; l'eussiez-vous cru ? C'est sous ce nom que l'infidélité s'est déclarée; c'est par cette prostituée de bassette qu'il a quitté cette religieuse adoration. Le moment était venu que cette passion devait cesser et passer même à un autre objet : croirait-on que ce fût un chemin pour le salut de quelqu'un que la bassette ? Oh ! c'est bien dit ; il y a cinq cent mille routes où il est attaché. Elle regarda d'abord cette distraction, cette désertion, elle examina les mauvaises excuses, les raisons peu sincères,

---

mes. — *Mémoires du général Thiébault, du chevalier de Cussy, du comte de Falloux; Journal intime du chevalier de Corberon.* — Mikhniévitch, *Histoire du jeu en Russie,* dans *Messager historique,* tome LXXXIII. — Grazilier, *Une Captivité en France, Journal d'un prisonnier anglais, 1811-1814.* — Baudrillart, *Histoire du luxe privé et public,* tomes III et IV. — Mme de Bawr, *Mes Souvenirs.* — Montigny, *le Provincial à Paris,* 3 volumes. — Coulmann, *Réminiscences* (3 v.). — Sébastien Blaze, *Mémoires d'un aide-major sous le Premier Empire.* — Henri Ducor, *Aventures d'un marin de la garde impériale.* — Louis Garneray, *Mes Pontons,* p. 153 et 195. — Victor Fournel, *Curiosités théâtrales.* — Gaston Boissier, *Promenades archéologiques,* p. 42, 367, 391. — Léon Séché, *la Jeunesse dorée sous Louis-Philippe.* — Henri d'Alméras, *la Vie parisienne sous la Révolution et le Directoire, sous le Consulat et l'Empire, sous la Restauration, sous le règne de Louis-Philippe,* 4 volumes. — Privat d'Anglemont, *Paris Anecdote.* — Gustave Claudin, *Méry, sa vie intime, anecdotique et littéraire.* — L. Véron, *Mémoires d'un bourgeois de Paris,* tome Ier. — Vicomte de Bonald, *Samuel Bernard, banquier du Trésor Royal, et sa descendance,* Rodez, 1912. — Barrière, *Tableaux de genre et d'histoire.* — Pierre Sauvage, *L'Art de gagner aux Petits-Chevaux,* — H. Payraud, *Le Moyen infaillible de gagner aux Petits-Chevaux,* — A. Nicolaï, *Notes sur le jeu de la Comète,* Bourges, 1904. — Viaud Grand Marais, *Un Vieux jeux de cartes vendéen, le jeu d'aluette;* Vannes, 1910.

les prétextes, les justifications embarrassées, les conversations peu naturelles, les impatiences de sortir de chez elle, les voyages à Saint-Germain où il jouait, les ennuis, les ne savoir plus que dire. Enfin quand elle eut bien observé cette éclipse qui se faisait, et le corps étranger qui cachait peu à peu tout cet amour si brillant, elle prend sa résolution... Sans querelle, sans reproche, sans éclat, sans le chasser, sans éclaircissement, sans vouloir le confondre, elle s'est éclipsée elle-même;... (et se retire aux Incurables). Ainsi tout sert et tout est mis en œuvre par ce grand ouvrier qui fait toujours infailliblement tout ce qu'il lui plaît. »

« Cette maudite bassette, écrit Fontenelle, est venue pour dépeupler l'empire d'amour, et c'est le plus grand fléau que la colère du ciel pût envoyer. On peut appeler ce jeu-là l'art de vieillir en peu de temps. » Sauveur dressa une table de probabilités qui prétendait prouver qu'il y a dans le jeu des coups plus avantageux les uns que les autres. Et le public de s'imaginer que cette table enseignait les moyens de jouer à coup sûr, et la bassette d'exercer de nouveaux ravages en raison directe du nombre toujours croissant des pontes.

Mme de Sévigné parle d'une certaine dame très bizarre qui, jouant à la bassette, dit à son voisin : « Si je perds, je dirai de moi la plus grande infamie. » Elle perdit, et, pour tenir sa parole, elle confessa à la compagnie qu'elle avait pris, le matin même, par avarice, un lavement qu'on lui avait apporté la veille, ne voulant point avoir à faire une dépense inutile.

Variétés de Bésigues : Bésigue à trois, Bésigue à quatre, Bésigue panaché, Bésigue arrêté au point, Bésigue sans retourne, Bésigue chinois ou japonais.

Biribi : un grand tableau partagé en soixante-dix cases numérotées, sur lesquelles les joueurs ou pontes placent leurs enjeux; un sac contenant soixante-dix boules qui ont autant de billets numérotés. On tire une boule du sac, les joueurs qui ont ponté sur le numéro sortant reçoivent soixante-quatre fois leur mise, les autres perdent. Le jeu se

combine de telle sorte que le banquier a un avantage égal
à la treizième partie de l'argent risqué.

Bête, Bête hombrée, Hombre, Triomphe, jeux de la même
famille. La mise s'appelait *la bête*, et quant le banquier perdait, on disait : « Il fait la bête. »

L'*Ambigu*, comme son nom l'indique, était un mélange
de plusieurs sortes de jeux.

La *Boule* est un perfectionnement des *Petits Chevaux*, un
perfectionnement qui facilite les fraudes, et fonctionne par
conséquent au sens péjoratif contre les joueurs.

Le *Cavagnole*, cultivé par la Cour au dix-huitième siècle ;
jeu de hasard, espèce de biribi qui se jouait avec des petits
tableaux à cinq cases, contenant des figures et des numéros ;
chaque joueur tirait les boules à son tour. A plusieurs reprises Voltaire malmène le cavagnole :

> On croirait que le jeu console ;
> Mais l'ennui vient, à pas comptés,
> A la table d'un cavagnole
> S'asseoir entre deux Majestés.

On sait l'historiette du prince indien pour qui un brahmane avait imaginé le jeu d'échecs ; l'inventeur ne demanda
comme récompense que le nombre de grains de blé multiplié par le nombre des 64 cases ou carrés de l'échiquier. Le
monarque s'étonnait de la modestie apparente de la requête,
mais ses trésoriers lui démontrèrent qu'il avait pris un engagement pour lequel ses trésors et ses Etats ne suffiraient
point. Et le professeur prit texte de l'incident pour faire
sentir au souverain combien il importe de se tenir en garde
contre les conseillers téméraires. Le savant Babinet, qui a
fait le calcul des grains, arrivait au chiffre de

18.446.744.073.709.551.615 grains,

qui vaudraient 102.482 milliards. L'anecdote ne contribua
pas peu à rendre le jeu d'échecs tout à fait célèbre, à le
propager de l'Inde dans la Perse ; le nom de *Shatrengi* ou
Shatéak qui lui fut donné signifie : *jeu du roi;* le terme *échec
et mat* est tiré du persan *schah mat, le roi est pris.*

Une partie d'échecs providentielle fut celle de certain roi maure de Grenade, dépossédé et enfermé dans une prison par son frère Mahomet IX. Il était un jour occupé à jouer aux échecs avec un iman, lorsqu'il vit arriver un officier chargé de lui couper la tête et de l'apporter à l'usurpateur : celui-ci, se sentant près de mourir, avait donné cet ordre afin d'assurer le trône à son fils encore jeune. Le condamné obtint, à force de supplications, d'achever sa partie, et l'on pense bien qu'il s'appliquait à la prolonger. Sur ces entrefaites, un grand personnage, suivi d'une escorte nombreuse, entra dans la chambre du prisonnier, et déposa à ses pieds la couronne, en lui apprenant que ses partisans la lui avaient fait rendre au moment même où Mahomet IX expirait : de sorte que la partie d'échecs le sauva de la mort et le remit sur le trône (an de l'hégire 811, ou 1433 de l'ère chrétienne).

Mme Necker (*Mélanges*, tome III) conte que le marquis de Ximénès, voulant jouer une partie contre lui-même, ôta la tour d'un des jeux ; comme il ne pouvait manquer d'arriver, le jeu qui avait toutes les pièces gagna l'autre jeu. « Je vois bien, conclut-il, que je ne suis pas en état de me donner la tour. » Il paraît qu'il est impossible de faire impartialement cette partie avec soi, que l'on favorise toujours l'un des jeux aux dépens de l'autre.

« Junot, affirme la duchesse d'Abrantès, joignait à une imagination brillante et créatrice un esprit fin et très prompt à saisir l'inconnu, dès qu'il s'offrait à lui. Il apprenait tout avec une facilité incroyable. Il faisait de jolis vers très facilement. En voici un échantillon. Jouant aux échecs un soir avec la reine Hortense, alors Mlle de Beauharnais, après quelques parties perdues par complaisance, Junot fit ce quatrain sur l'échiquier même :

> « Dans ce beau jeu je vois l'emblème
> De tout ce que vous inspirez :
> Fou celui qui vous dira : « J'aime ! »
> Roi celui que vous aimerez. »

Ce charmant Edouard Grenier, poète délicat et prosateur

élégant, conte qu'en 1844 il eut l'honneur d'être présenté à Lamennais, chez la générale Baudrand, femme de l'ancien gouverneur du duc d'Orléans, qui, après la mort de celui-ci, épousa le peintre Ary Scheffer : salon éclectique où voisinaient des hommes célèbres, venus des quatre points de l'horizon politique, littéraire et social. On y causait finement et doctement, on y jouait un peu : une table de trictrac ou de whist pour le général et ses vieux frères d'armes, un jeu d'échecs pour l'abbé de Lamennais[1] ; parfois une brillante improvisation de Liszt, et sous ses doigts spirituels les touches semblaient saigner; ou bien encore un modeste quadrille pour amuser les deux jeunes filles de M. Guizot. Edouard Grenier faisait la partie d'échecs de Lamennais, qui n'était ni de première ni de seconde force, mais n'aimait pas perdre; et Grenier était bien, dit-il, le partenaire qu'il lui fallait; peut-être aussi cachait-il, par une diplomatie pleine de tact, ses talents réels, comme d'aucuns habitent les dehors de leur âme.

Les échecs ont, à plusieurs reprises, inspiré les entrepreneurs de fêtes en différents pays. Les souverains de l'Inde donnèrent des spectacles où les différentes pièces du jeu étaient représentées par des personnages en chair et en os ; ceux-ci, par leurs manœuvres, allées et venues, jouèrent une partie d'échecs. Une fête semblable fut organisée avec grand succès par le comte de Rochechouart à Odessa, où le duc de Richelieu remplissait les fonctions de gouverneur pendant l'émigration. De même, Napoléon Ier ayant commandé, Despréaux exécutant, une espèce de ballet, un quadrille d'échecs vivants fut monté pour un mardi gras. Deux magiciens, armés de longues baguettes, jouaient la partie; les répétitions durèrent quinze jours et ennuyèrent plus d'un acteur.

---

1. Dans une de ses *Histoires extraordinaires*, Edgar Poë explique le mystère de l'*Automate joueur d'échecs*, inventé en 1769 par le baron de Kempelen, exhibé au dix-neuvième siècle par un certain Maëtzel ; après une série de déductions et d'observations subtiles, Edgar Poë arrive à conclure qu'un homme est caché dans la machine.

Dans le bataillon féminin figuraient les plus jolies femmes de la cour : la reine de Naples, la duchesse de Rovigo, la duchesse d'Abrantès, la princesse de Neufchâtel, la princesse de Ponte-Corvo, Mmes Regnault, Duchâtel, de Colbert, de Canisy, de Barral, de Bassano, etc. Dans le camp masculin, MM. de Brigode, de Beausset, de Montesquiou, de Septeuil, de Canonville, Pourtalès, de Corneux, etc.

Du *Western Daily Mercury* :

Extrait d'une lettre d'un fantassin anglais en 1915 : « Dans l'Aisne, nous avons pris dernièrement une tranchée allemande. Ce qui nous a surpris le plus, ç'a été d'y trouver un échiquier sur lequel une partie était en cours. Les deux joueurs étaient morts, tués par un éclat d'obus, et, par extraordinaire, aucune des pièces n'avait été dérangée. A côté, plusieurs soldats morts, qui sans doute avaient suivi la partie... »

En tout cas, ils l'ont perdue !

Il y a deux familles, a-t-on dit : ceux qui jouent *aux échecs*, et ceux qui jouent *avec des échecs*, ceux qui ont le secret (le don naturel) et ceux qui ne l'ont pas.

Les parties ne sont nullement interminables, comme on l'a prétendu ; elles durent en moyenne trois quarts d'heure, une heure. Au café de la Régence, le fameux la Bourdonnais, en soixante minutes, fit vingt-trois fois échec et mat Bausset, surnommé le *Vélocipède* à cause de la rapidité de son jeu.

« Les échecs sont l'image de la guerre. On étudie la théorie des *Ouvertures* et des *Fins de partie*, comme les principes consacrés de l'art militaire.

« Il y a des maîtres qui ont dépensé plus de temps et de travail sur le *Gambit Evans*, qu'il n'en faut pour entrer à l'École polytechnique. C'est tout un monde de combinaisons. Et le *Muzio !* On peut suivre la comparaison jusqu'au bout. Les échecs ont leur stratégie. La partie s'engage et se développe d'après un plan de campagne arrêté ; on prend des positions sur le terrain. La reine est le général en chef ; les cavaliers marchent en éclaireurs ; les fous, les lorgneurs, sont les officiers d'état-major ; les tours, l'artillerie ; les pions, l'infanterie. Et tout cela marche, avance, recule, manœuvre et combat jusqu'à la mort, c'est-à-dire le *Mat*.

« Les échecs sont aussi l'image de la politique. L'Europe est un échiquier dont les royaumes sont les cases, les nations les pièces manœuvrées par leurs rois ou leurs premiers ministres, et les journaux enregistrent jour par jour la marche de la partie avec ses variantes et ses commentaires.

« C'est encore l'image de la chasse : poursuite, pièges, embuscades, chasse à courre et à l'affût.

« Le joueur se donne ainsi toutes les émotions. Il commande des armées, gouverne le monde et sonne l'hallali.

« Pour mon compte, je considère les échecs non comme une science, mais comme un jeu d'imagination. On y trouve même de la poésie.

« Dans ces combats silencieux, il y a des épopées, des poèmes, des élégies plaintives, des ïambes farouches, des idylles élégantes. Il y a de ces mots pleins d'amertume, muets comme les grandes douleurs, sombres comme l'absolu désespoir. » (HAROUN [1].)

[1]. Alfred Binet, *Psychologie des grands calculateurs et joueurs d'échecs*, Paris, 1894. — G. Carpentier, *200 Problèmes d'échecs*, Paris, 1901. — Pierre Champion, *Charles d'Orléans joueur d'échecs*, 1908. — Cornetz, *Un des Aspects de l'illusion du joueur d'échecs*, Paris, 1907. — Henri Delaire, *le Tournoi d'échecs de Saint-Sébastien*, Paris, 1911. — Jacques Grommer, *la Grammaire des échecs*, Paris, 1906. — H.-J.-R. Murray, *A History of Chess*, Oxford, 1913. — Jean Preti, *ABC des échecs*. — A. Rilly, *le Problème du cavalier des échecs*, Troyes, 1906. — S. Rosenthal, *Traité des échecs*, Paris, 1901. — Alain C. White, *les Mille et un Mats inverses*, 1907. — On trouvera aussi dans les catalogues généraux de la Bibliothèque Nationale, rue de Richelieu, des listes de nombreux ouvrages étrangers : voir aux mots : *Jeu, Cartes, Dés, Échecs*, etc. J'engage beaucoup les apprentis joueurs à lire l'ouvrage de M. Lanes : *Jeux de cartes*, Malo, Paris, 1912 ; ils y verront, ce que je n'ai pu donner dans un traité d'ensemble, les règles spéciales, la stratégie et la tactique d'une foule de jeux anciens et modernes, jeux d'enfants, jeux de combinaisons, jeux mixtes, jeux de société, jeux de hasard ; je leur recommande notamment les chapitres consacrés à la bouillotte, au bésigue, à la manille, au piquet et au poker.

Quand on louait les talents militaires du prince Ferdinand de Brunswick devant Philidor, le joueur d'échecs, celui-ci se rengorgeait, disant : « Il est vrai... je lui donne la tour. »

Walter Scott, jouant aux échecs avec le prince de Galles, le fit *échec et mat*. A cette époque les ouvrages du romancier paraissaient sous la rubrique : *par l'auteur de Waverley*. Au dîner qui suivit la partie, le prince leva son verre et, s'adressant à Walter Scott, dit : « Je bois à l'auteur de *Waverley*. » Très ému sans doute, le romancier ne sut que s'incliner. La compagnie se mit à rire ; le secret, jusque-là si bien gardé, était divulgué. « Cette fois, mon cher Scott, reprit alors le prince, c'est moi qui viens de vous faire *échec et mat*. »

Le loto à la cour de Napoléon III.

« Dans l'automne de 1869, l'impératrice inaugurait le canal de Suez, et remontait le Nil en dahabieh. L'empereur vint tout seul à Compiègne avec son fils. Pour le distraire, il invita quelques personnes. Il y eut des chasses, et je me rappelle une magnifique curée aux flambeaux qui eut pour théâtre la cour d'honneur. Quand il n'y avait point d'étrangers, on jouait au loto dans le salon des aides de camp. Pour rompre la monotonie du jeu, on ne négligeait aucune des formules populaires qui prétendent lui donner un peu de pittoresque :

« 22, les deux cocottes ; 33, les deux bossus ; 69, bout-ci
« bout-là ; 57, misère en Prusse.

« — Ah, celui-là, c'est moi qui l'ai, dit l'empereur ; mais
« pourquoi dit-on : 57, misère en Prusse ? »

« On se taisait, on cherchait, on ne trouvait pas. Je risquai
« une explication historique :

« 57, ne serait-ce pas 1757, l'année de Rosbach ? »

« A ce nom de Rosbach, tout le monde baissa la tête. L'année suivante, quand vint la saison de Compiègne, c'était un prince allemand qui occupait le château, et l'empereur était prisonnier à Wilhelmshœhe.

« 70, misère en Prusse ! »
« Ainsi finissent, par un douloureux serrement de cœur, mes beaux souvenirs de Compiègne ! »

(Augustin Filon.)

Le Quinze est un jeu où gagne celui des joueurs qui compte quinze par les points de ses cartes, ou qui approche le plus de ce chiffre. On s'y relance comme à la Bouillotte : on y jouait gros jeu en 1884, et le quinze fut à cette époque l'occasion d'un gros scandale au cercle de la rue Royale, scandale demeuré impuni. (*Figaro* du mardi 12 février 1884.) Tous les cinq et toutes les figures étaient marqués : aux quatre angles il y avait une minuscule rugosité, obtenue par la piqûre d'une aiguille imbibée de gomme arabique.

Les *Dames-rabattues* n'étaient qu'une variante du trictrac, la *Dupe* du *Lansquenet;* le *Commerce* ressemblait fort au *Baccara*, la *Commère accommodez-moi* à notre *Trente et Un*. Le *Reversis* nous vint des Espagnols, ainsi appelé parce que l'on fait à ce jeu le contraire de ce que l'on fait aux autres, puisque celui qui ramasse le moins de levées gagne : le valet de cœur, qui a nom *Quinola*, est la principale carte de ce jeu.

Saint-Pavin raille Mlle de Sévigné sur son goût pour le reversis :

> La jeune Iris n'a de souci
> Que pour le jeu de reversi;
> De son cœur il s'est rendu maître.
> A voir tout le plaisir qu'elle a
> Quand elle tient un quinola,
> Heureux celui qui pourrait l'être !
>
> Son cœur devrait-il t'échapper,
> Amour? Fais, pour la détromper,
> Qu'elle ait d'autres amants en foule;
> La belle au change gagnera.

La vogue du Reversis se maintint fort longtemps.
« Un de nos grands passe-temps (sous la Restauration),

dit la comtesse Dash, était la partie de boston et celle de reversis. Je ne connais pas de jeu plus charmant, plus gai, plus piquant que le reversis. La mode l'a abandonné pour le whist si sérieux et si glacial. Les gens d'esprit devraient e reprendre. C'était le seul recherché à la cour de Louis XV (?). Ces précédents valent bien l'origine anglaise et triste de l'autre. Si j'étais souveraine, je voudrais ressusciter le reversis. »

Sous la Restauration, on jouait beaucoup (à Moulins), non seulement l'écarté, mais le piquet à quatre, et un ancien jeu appelé le *tresset;* on était assis trois autour d'une table en triangle. On voit cela dans des tableaux du dix-huitième siècle.

Le *Hoc* ou *Hoca*, espèce d'ambigu, mêlé de piquet, du brelan et de la séquence, originaire de Catalogne, venu en France avec Mazarin, sévèrement défendu à Rome, prohibé aussi sans succès par le Parlement de Paris, se joue à deux ou trois personnes, tantôt avec quinze, tantôt avec douze cartes. Il y a six cartes privilégiées qui sont Hocs : les quatre rois, la dame de pique et le valet de carreau ; chacune d'elles vaut un jeton à celui qui la jette.

Le *Jeu nouveau des quatre fins dernières de l'homme* se compose de soixante cases et de deux dés ; chaque case représente un sujet : ancres, paysages, maisons, forêt, soleil, lune; etc.; celui qui le premier parvient au nombre de 60 gagne le paradis ; mais il est difficile d'y arriver.

Le *Boston* prit naissance aux États-Unis, pendant la guerre de l'Indépendance. Il y a trois sortes de bostons : le boston primitif, le boston russe et le boston de Fontainebleau.

Le nom même du *Lansquenet* trahit son origine germanique.

Le *Pharaon*, sorte de bassette perfectionnée, se jouait avec deux jeux de cinquante-deux cartes, entre un banquier et des pontes en nombre illimité. Même procédure qu'à la bassette pour l'étalage des cartes : si les deux cartes ne sont pas de même valeur, le banquier rafle tout ce qui a été misé sur les cartes de même valeur que la carte de droite (la sienne), et paye au ponte tout ce qui a été joué sur la carte de la même valeur que la carte de gauche, celle des joueurs. Au Pharaon, le banquier a encore plus d'avantages qu'à la bassette.

« Candide, qui était naturellement curieux, se laissa mener chez la dame, au fond du faubourg Saint-Honoré; on y était occupé d'un Pharaon; douze tristes pontes tenaient chacun en main un petit livre de cartes, registre cornu de leurs infortunes. Un profond silence régnait; la pâleur était sur le front des pontes, l'inquiétude sur celui du banquier; et la dame du logis, assise auprès de ce banquier impitoyable, remarquait avec des yeux de lynx tous les parolis, tous les sept-et-le-va de campagne, dont chaque joueur cornait ses cartes : elle les faisait décorner avec une attention sévère, mais polie, et ne se fâchait point, de peur de perdre ses pratiques. La dame se faisait appeler la *marquise de Parolignac*. Sa fille, âgée de quinze ans, était au nombre des pontes, et avertissait d'un clin d'œil des friponneries de ces pauvres gens qui tâchaient de réparer les cruautés du sort... La marquise fit donner un siège et un jeu de cartes à Candide, qui perdit cinquante mille francs en deux tailles : après quoi, on soupa très gaiement, et tout le monde était étonné que Candide ne fût pas ému de sa perte... » (VOLTAIRE, *Candide ou l'Optimisme*.)

Lord Blayney, général et prisonnier des Français, raconte avec humour et sans bienveillance ses impressions de captivité : celle-ci fut d'ailleurs assez douce. Verdun, où il passa près de trois ans (1811-1814), possédait une banque de pharaon et une table de rouge et noir où tout le monde était admis, l'égalité la plus parfaite y régnant, et le seigneur anglais le plus cossu se trouvant souvent assis à côté d'un paysan couvert de boue, d'un juif en haillons ou d'une fille publique. Un grand nombre de jeunes gens s'y ruinèrent, et l'on prétendit que les prisonniers y perdaient 50.000 livres sterling tous les ans. Elle finit d'ailleurs par être fermée.

Mais voici Blayney libre avec la chute de l'Empire : il

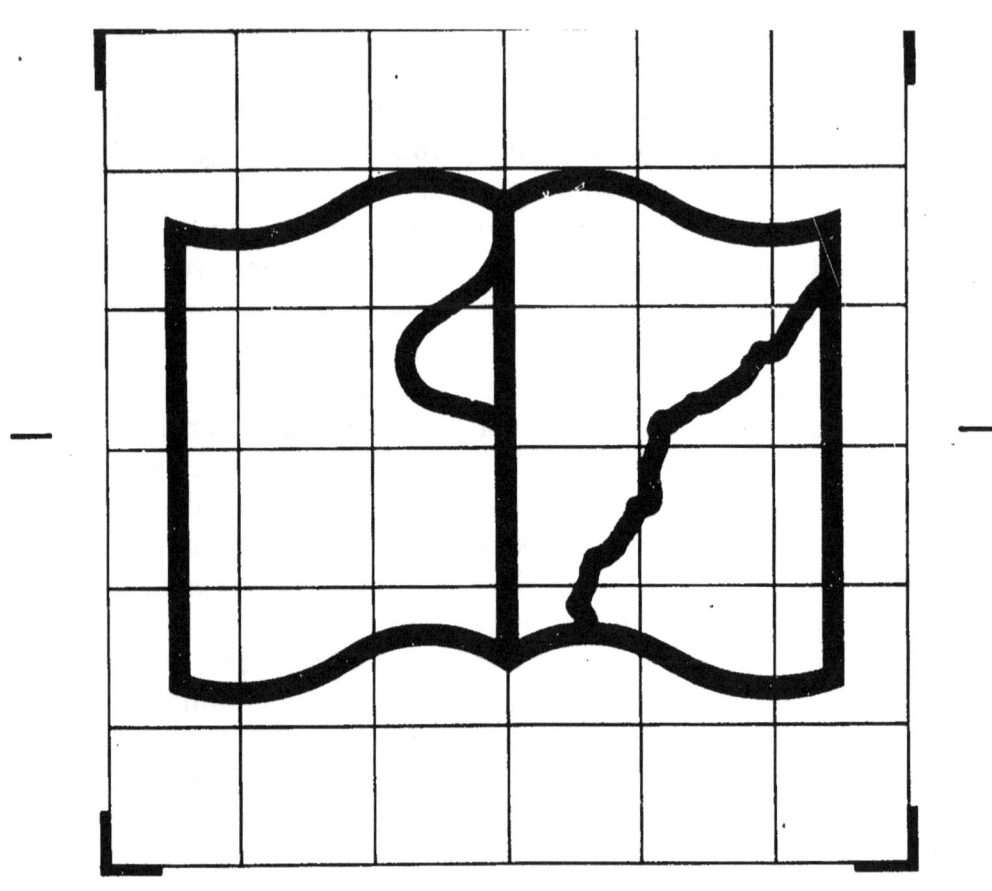

accourt bien vite à Paris et renouvelle connaissance avec le Salon des Etrangers. « Chaque fois que j'allais au Salon des Etrangers ou dans quelque autre maison de jeu, j'étais sûr d'y trouver le vieux Blücher. Il fut heureux dans les commencements, mais je ne sais si son bonheur se soutint. » En réalité, Blücher perdit d'énormes sommes sur les tapis du Palais-Royal, et Louis XVIII disait en souriant : « Il nous a pris notre habit, mais il nous a laissé sa culotte. » Henri Heine, dans ses merveilleux *Reisebilder*, appelle Blücher un pilier de tripots, qui avait toujours les cartes à la main et la pipe à la bouche.

La *Manille* tenait de l'*Hombre, du Tri*, et le *Médiateur* était à peu près la même chose que le *Quadrille*, tant aimé, et tant maudit ensuite par Voltaire; le quadrille que le P. du Cerceau, à son tour, a plaisamment honni :

> Ah ! traître jeu ! si j'étais roi
> Pour quelque cinquante ans seulement, sur ma foi,
> Je te ferais bientôt rentrer dans ta coquille.
> Oui, je t'interdirais par une bonne loi,
>   Sous peine au moins de la Bastille,
>   Comment ! Je n'en sors pas d'effroi ;
>   On a trois mille devant soi.
>   Avec trois mille à l'hombre on brille ;
> Au Quadrille, en trois coups, sans dire qui ni quoi,
>   On est réduit à la mandille.
> Tant pour les matadors et leur longue famille,
>   Qui quelquefois bien loin s'étend,
>   Et puis pour le Sans-prendre, tant ;
> A la vole, Dieu sait comme l'on vous étrille,
>   Et toujours des fiches d'antan...

Sous le règne de Charles VII, on inventa le jeu de *Piquet*. Une dissertation du P. Daniel prouve qu'il est symbolique, allégorique, politique, historique, qu'il renferme des maximes importantes sur la guerre et le gouvernement. Comme intermède à une comédie de Thomas Corneille, au dix-huitième acte, on donna, sur le théâtre de l'hôtel Guénégaud, le 7 août 1776, le ballet du jeu de piquet, qui n'était d'ailleurs qu'une imitation d'un autre ballet, exécuté à la cour de Charles VII. La queue des dames était portée par quatre esclaves représentant la paume, le billard, les dés, le trictrac.

Relisez le récit d'Alcippe dans *les Fâcheux* de Molière : vous aurez une idée assez nette des différences entre le piquet d'autrefois et le piquet d'aujourd'hui, une idée encore plus nette de ces ennuyeux qui troublent la solitude et n'apportent point la compagnie. Ah! si les indiscrets de tout genre, pouvaient écouter aux portes, ou entendre les apartés de leurs victimes! Oyez cette fin de scène :

Alcippe.

... Et par un six de cœur je me suis vu capot,
Sans pouvoir, de dépit, proférer un seul mot.
Morbleu! Fais-moi raison de ce coup effroyable :
A moins que l'avoir vu, peut-il être croyable ?

Eraste.

C'est dans le jeu qu'on voit les plus grands coups du sort.

Alcippe.

Parbleu! Tu jugeras toi-même si j'ai tort,
Et si c'est sans raison que ce coup me transporte;
Car voici nos deux jeux, qu'exprès sur moi je porte...

Eraste.

... J'ai compris le tout par ton récit,
Et vois de la justice au transport qui t'agite,
Mais pour certaine affaire il faut que je te quitte...

Voltaire jouant au piquet avec une dévote, dans le salon du roi Stanislas, à Lunéville, un violent orage éclata, et la dévote de supplier qu'on fermât les volets, de se signer, de se lamenter parce qu'elle se trouvait à côté d'un impie capable d'attirer la colère céleste. Indigné de cette mômerie, Voltaire se lève, et lui lance ce coup droit : « Madame, sachez que j'ai dit plus de bien de Dieu dans un seul de mes vers que vous n'en penserez de votre vie. »

Variétés actuelles de piquet : Piquet à deux, Piquet à trois ou piquet normand, Piquet à quatre, Piquet Rubicon, Piquet à écrire.

Poker : le jeu le plus en faveur aujourd'hui, après le Bridge, la Manille, avec le Trente et Quarante et la Roulette. Venu des Etats-Unis, il y a quelque 35 ans. On distingue *le Poker ordinaire, le Freeze-out ou Poker de famille, le Stud-Poker, le Whisky-Poker.* A ce dernier on ne joue pas d'argent, seulement des consommations, le whisky étant une boisson nationale en Amérique. (Voir sur ce jeu l'ouvrage de Savigny et Lanes : *Nouveau Manuel des Jeux de cartes.*) Jeu très attachant, exigeant beaucoup de diplomatie, de psychologie, de ruse même, ce qui a fait dire, avec exagération, que c'était un jeu de filous ; il dégénère souvent en jeu d'argent. Je l'ai vu jouer cent fois chez Mme Charles Cartier, qui avait pour partenaires habituels MM. Charles Ferry, l'amiral Miot, Michel et Tony Smet; et j'ai pu me convaincre de sa difficulté. Voici quelques préceptes formulés par Savigny et Lanes : 1º Connaître les probabilités mathématiques. 2º Etudier attentivement la physionomie et la tactique de ses adversaires. 3º Garder soi-même une attitude impénétrable, exempte de tous gestes, signes ou paroles. 4º Varier sa manière. 5º *Bluffer* très rarement. 6º Bluffer seulement quand on est en veine. 7º Ne pas mettre trop d'empressement à réclamer, et attendre les relances de ses adversaires. 8º Ne jamais laisser voir ses cartes à moins de nécessité absolue. Et je rapporterai quelques termes en usage au Poker. *Blaind* : il consiste à acheter le droit de parler le dernier. — *Bluffer,* synonyme de *Monter le coup,* faire croire à ses adversaires qu'on a un très beau jeu, lorsqu'on en a peu ou point. — *Brelan* : trois cartes de même valeur, trois dames, trois as, trois dix. — *Chip* : unité de mise. — *Poker* : réunion de quatre cartes de même valeur, quatre rois, quatre valets. — *Joker* (mauvais plaisant) : 53e carte ajoutée au jeu, représentant un fou qui agite sa marotte, celui qui le reçoit mêlé à d'autres cartes, en fait ce qu'il désire : un roi, une dame, un as, etc., selon les besoins de son jeu; c'est une espèce de passe-partout, de petit magicien, de Protée éphémère. — *Pot* ou *Jack Pot* : tous les joueurs apportent une masse égale, qui sera gagnée par un seul. — *Se recaver* : remplacer sa mise (sa cave) épuisée par une autre mise. — *Séquence flux* : une séquence dont toutes les cartes sont de la même couleur. — La *Carre* : se carrer, c'est mettre au jeu autant de jetons qu'il y en a déjà, plus un, en disant : *Je me carre*. — *Contrecarrer*, c'est, pour le second joueur, par exemple, doubler la masse au jeu, y compris la carre du premier. — Le Poker a quelques analogies avec la bouillotte.

Le *Trictrac* eut un regain de vogue en 1789, peut-être grâce à cette fantaisie, où les termes techniques de ce jeu sont appliqués à la politique :

Le roi *fait une école à chaque coup.*
La reine *a toujours le dez contraire.*
Les princes *ont trop hasardé.*
La noblesse *a pris le coin bourgeois.*
Le clergé *fait la pille de misère.*
Le tiers *a pris son coin par puissance.*
Le duc d'Orléans *a découvert son jeu.*
L'Assemblée nationale *a mis tout à bas.*
Lafayette *bat souvent les deux coins.*
Les Larochefoucauld *sont en petite bredouille.*
L'évêque d'Autun *a fait la case du diable.*
Necker *a fait une mauvaise tenue.*
Le comte de Mirabeau *fait son plein.*
Les parlements *ont joué trop serré.*
L'armée et la marine *sont en grande bredouille.*
Les milices nationales *ont le pavillon.*

Variétés de Whist.

Le Whist en cinq points, le Whist aux tricks doubles, le Whist avec un mort, le Humbug, Whist prussien, Whist avec la favorite, Enfilade, Whist russe.

Le Whist a inspiré force rimeurs ; voici quelques couplets cueillis dans l'*Improvisateur* de Sallentin (1806) :

Whist aimable, Whist séduisant,
 Tu charmes ma bergère :
Le goût de ton amusement
 A pris jusqu'à Cythère.

Ta marche ressemble aux amours,
    Un vrai soin l'environne ;
C'est le côté du cœur toujours
    Qui dirige la donne[1]...

Tes tableaux offrent à nos mœurs
    Des traits philosophiques ;
Le hasard donne les honneurs,
    Le savoir fait les triques.

De la retourne tout dépend ;
    Apprenons à nous taire ;
On tâte, on s'invite, on s'entend
    Avec sa partenaire.

Belles, pratiquez ma leçon,
    Employez l'artifice :
Moins on montre son singleton,
    Plus il rend de services...

Nadaud adorait le Whist : il fit, avec Emile Augier et Alfred Tattet, une partie qui dura trois jours et trois nuits. « Arrêtons-nous, finit par dire Tattet, notre mort commence à *s'avancer*. »

Au début de son poème, l'auteur de la *Chanson de Roland* nous présente Charlemagne dans un grand verger, entouré de ses principaux preux : Roland et Olivier, le duc Sanson et le fier Auséis, Geoffroy d'Anjou, gonfalonier du roi, et Gérin, et son compagnon Gérier, et avec eux beaucoup d'autres. « Ils sont là quinze mille Francs de France. Ces chevaliers sont assis sur des tapis blancs ; ils jouent aux *tables* (trictrac ou damier) pour se divertir. Les plus sérieux et les plus âgés jouent aux échecs... »

1. On donne à gauche.

CHAPITRE VI

HISTORIETTES DES JEUX

Académies de jeu. Passion de Henri IV pour les cartes. — Les abbés Ruccellai et Franchipani. — La science du jeu jadis fait partie de l'éducation noble. Querelle de jeu. Tactique de Mazarin. — Pénitence de Bautru. Inutiles conseils d'un carme. — Jeux en vogue à la cour de Louis XIV : M™° de Montespan, Langlée, Dangeau. Réflexions de M™° de Sévigné et de Saint-Simon. Le jeu fut un rite royal à la cour. — Un remplaçant au jeu. On joue du poisson chez le roi. — Gourville : la diplomatie du jeu. Grands seigneurs instituant des jeux dans leurs hôtels sous le couvert de leurs livrées. Louis XV et Samuel Bernard ; un brelan chez M™° de Tallard. — Le jeu de l'abbé de Choisy. — Une riposte. — Le jargon du jeu. — Voltaire et le Biribi. — Epigrammes. — L'abbé de Boismont. Le marquis de Livry. — Hôtels de Gesvres et de Soissons : la Roulette. Vers de Ségur sur le Loto. — La reine Marie-Antoinette et le jeu. — Aventure de Tilly. Le Salon Sainte-Amaranthe. Le créancier de Charles Fox. — Le Whist. — Arnault joue à l'oie avec Bonaparte. La Martingale de Wast. — Parties de Whist avec Napoléon Ier. — Bals parés hebdomadaires en 1803. — Les jeux devant le Conseil d'Etat du Premier Empire. Rapports de police sur les grands joueurs d'alors. Impressions du prince Clary. Une société de vieilles joueuses. — Charles Nodier joueur d'écarté. — Clubs de dominos. Une partie de dominos quasi historique : Gambetta et Coquelin. Chez Dantan, chez le peintre Glaize. — Charles X et le Whist ; une page de Chateaubriand. Les Quatre Vieilles. Fétichisme militaire. — Episode du Trente et Quarante. — Pontes du Second Empire. Aperçus d'un pokeriste, par Tristan Bernard.

On ne me saura pas mauvais gré, j'espère, d'agrémenter mon récit par des historiettes qui révèlent les mœurs, les modes d'une époque, les états d'âme des foules et des personnages représentatifs : aussi bien, je les ai recueillies surtout dans les ouvrages qui m'ont servi à composer mes études sur la société française du seizième au vingtième siècle[1] ; un petit nombre seulement figurent dans les livres qui traitent uniquement des jeux.

En 1579, une bande d'Italiens, avertis par leurs correspondants que Henri III avait établi au Louvre un déduit de cartes et de dés, vinrent à la cour et raflèrent au roi trente mille écus, tant à la prime qu'aux dés. Les Académies de jeu foisonnèrent sous ce règne.

On vient annoncer à Henri IV qu'une princesse, qu'il aimait, va lui être ravie : « Prends garde à mon argent, dit-il à Bassompierre, et entretiens le jeu, pendant que je vais savoir des nouvelles plus particulières. »

Ce même Bassompierre en une seule année gagna 500.000 livres, ce qui ne l'empêcha point de mourir obéré.

Un jour que Henri IV dinait à l'Arsenal chez Sully, celui-ci, pour faire sa cour, et bien à contre-cœur, fit apporter les cartes, les dés, et mit sur la table deux bourses de quatre mille pistoles chacune, l'une pour le roi, l'autre pour prêter aux seigneurs de sa suite. Pris par son faible et charmé, Henri s'écria : « Grand maître, venez m'embrasser, car je vous aime comme je le dois ; je me trouve si bien ici, que j'y veux souper et coucher. » Et cependant Sully ne pouvait parfois s'empêcher de constater avec chagrin que les quatre grandes passions du roi : les femmes, les chiens, les bâtiments, le jeu, coûtaient 1.200.000 écus par an, somme suffisante pour entretenir quinze mille hommes d'infanterie.

Joachim du Bellay fait ainsi parler la *Vieille Courtisane* :

> Bref je sçavais toute chose un peu,
> Et n'estais pas ignorante du jeu,
> Fust aux eschets (échecs) ou fust à la première
> Où je n'estais de perdre coutumière.

D'après Vigneul de Marville, les abbés Ruccellai et Fran-

---

[1]. *La Société française du seizième au vingtième siècle*. 9 volumes in-12, Perrin éditeur, 35, quai des Grands-Augustins. Ouvrage deux fois couronné par l'Académie française.

chipani faisaient passer à leurs convives des bassins de vermeil remplis d'essences, de parfums, de gants, d'éventails, et même de pistoles, pour jouer après le repas.

La science du jeu jadis faisait partie de l'éducation d'un gentilhomme : maint roman du moyen âge célèbre l'adresse d'un jeune seigneur aux échecs, aux dés, à la chasse. Hamilton fait dire à l'un de ses personnages : « Tu sais que je suis le plus adroit homme de France. J'eus bientôt appris tout ce qu'on y montre; et, chemin faisant, j'appris encore ce qui perfectionne la jeunesse et rend honnête homme, car j'appris encore toutes sortes de jeux de cartes et aux dés. »

Un gentilhomme, qui se battait pour une querelle de jeu, essuie sans être touché le premier feu. « Quant à moi, dit-il, je n'ai jamais manqué mon coup, et je vous parie deux cents ducats que je vous casse le bras droit ou le bras gauche, à votre choix. » Le pari fut tenu avec empressement... et gagné.

Mazarin poursuivait un but politique en poussant la noblesse à se ruiner sottement au jeu : tandis qu'elle se livrait à cette passion, elle ne pensait plus à recommencer les folies de la Fronde.

Un favori de Mazarin, le comte de Bautru, s'étant accusé d'aimer avec passion le jeu, son confesseur lui donna pour pénitence une méditation sur l'endroit de la Passion qu'il voudrait choisir; et Bautru prit pour sujet le jeu de dés auquel les soldats jouèrent la robe de Jésus-Christ.

« Nous fîmes, dit Chavagnac, une grosse partie de lansquenet dont étaient Conti, Candale, Lavardin, le chevalier d'Aubeterre, Marsilly, La Barge, Villars et moi. J'eus la main en premier, et je perdis 80 de mes 100 pistoles. Avec les 20 autres, j'en regagnai 100 avant que la main ne me revînt. Elle me fut si heureuse que je fis trois passes de suite sans quitter les cartes. En deux ou trois séances, je pus payer ce que j'avais emprunté. Je me remis en équipage mieux que jamais : j'eus quatre beaux chevaux d'Espagne, valant plus de 500 écus; 2.000 francs de meubles que j'achetai à Narbonne, et 3.000 pistoles d'argent comptant avec lesquelles je m'en retournai en France. »

En 1668, le Père Pierre-de-Saint-Louis, carme, publie un poème spirituel où il gourmande sur leur amour du jeu *damoiselles et damoiseaux* :

> ... Mesdames, jetez loin Roys, Dames et Valets,
> Sans perdre en ce beau jeu plus que vous ne valez...
> Jetez, pour n'y tomber, les cartes dans le feu,
> Et changez d'entretien aussi bien que de jeu...
> Piquez-vous seulement de jouer au piquet,
> A celui que j'entends qui se fait sans caquet ;
> J'entends que vous preniez parfois la discipline,
> Et qu'avec ce beau jeu vous fassiez bonne mine.

Les jeux les plus en faveur à la cour de Louis XIV étaient : le Piquet, le Brelan, le Biribi, le Portique, l'Hombre, le Trou-Madame, la Grande et la Petite Prime, le Hoca, le Reversis, le Lansquenet, la Bassette. Cette passion, devenue un véritable fléau, a gagné la reine elle-même, qui perd des sommes considérables, parce qu'elle ne sait pas bien jouer. « La reine, écrit Mme de Sévigné, perdit la messe l'autre jour et 20.000 écus avant midi. Le roi lui dit : « Madame, suppu« tons un peu combien c'est par an. » Et M. de Montausier lui dit le lendemain : « Eh bien, Madame, perdrez-vous encore « aujourd'hui la messe pour le hoca ? » Elle se mit en colère. »

Mais qu'est-ce-là à côté de Mme de Montespan ? Le jour de Noël 1678, elle perdit 700.000 écus ; elle joua sur trois cartes 150.000 pistoles et les gagna. Une autre fois elle perdit 400.000 pistoles contre la banque, et finit par les rattraper : on peut croire que les banquiers y mettaient quelque complaisance. Monsieur, frère du roi, se voyait réduit à mettre ses pierreries en gage. A la suite de ces débauches, le roi renonça à la bassette et la proscrivit. Plus tard, il interdit aussi le pharaon. Mais le démon du jeu n'y perdit rien.

Pour tenir de telles banques, il faut des Crésus ; aussi fait-on grand accueil aux riches comme Langlée, un homme de rien, dit Saint-Simon, qui avait su gagner un bien immense au jeu, sans être jamais soupçonné de la moindre tricherie. « Avec très peu ou point d'esprit, mais une grande connaissance du monde, il sut prêter de bonne grâce, attendre de meilleure grâce encore, se faire beaucoup d'amis et de la réputation à force de bons procédés. Il fut donc de tous les voyages, de toutes les parties, de toutes les fêtes de la cour, ensuite de tous les Marlys, et lié avec toutes les maîtresses, puis avec toutes les filles du roi. Il fut des plus grosses parties du roi, du temps de ses maîtresses... Il était fort bien avec tous les princes du sang, qui mangeaient très souvent à Paris chez lui, où abondait la plus grande et la meilleure compagnie... Il s'était rendu maître des modes, des goûts, à tel point que personne ne donnait de fêtes que sous sa direction. » Langlée cependant trouva son maître, le comte Gramont, qui le rappela fort joliment à l'ordre : « Monsieur de Langlée, gardez ces familiarités-là pour quand vous jouerez... chez le roi. »

Mme de Sévigné écrit à sa fille, restée joueuse après son mariage, au grand désespoir de la marquise : « Mon fils me mande qu'il va jouer avec son jeune maître (le dauphin); cela me fait transir; quatre cents pistoles s'y perdent fort aisément; ce n'est rien pour Admète, et c'est beaucoup pour lui. Si Dangeau est de ce jeu, il gagnera toutes les poules; c'est un aigle. Il en arrivera, ma fille, tout ce qu'il plaira à Dieu... J'ai vu mille louis répandus sur le tapis; il n'y avait plus d'autres jetons, les poules étaient au moins de cinq, six ou sept cents louis, jusqu'à mille, douze cents. On joue des jeux immenses à Versailles. Le hoca est défendu à Paris, *sous peine de la vie* (?), et on le joue chez le roi ! Cinq mille pistoles avant le dîner, ce n'est rien; c'est un vrai coupe-gorge. »

A son tour, Saint-Simon décrit le train du jeu à la cour du Grand Roi : « Ce qu'on appelait appartement était le concours de toute la cour, depuis sept heures du soir jusqu'à dix que le Roi se mettait à table, dans le grand appartement, depuis un des salons du bout de la grande galerie jusque vers la tribune de la chapelle. D'abord il y avait une musique, puis des tables par toutes les pièces, toutes prêtes pour toutes sortes de jeux : un lansquenet où Monseigneur et Monsieur jouaient toujours; un billard; en un mot, liberté entière de faire des parties avec qui on voulait, et de demander des tables si elles se trouvaient toutes remplies. Au delà des billards, il y avait une pièce destinée aux rafraîchissements, et tout parfaitement éclairé. Au commencement que cela fut établi, le Roi y allait, et y jouait quelque temps; mais dès lors (1692) il y avait longtemps qu'il n'y allait plus... Fort peu après la musique finie, le Roi envoya chercher à l'appartement Monseigneur et Monsieur, qui jouaient déjà au lansquenet; Madame, qui à peine regardait une partie d'hombre auprès de laquelle elle s'était mise; M. de Chartres, qui jouait fort tristement aux échecs... »

Un cadet de Gascogne, ayant perdu son argent au jeu de la cour à Versailles, maugréait en se retirant : « Le diable emporte la fichue baraque! — Monsieur le garde, dit Louis XIV qui l'entendait, comment sont donc faits les châteaux dans votre pays? »

« Le jeu, m'écrit mon savant ami dijonnais M. Henri Chabeuf, un continuateur des la Monnaye, des Bouhier, des de Brosses, fut une des fonctions de la cour de France, et rien ne semble plus fait pour déconsidérer celle-ci que cette fureur de jouer qui sévit à Versailles. C'est Madame de Montespan jouant quelque chose comme un million sur une carte, imposant ses parolis, finissant par regagner ce qu'elle avait perdu; c'est l'accès du jeu royal accordé sur la recommandation de Philippe d'Orléans, Monsieur, à de gros joueurs parisiens qui étaient des croquants; c'est Louis XIV voulant, pour qu'on ne s'ennuyât pas à Marly, le lendemain de la mort de Monsieur, « le corps était encore chaud, » dit Saint-Simon, que le duc de Bourgogne tînt table de lansquenet. On remarque, comme une chose fort singulière, que, quand le Grand Dauphin se mit à bâtir et à se meubler magnifiquement, ce à quoi il s'entendait à merveille, il ne joue plus, et se tient immobile, à Versailles ou à Marly, tapotant sur sa

tabatière, sifflotant en promenant sur la compagnie ses gros
yeux à fleur de tête, qui ne disaient rien. »

Le jeu était si bien un rite royal, obligatoire comme la
chasse, que Louis XIV, apprenant que le duc de Bourgogne
avait cessé, faute d'argent, de jouer, — on était dans les
affres de la guerre de la succession d'Espagne, — lui fait
tenir quelques centaines de pistoles, en s'excusant sur les
malheurs du temps de ne pouvoir faire plus. Et l'idée ne
vient à personne, pas même à Saint-Simon, qui ne jouait
pas, que le meilleur eût été de supprimer le jeu pour tout
le monde, à commencer par le petit-fils du roi.

Le duc de Mortemart, dans une de ses campagnes de
Flandre, se met à jouer à l'hombre avec le futur maréchal
d'Isenghien. Ce fut une partie ou plutôt une suite de parties
continues. M. d'Isenghien jouait à son corps défendant
contre un adversaire que sa déveine enrageait et affolait; on
finit par s'arranger pour que la perte de M. de Mortemart
ne fût que de cent mille livres, au moins 500.000 francs de
notre monnaie. Le duc de Beauvilliers, qui était le papa
beau-père, et le duc de Chevreuse, les deux doigts de la
main, — ils avaient épousé les deux filles de Colbert, et
étaient fort unis, — s'entremirent pour liquider la situation.
Mais ils eurent l'idée, qui parut folle à Saint-Simon lui-
même, si honnête homme pourtant, de faire passer les
créances des marchands et des ouvriers avant les dettes
de jeu. Cela parut monstrueux : les deux ducs tinrent bon,
et, en fin de compte, on paya tout le monde.

Le jeu royal était si bien une fonction, que les rites
n'en furent point interrompus tandis que la destinée de la
monarchie se jouait à Paris en juillet 1830. Le mercredi 28,
le roi s'assit à la table de whist, le soir, à l'heure accou-
tumée. Et l'on entendit Charles X se plaindre des distractions de son partenaire le duc de Duras, que les événements
troublaient plus qu'il n'eût voulu le montrer : « Vous n'êtes
pas à votre jeu, » lui dit plusieurs fois le roi.

Louis XIV avait, tout en le comblant de bienfaits, défendu à Dufresny de blasphémer au jeu, sous peine d'avoir la langue percée d'un fer rouge. Un jour, n'y pouvant plus tenir, il quitte la partie, aperçoit un malheureux qui se lamentait sur sa ruine. « Tant mieux, fait l'auteur du *Chevalier joueur*; prenez ces dix louis qui me restent, et allez jurer pour moi, car le roi me l'a défendu. »

A la cour de Louis XIV, on jouait souvent du poisson — alors considéré comme mets de luxe — à l'écarté et au lansquenet. « Choisy, écrit Mme de Sévigné, a perdu l'autre jour pour cent louis de poisson. »

Dangeau est un des rares exemples de l'homme qui ait fait honnêtement sa fortune au jeu, et qui ait su la garder : par le jeu il devint riche de deux millions, grand seigneur, favori et partenaire du roi, des reines, des princesses. On suspecta sa chance extraordinaire, on le surveilla, on ne découvrit jamais rien, et il n'y avait rien à découvrir, sinon que, versé dans l'algèbre, il avait patiemment étudié toutes les combinaisons des jeux à la mode, qu'il trouvait, tout en jouant, le moyen de faire goûter son esprit et ses manières, qu'il ne cherchait point à épier le hasard, mais seulement à le capter et l'endormir, qu'il avait en un mot l'esprit de la chose, était tout à son affaire, ne négligeait rien, n'avait jamais de distractions. « Sa bonne conduite, dit la marquise de Sévigné, défie la fortune... J'admirais combien nous sommes sots au jeu auprès de lui... Dangeau est ravi de tout ce caquet, il découvre le jeu et tire des conséquences, il voit à qui il a affaire; enfin j'étais fort aise de voir cet excès d'habileté; vraiment c'est bien lui qui sait le dessous des cartes, car il sait toutes les autres couleurs. » Les étrillés chansonnèrent le marquis, son jeu algébrique, n'épargnèrent pas non plus son frère l'abbé Dangeau, qui avait inventé un *Jeu des rois de France*. Les deux Dangeau ne s'en portèrent pas plus mal.

Gourville, qui gagna beaucoup, révèle son secret dans ses *Mémoires* : « Tous mes grands profits venaient toujours lorsque je tenais les cartes, et que les autres se piquaient pour se racquitter de ce qu'ils avaient perdu. Quand les autres tenaient, je ne jouais jamais gros jeu. » On prétendit qu'il avait gagné plus d'un million, et il rappelle cet on-dit sans le démentir : « ... Je proposai à ces messieurs s'ils voulaient jouer au trente et quarante, que, n'y ayant jamais joué, je serais bien aise de l'apprendre. Je gagnai pour la première fois sept à huit cents pistoles. Peu de temps après (1660), M. le surintendant, étant à Saint-Mandé, proposa à M. d'Hervart et à d'autres gens de jouer. M. d'Hervart ayant dit à M. Foucquet que j'étais joueur et qu'il avait joué avec moi, il me dit qu'il fallait que je fusse de la partie. J'y gagnai dix-sept cents pistoles, et en donnai cent aux *cartes*[1], ne sachant pas trop bien comment il en fallait user en ces occasions. On jouait presque tous les jours chez Mme Foucquet assez gros jeu ; Mme de Launay-Gravé, depuis marquise de Piennes, y jouait ordinairement avec un nombre d'autres dames, et quelquefois aussi des messieurs : j'étais de ces jeux-là chaque fois que je m'y rencontrais. M. le comte d'Avaux, s'y étant trouvé une fois, se mit au jeu, et, comme je me sentais heureux, je jouais gros jeu. M. d'Avaux, à la fin de la séance, se trouva me devoir dix-huit mille livres. Ces jeux-là se jouaient sans avoir l'argent sur table ; mais, à la fin du jeu, on apportait une écritoire : chacun écrivait sur une carte ce qu'il devait à l'autre, et, en envoyant cette carte, on apportait l'argent. M. d'Avaux me donna sa carte et me vint prier le lendemain de vouloir bien faire une constitution (de rente) de la somme qu'il me devait : ce que je fis volontiers. On y jouait aussi des bijoux de conséquence, des points de Venise de grand prix, et, si je ne me trompe, on jouait aussi les rabats pour soixante-dix ou quatre-vingts pistoles chacun... M. d'Hervart était toujours le premier prié aux parties de jeu ; c'était le plus grand perdeur qui ait jamais été... »

Gourville est habile courtisan, même au jeu ; gagnant plus de 60.000 livres à Foucquet, il le laisse tout rattraper sur un

---

[1]. Ce que les joueurs laissent pour la dépense des cartes.

seul coup de trente et quarante; et de répondre aux moqueurs qu'en son pays la bienséance exigeait que celui qui gagnait ne quittât point le jeu. Avec M. d'Hervart, Gourville se gêne moins, faisant Charlemagne après avoir raflé cinq mille pistoles, et ne voulant plus, dit-il, jouer à la mode de son pays.

Enfin Gourville a le grand honneur de jouer avec le roi. « Vers le commencement de 1661, je ne sais par quel bonheur je me trouvai à l'appartement de Mme la comtesse de Soissons, où le roi étant venu pour jouer à la petite prime, et n'ayant trouvé que Mme la maréchale de la Ferté, qui avait accoutumé de jouer avec lui et une autre dame, il me commanda d'être de la partie. Je crus devoir l'honneur qu'on me fit à Mme la comtesse de Soissons, qui était des amies de M. de Vardes, et moi des siens. » Gourville plut à Louis XIV, qui fit demander ensuite à Foucquet d'expédier à Paris l'heureux joueur, quand il aurait quelque chose à lui dire.

Au soir de sa vie, Gourville ne joue plus, mais il fait jouer ses gens à l'impériale, et conseille celui qui est de son côté.

Les choses en viennent au point que Louis XIV dut ordonner expressément au prince de Monaco et au comte d'Harcourt d'empêcher qu'on n'établît dans leurs hôtels des jeux à l'abri de leurs livrées; ce qu'ils faisaient sans vergogne. Les gens de qualité s'abaissent à ce triste commerce, ne reculent point devant l'ignominie d'une descente de police.

Louis XV, dans une crise pécuniaire, dut recourir au financier Samuel Bernard, comme avait fait son aïeul le grand roi : la scène de la présentation du *Chrysophile* à Sa Majesté eut une seconde édition, et le succès n'en fut pas moindre. « C'était un homme fou de vanité, explique Saint-Simon, capable d'ouvrir sa bourse, si le roi daignait le flatter. » Et le roi le flatta; plaisante revanche de la bourgeoisie, revanche qui, en somme, aplanissait les voies au tiers état. La superbe de Samuel Bernard ne l'empêchait pas, au reste, d'avoir le sens des réalités substantielles, de comprendre que de son temps la noblesse représentait une *valeur commerciale*, pour parler comme un dramaturge moderne. Ses enfants et petits-enfants entrèrent dans les premières familles du pays; c'est l'éternelle histoire des sacs et parchemins. En attendant, cette même superbe se traduisit par une scène digne de figurer dans le *Bourgeois gentilhomme* de Molière. Comme on avait trouvé très beau le mot de Bernard, déclarant que Sa Majesté pouvait disposer de sa fortune, ce fut à qui le porterait aux nues, le comparerait à Sully, à Colbert, aux hommes d'Etat les plus fameux. Tant et si bien que le duc d'Ayen l'amena un soir à Mme de Tallard. Après l'avoir complimenté sur le service qu'il rendait au roi, celle-ci proposa un brelan, jeu fort agréable, dit-elle, et qu'on quitte quand on veut. « Pour moi, approuve Bernard, il m'amuse beaucoup, et j'y joue presque tous les soirs pour m'empêcher de dormir de trop bonne heure. » Il y avait là Mme de Brissac et la marquise de Flamarens, deux beautés d'épée; on tire les places, et voilà mon glorieux entre Mme de Tallard et Mme de Flamarens; or celle-ci descendait des grands appartements, était en habit de cour, « obligée de montrer à M. Bernard un cou fait et blanc comme celui d'un cygne, les plus belles épaules du monde et une gorge parfaite ». Notre homme, qui a le cœur tendre, s'émeut, et son trouble se manifeste tout d'abord par une contenance embarrassée. Il joue cependant, gagne; et de rire en montrant ses cartes : « Parbleu, Mesdames, ce n'est pas de ma faute... vous vous laissez voler par un dix de carreau, un huit de trèfle et un valet de cœur.'» La leçon n'est pas perdue, on sait maintenant sa tactique, on le plume, il s'amuse à perdre, et sa bourse, en quelques tours de brelan, est vide. Mme de Tallard lui offre de changer de place pour conjurer la déveine. « Moi, céder ma place! Nenni-dà, s'il vous plaît! Vous n'avez eu que l'argent du gousset; j'en ai davantage, à votre service, dans ma veste. » Et, retirant sa main gauche pleine de rouleaux d'or, il plonge la droite dans la gorge de Mme de Flamarens, en lui disant : « Ma belle, qu'en pensez-vous?

Va-tout! » Il y eut un cri de surprise, et puis « nous voilà toutes prises de rires immodérés ; ce fou rire gagne tout le monde ; le duc d'Ayen en pense mourir. Chacun quitte sa place, on entoure M. Bernard, on veut le voir, et profiter de l'occasion de rire à son nez de lui-même. C'est à qui de nous fera *Va-tout*. Bernard, enivré de son succès, n'entend plus rien, ne sait plus ce qu'il fait ; et, dans cinq minutes, nous ne lui laissâmes pas un écu, il faut en convenir. »

L'abbé de Choisy fut un joueur effréné, et un joueur malheureux le plus souvent. Nous le verrons, sous le coup de pertes immenses, forcé de fuir, de s'expatrier même, pour se soustraire aux poursuites de ses créanciers. Une fois déjà il avait éprouvé les rigueurs de la fortune, ce qui ne l'empêcha point de se livrer aveuglément à ses hasards. Confiné dans le Luxembourg, il passait ses soirées chez Terrat, où l'on jouait inhumainement. Il perdit ce qu'il avait d'argent, puis ses bagues, ses pendants d'oreilles, ses bijoux. « Il n'y eut plus moyen de faire la belle, » dit-il douloureusement. La chance adverse, loin de le rebuter, ne fit que l'irriter ; il joua encore, vendit sa maison du faubourg Saint-Marceau pour jouer, et la perdit également. « Je ne songeai plus à m'habiller en femme (sa manie), mais à m'en aller voiager pour cacher ma misère et ma honte, ajoute-t-il, et tâcher de dissiper mon chagrin... » (DESNOIRESTERRES, *Epicuriens et Lettrés*.) Né joueur, Choisy avait hérité ce terrible défaut de sa mère, qui priait Segrais de tâcher de corriger son fils, et montrait en cela plus de tact que Louis XIV qui, après avoir eu pour maitresses les plus belles personnes de la cour, osait reprocher au Grand Dauphin sa liaison avec Mlle Choin. Combien de gens pourraient servir à leurs Mentors ce quatrain :

> « Quittez le jeu d'amour, ma tante :
> Je quitterai le jeu, ça, je vous le promets ! —
> — Alors, repart l'impénitente,
> Tu ne veux donc te corriger jamais ? »

« Depuis deux mois, Choisy bataillait (aux échecs) contre

le chevalier de Forbin et le père Gerbillon : la campagne était de vingt parties liées. C'était devenu la grande affaire de l'équipage qui, rempli d'admiration pour des stratégistes de cette force, se demandait à quoi songeait le roi de donner ses armées à commander au maréchal de Créqui. La fortune allait de l'un à l'autre; le vainqueur d'aujourd'hui était le vaincu du lendemain[1]. » Mais Choisy était dans la période du repentir, et il nous confie agréablement les effets de la contrition : « Je ne sçai si je vous dois conter ce qui m'arriva il y a trois jours. J'étais dans l'ardeur de cette grande partie d'échets : nous venions encore de remettre en cinq parties. Tout y était encore, les parieurs étaient pour moi, parce que j'avais toujours eu l'avantage. Le soir, en faisant un petit examen de la journée, je tombai sur les échets, et examinai bien sérieusement d'où venait que j'avais si envie de gagner; et, après avoir bien retourné mon cœur, je trouvai que c'était par vanité. Alors 'e demandai à Dieu la grâce de me faire perdre, si cela pouvait m'être bon à m'humilier. Qu'arriva-t-il? Nous jouâmes le lendemain, et, depuis ce moment-là, je ne me suis pas défendu : j'ai perdu toutes les cinq parties, sans en gagner une, quoique je m'y sois appliqué de toutes mes forces. Je fus assez fâché dans le moment; mais, depuis la réflexion, j'ai eu beaucoup de consolation de voir ma prière exaucée. Il y a peut-être de la vanité à vous dire ceci; mais pourquoi y en aurait-il? Si j'ai une bonne pensée, vient-elle de moi, et n'est-ce pas Dieu qui me l'a envoyée? «

Deux femmes de qualité jouent, se disputent, et voici un bout du dialogue : « Il me faut bien défendre ma bourse, car je n'ai pas, moi, Madame, d'amants pour la remplir. — Je ne suis pas tenue à vous dire ce qui en est; ce que je sais bien, c'est que, lorsque je suis entrée dans le monde, vous en donniez déjà aux vôtres. »

1. Choisy, *Journal du voyage de Siam*.

Le jargon du jeu au dix-huitième siècle. — « Je viens de gagner jusqu'à m'en lasser ; j'ai fait sept mains complètes avec les cartes de reprise, réjouissances doubles, triples, rien ne tenait devant moi. La ronde était de douze coupeurs, je prends couleur au seize de couche et de belle, à partie forcée. Je suis laissé à carte simple, ma main vient, je fais la provençale, on coupe, je donne, ma droite est portée au chandelier. (Du Fresny, *le Chevalier joueur*.) Ceci n'est pas beaucoup plus incompréhensible que le charabia des gens de sport en l'année de grâce 1913.

Une épître de Voltaire à Mme de... nous apprend qu'il aimait fort le jeu, et que le Biribi, fils du Hoca, était fort à la mode vers 1720, malgré les défenses légales :

    Il est au monde une aveugle déesse
    Dont la police a brisé les autels ;
    C'est du Hocca la fille enchanteresse,
    Qui, sous l'appât d'une feinte caresse,
    Va séduisant tous les cœurs des mortels...
    Du Biribi la déesse infidèle
    Sur mon esprit n'aura plus de pouvoir ;
    J'aime encor mieux vous aimer sans espoir
    Que d'espérer jour et nuit avec elle.

Dans la *Vie de Paris et de Versailles*, le même Voltaire invoque un des quatre rois :

    O roi David ! ô ressource assurée !
    Viens ranimer leur langueur désœuvrée !
    Grand roi David, c'est toi dont les Sixains
    Fixent l'esprit et le goût des humains.
    Sur un tapis dès qu'on te voit paraître,
    Noble, bourgeois, clerc, prélat, petit-maître,
    Femmes surtout, chacun met son espoir
    Dans tes cartons peints de rouge et de noir :
    Leur âme vide est du moins amusée
    Par l'avarice en plaisir déguisée...

Mgr Milon, évêque de Valence, passant quelque temps à Toulon en compagnie d'officiers de la marine, avait accepté gaiement de jouer avec eux au piquet un hasard qu'ils nommaient le *concile d'Embrun*. Il avait été, en 1727, un des pères de cette assemblée de quatorze prélats, qu'on prétendait inspirés plutôt par le gouvernement que par le Saint-Esprit; et, lorsque l'évêque de Valence demanda ce que c'était que ce hasard : « *Quatorze de valets, Monseigneur*, fut-il répondu; *deux fiches à celui qui les a dans son jeu.* » Le prélat se met à rire et tope à cette proposition.

Non seulement les jeux, mais les joueurs sont ridiculisés, en vers et en prose. J.-B. Rousseau décoche cette épigramme à la Faye, élu membre de l'Académie française en 1730 :

> Quoi! La Faye! Ah! Je n'en crois rien!
> La Faye académicien!
> Quelle honte! quelle infamie!
> C'est donc de quelque Académie
> De bassette ou de lansquenet? —
> Non, c'est celle de Danchet.

Un autre rimeur fustige la joueuse :

> De nobles champions Madame environnée,
> Sur une table longue et façonnée exprès,
> D'un tournoi de bassette ordonne les apprêts.

Palaprat, secrétaire du grand prieur de Vendôme, donne à jouer, et n'en fait pas mystère :

> Nombre de gens chez moy s'assemblent chaque jour,
> Non point pour commenter quelque Bible suspecte,
> Ni pour examiner de la naissante secte
>   L'impertinent et famélique amour.
> On y vient pour jouer, il faut trancher la chose;
>   Mais quels joueurs? Tous gens choisis,
>   Tous purs et blancs comme les lys,
>   Et tous flairant comme la rose...

L'abbé de Boismont, un pilier des tripots élégants, rend la religion responsable de ses infortunes au jeu : « Si je perds encore, rugissait-il, je révélerai le secret de l'Eglise! » Il perdit, et affirma le plus sérieusement du monde : « Il n'y a point de Purgatoire. »

« En 1755, constate Dufort de Cheverny, j'entrai un soir

chez le marquis de Livry. On marchait sur les tas de cartes, les louis roulaient sur la table. On ne jouait que le trente et quarante, ce qui faisait des sommes immenses, car les fiches étaient comptées pour cent louis et quelquefois plus. » A Marly, en une soirée, Livry gagna soixante mille livres à Louis XV. Bon chien chasse de race : le Livry du Premier Empire ne pouvait manquer de briller parmi les brelandiers à la mode, et M. Alfred Marquiset nous édifie sur des exploits qui n'avaient eu que trop de précurseurs parmi les courtisans.

Voici le nombre des jeux employés chez la présidente Mellé pendant l'année 1769 :

Jeux de Breland, 108 sixains;
Jeux de Cartes entières, 83 sixains;
Jeux de Try, 1 sixain;
Jeux de Piquet, 11 sixains.

Au dix-huitième siècle, les hôtels de Gesvres et de Soissons furent des tripots achalandés, des *Académies de jeu* à la mode, comme on disait jadis; les Grecs y foisonnaient. C'est là que la *Roulette,* la trop fameuse roulette, fit ses débuts et reçut son baptême. Des ordonnances royales fermèrent ces deux tripots, interdirent les jeux de hasard. « Là, dit l'abbé de Saint-Pierre, le valet jouait l'argent de son maître; le fils celui de son père; le père, la fortune et l'avenir de ses enfants. »

Le comte de Ségur, ambassadeur de Louis XVI auprès de Catherine II, fait avec elle une partie de loto, le jeu favori de Mesdames, filles de Louis XV.

« Elle nous reçut bien, mais parla peu, et nous fit jouer avec elle au loto, ce qui, je crois, lui était bien rarement arrivé. Sa Majesté s'aperçut promptement de l'ennui que me causait cet insipide jeu; je m'endormais malgré moi. Elle m'en fit quelques plaisanteries, et, pour me tirer d'embarras, je lui dis ces vers que j'avais composés à Paris pour Mme la maréchale de Luxembourg, femme célèbre par son esprit, et qui montrait une singulière passion pour ce triste amusement :

Le loto, quoi que l'on en dise,
Sera fort longtemps en crédit;
C'est l'excuse de la bêtise,
Et le repos des gens d'esprit.

Ce jeu, vraiment philosophique,
Met tout le monde de niveau;
L'amour-propre, si despotique,
Dépose son sceptre au loto.

Esprit, bon goût, grâce et saillie,
Seront nuls tant qu'on y jouera;
Luxembourg, quelle modestie!
Quoi! vous jouez à ce jeu-là?

La reine Marie-Antoinette, pendant une grossesse, prit goût au pharaon, si bien qu'il y en avait un régulièrement établi à son cercle; on y joua fort gros jeu quelque temps, et il paraît que plus d'un ne se faisait pas faute de payer avec des rouleaux de faux louis, que certaines dames empochaient avant le coup l'enjeu, quitte à le réclamer de nouveau si elles avaient gagné. La banque était tenue par Merle et la Vaupalière, qui avaient plusieurs croupiers. Louis XVI protestait par son exemple, quand il aurait dû protester par une volonté rigoureusement obéie : il jouait le trictrac chez lui, aux petits écus le point, ou au whist, aux douze livres la fiche. Il lui arriva de dire à un gros joueur : « Je conçois que vous jouiez gros jeu si cela vous amuse; vous, vous jouez de l'argent qui vous appartient; mais moi, je jouerais l'argent des autres. » « Et, remarque Mme de Boigne, pendant qu'il tenait des propos de cette nature, M. le comte d'Artois et la reine jouaient un jeu si énorme, qu'ils étaient obligés d'admettre dans leur société intime tous les gens tarés de l'Europe pour trouver à faire leur partie. » Le témoignage de Mme de Boigne est souvent sujet à caution; cette fois cependant elle n'enlaidit guère la triste vérité. Ainsi, Louis XVI, avec les meilleures intentions du monde, n'obtenait pas un meilleur résultat que ses prédécesseurs, et la cour restait l'asile des abus que les rois interdisaient dans le reste du royaume; mais les choses ne s'étaient-elles point passées de même pour les duels et les lois somptuaires?

Il n'était pas rare au dix-huitième siècle que des gens de qualité obtinssent la permission de tenir des maisons de jeu. Ainsi le comte de Genlis avait une maison *à la place Vendôme* où se réunissaient des joueurs de bonne compagnie, *et quelques-uns qui n'en étaient pas*. La fortune, « qui s'amuse toujours avec les nouveaux venus », tendit à Tilly le piège de le laisser d'abord gagner : mais il paya bientôt le mensonge de ses faveurs. Un soir, cependant, comme il ne lui restait plus que cinq louis, la marquise de Soudrilles l'invita à lui donner la main pour souper. Un M. de Poinçot qui, avec M. de Chalabre, *croupait* au jeu de la reine, lui dit d'un air engageant : « Allez souper, et donnez-moi *vos cinq louis.* » Quand Tilly revint, il vit un monceau d'or, et Poinçot continuait de ponter avec le plus beau sang-froid, sans lui dire un mot, sans le regarder. Enfin, se tournant vers Tilly : « Ne pensez-vous pas qu'il y aurait de la folie *à vous* de courir après les débris de cette *banque?* Je vous conseille *de vous retirer.* — Monsieur! — Vous gagnez beaucoup. — Est-ce que cet argent...? — Est à vous : je n'ai pas joué, *moi,* de la soirée. — Vous plaisantez? — Au moins n'est-ce pas une mauvaise plaisanterie... N'ayez aucun scrupule, car je vous donne ma parole que cet argent est à vous. » Tilly jeta l'argent dans son chapeau : il y avait plus de douze cents louis. Inutile d'ajouter que cette aventure ne le corrigea guère.

« Le comte de Genlis eut mon début, dit Tilly... Je dois la justice à M. de Genlis, qu'il était inquiet de ma jeunesse, me faisait les plus belles leçons du monde sur la funeste lutte dont sa maison était l'arène, et me priait de m'amuser, de souper, et de garder mon argent. Mais l'occasion était là, plus puissante que son éloquence... »

Au moment de partir, pour l'émigration, Tilly va passer la soirée chez la Vaupalière, où l'on jouait fort gros jeu, et y rencontre Montesquiou, qui ne se mêlait alors des finances publiques que parce que les siennes étaient dans un désordre effroyable, et qui, cette nuit-là, perdit cent mille écus. Il ne quitta le salon que pour aller lire à l'Assemblée constituante un rapport sur les finances du royaume : « C'était l'Arétin parlant de la chasteté. »

C'est Tilly qui peut-être a le mieux noté — et pour cause, car il fut l'amant de la fille — la physionomie de la maison de jeu tenue, pendant la Révolution, par deux femmes du monde un peu déclassées, Mme et Mlle de Sainte-Amaranthe; celle-ci épousa M. de Sartines, fils de l'ancien ministre, et périt sur l'échafaud. Et voici un modèle que les tenanciers modernes ont plus souvent singé qu'imité : « Le plus habile cuisinier, des fonds énormes dans une banque de trente et un, la réunion de tout ce qu'on connaissait en hommes, à une époque surtout où il y avait moins de maisons d'un certain ordre, et moins de points d'appui dans un certain monde, un ton presque aussi décent que si l'on n'eût pas joué, les charmes des deux maîtresses de la maison (car la mère, éclipsée par sa fille, ne laissait pas que d'avoir encore son prix), d'autres femmes, dont je ne pourrais précisément assigner la classe et désigner les vertus, mais dont le plus grand nombre étaient jolies; tout, dis-je, concourait à faire de cette maison une galerie charmante, où l'on entrait plusieurs fois par jour. »

Le duc d'Orléans s'étant présenté chez Mme de Sainte-Amaranthe vêtu à l'anglaise et en bottes à retroussis, au lieu d'y venir avec le frac, les bas de soie et les souliers à boucles, elle l'interpella vivement : « Monseigneur, on ne vient pas en bottes chez moi. » Le prince se retira sans mot dire, et revint une demi-heure après avec son cordon bleu sous son frac.

Charles Fox, joueur passionné, avait perdu un soir sept ou huit cents livres sterling contre Sheridan. Un créancier, force la consigne, le surprend mettant avec soin un tas de guinées en rouleau, se plaint d'attendre depuis trois ans le remboursement d'un prêt de 300 livres fait sans intérêt : « Cet argent n'est plus à moi, objecte Fox; il doit acquitter ce matin même une dette d'honneur, une dette sacrée; M. Sheridan n'a d'autre garantie que ma simple parole. Vous, du moins, vous avez un billet de moi, vous avez ma signature. Ma famille ne la laisserait pas protester. — Ainsi, reprend le créancier, c'est parce que j'ai le nom de M. Charles Fox sur ce papier, que je ne suis pas payé de lui? Eh bien, je le déchire, et maintenant votre dette est aussi une dette d'honneur, et j'ai sur M. Sheridan l'avantage de l'ancienneté. » Fox, ému du procédé, compta aussitôt au créancier ses 300 livres en le remerciant de sa confiance.

Dans les salons, le jeu anglais[1], le whist, vers 1780, se voit subitement détrôné par un jeu non moins grave, le boston : il conserve toutefois beaucoup de partisans, ne tarde pas à reconquérir son crédit, et nous le retrouverons, au cours de ces études, prôné par Talleyrand, Charles X, pratiqué par Napoléon Ier. C'est le jeu favori des diplomates, des hommes politiques; depuis vingt-cinq ans, il a dû s'effacer devant son fils légitime, le bridge, qui lui-même fait peau neuve, se métamorphose, s'améliore ou se pervertit, selon que les joueurs tiennent pour la nouveauté ou pour le *statu quo*. Le bridge-contrat, qui débutait il y a quatre ans à peine, a déjà subi deux avatars; il finira, s'il continue, par en compter autant que le dieu Brahma.

L'académicien Arnault a l'honneur d'accompagner le général Bonaparte en Italie, et d'être son partenaire au jeu... « Mme Bonaparte proposa une partie de vingt et un. Le général n'en voulut pas être : « Voilà mon jeu à moi, me « dit-il, en me faisant signe de venir auprès de lui; le savez- « vous? Voulez-vous faire une partie? » Ce jeu était précisément celui que je sais le mieux : me voilà donc jouant avec l'arbitre de l'Europe, à quoi? aux échecs? aux dames? aux dominos? Non, lecteur, à l'oie. C'est tout de bon qu'il y

---

[1]. Audran, *les Jeux de cartes, règles complètes, conseils pratiques, tricheries dévoilées*; Paris, 1910. — Jean Boussac, *Encyclopédie des jeux de cartes, jeux de combinaisons, de ruses, de hasard, de patiences*; Paris, 1896.

jouait. Comptant les cases avec sa marque comme un écolier, et se dépitant comme un écolier aussi quand les dés ne lui étaient pas favorables; n'entrant au *cabaret* qu'avec humeur, et trichant de peur de tomber dans le *puits* ou d'aller en *prison*; quant à la *mort*, comme il était sûr d'en revenir, il l'affrontait gaiement, comme sur le champ de bataille. Je ne puis dire combien m'amusait cette partie, où son caractère se déployait tout entier; j'y prenais d'autant plus de plaisir, que je n'étais pas là plus complaisant pour mon adversaire que le sort, et que je ne lui passais rien : « Général, lui disais-je, il n'en est pas de ce jeu-ci comme « de celui de la guerre : le génie n'y peut rien; j'y suis tout « aussi fort que vous. »

Le général Thiébault retrouve à Gênes (1799) certaine Mariette, amie d'un banquier de jeux; ils avaient ouvert dans cette ville un bal de société, prétexte et décor d'un tripot qui n'avait que trop de clients. Le général Oudinot, entre autres, y perdait avec entrain. Dans une seule séance, en moins d'une demi-heure, il donna quatre fois la clef de son secrétaire à son aide de camp, lui disant : « Allez me chercher cent louis! » Et les cent louis allaient bien vite rejoindre leurs prédécesseurs. Thiébault cite cependant son ami Wast qui lui apprit à gagner de petites sommes grâce à une martingale. « J'arrive chaque fois au jeu avec cinq louis. Je tâche de juger la couleur gagnante, et, lorsqu'elle me paraît se fixer, je risque un louis. Si je gagne, je fais paroli; si je gagne encore, je retire ma mise; je laisse trois louis, et si je gagne mon troisième coup, ce qui me fait six louis de bénéfice, je regarde mon bonheur de la soirée comme épuisé, et je cesse de jouer. Si au contraire je perds à mon premier, second ou troisième coup, je quitte momentanément la partie, pour mettre un intervalle entre ma perte et une nouvelle tentative... Si, après quelques coups malheureux, je parviens à rattraper mes cinq louis, je n'en risque plus un seul. Thiébault ayant voulu savoir ce que le banquier pensait de cette manière de jouer : « Si tout le monde l'adoptait, dit celui-ci, il n'y aurait plus de banque possible... Il n'y a que les gens qui s'assoient qui nous enrichissent, et notre fortune vient surtout de ceux qui s'opiniâtrent à soumettre à des calculs fixes et suivis ce qui n'est susceptible ni de fixité, ni de suite, ni de calculs. »

*Une partie de whist sous Napoléon I*er. — La marquise de la Tour du Pin, préfète à Bruxelles, conte dans ses *Mémoires* ses impressions de jeu : « Après le cercle, on m'appela à l'honneur de jouer avec Sa Majesté. Je crois que ce fut au whist. Le duc d'Ursel me nommait les cartes qu'il fallait jeter sur la table, et me prévenait lorsque c'était à moi à donner. Cette espèce de comédie dura une demi-heure. Il me semble que le comte de Mérode était mon partner et M. de Trazegnies celui de l'impératrice (Marie-Louise). Après quoi, l'empereur s'étant retiré dans son cabinet, on se sépara, et je fus charmée de rentrer chez moi. »

Pendant son séjour à Varsovie, en 1807, Napoléon avait voulu qu'on s'amusât, qu'on donnât des fêtes; sans compter les bals, il y avait cercle à la cour une fois par semaine. Après un concert exécuté par l'excellent orchestre que dirigeait Paër, la soirée finissait par une partie de whist. Napoléon désignait d'avance les trois dames qui auraient l'honneur de jouer avec lui. Au moment de tirer les cartes, il se tourne vers la comtesse Potocka, et demande : « Combien jouons-nous? — Mais, sire, quelque ville, quelque province, quelque royaume. » Il se mit à rire — « Et si je venais à perdre? — Votre Majesté est en fonds, elle daignera peut-être payer pour moi. » Cette réponse valut à l'auteur la sympathie de l'Empereur.

Le maréchal Lefebvre, duc de Dantzig, se décide, non sans peine, à conduire sa femme, *Madame Sans-Gêne*, chez l'impératrice Joséphine; elle a promis de ne pas parler, mais, pendant une partie de bouillotte, un brelan supérieur l'ayant décavée, elle ne put davantage se contenir, et, tapant fortement du poing sur la table : « Quel sacré N. de D...

de guignon! Je suis f..tue ; il ne me reste plus un liard, et mon homme sera fichtrement fâché quand il saura comme ça m'a glissé entre les doigts ! »

Une autre fois, dans une nouvelle crise de déveine, la maréchale pousse l'argent qu'elle a sous la main en disant : « Ah! je m'en fous! Tout y va. » Puis, se rendant compte de l'impression produite, elle corrige. « Non! je ne m'en fous pas, mais ça va tout de même. »

« En dehors du monde, il s'est donné un bal d'un genre spécial (février 1803) dans une des grandes maisons de jeu. La société fermière a loué douze vieux hôtels, afin d'y installer son *honnête* industrie ; tout ce qui peut attirer le public se trouve dans ces temples de Mercure, et, parmi les attractions, il faut compter les bals *parés* hebdomadaires ; la société fait distribuer des billets gratuits par les légations, les banques et autres intermédiaires. On voyait à ces bals beaucoup d'actrices, des danseuses de l'Opéra, des coquettes de haute volée ; pas de femmes du monde. Il paraît que la curiosité des élégantes a été surexcitée par les descriptions dont elles avaient les oreilles rebattues ; elles ont intrigué auprès de la Ferme des jeux, afin que le bal *paré* fût transformé en bal masqué, auquel il serait possible d'assister sans se compromettre... Elles ont obtenu gain de cause, mais, du même coup, elles ont détruit l'animation et le charme de ces réunions : je l'ai constaté un de ces soirs. Tout le monde est venu masqué, on dansait peu, on circulait, on se coudoyait dans les salons du premier étage, comme dans une redoute. Pour se distraire, on descendait au rez-de-chaussée, où sont installées les tables de jeu ; on risquait quelques livres, ou l'on regardait les physionomies des joueurs mâles et femelles, absorbés et silencieux. Une sorte de loto, où quelques joueurs ont fait de beaux coups en débutant, a attiré spécialement les dames...

« ... On est revenu aux bals parés, ils ont repris leur éclat, et favorisent mieux, je le présume, les intérêts de la Ferme que les bals masqués essayés un moment... On me rapporte qu'au dernier de ces bals, un Italien a raflé cent mille francs à la banque. Cet aigrefin, toujours cousu d'or, est admis dans certaines maisons opulentes, parce qu'il tient la banque, quel qu'en soit le chiffre, et se fait un point d'honneur de ne toucher les cartes et l'enjeu que d'une seule main, la droite. La gauche reste inactive derrière le dos, et il est stipulé qu'au cas où il s'en servirait pour ramasser le gain, il perdrait la partie. Je soupçonne le personnage de n'être qu'un racoleur à la solde de la Ferme; ses bénéfices doivent faire peu de trous à la caisse sociale. » (A. LAQUIANTE, *Un Hiver à Paris sous le Consulat, d'après les lettres de J. F. Reichardt.*)

Dans un de ses volumes si agréablement documentés (*Napoléon sténographié au Conseil d'Etat*), M. Alfred Marquiset parle des jeux et des joueurs sous le Premier Empire. Citons avec lui un fragment de discussion au Conseil d'Etat :

Bigot de Préameneu, rapporteur : « Défendu de tenir des maisons de jeu de hasard. »

L'Empereur : « En province, dans les grandes villes, il y a dans tous les théâtres des roulettes où les jeunes gens se perdent. »

Plusieurs difficultés s'élèvent sur la détermination des jeux de hasard. Quelques conseillers opinent pour qu'on en fasse l'énumération. On leur riposte que le lendemain tous les noms seront changés.

L'Empereur : « Il faut mettre que tout jeu où on peut perdre dans la soirée plus de deux louis est défendu. »

Réal observe qu'il n'y a pas de jeu où on ne puisse perdre plus de deux louis. Le loto, le domino, seront des jeux de hasard.

L'Empereur : « Il ne faut pas se faire tant de difficultés. Mettez les maisons de jeux. Personne de nous ne saura les définir, mais tout le monde les distinguera. »

Regnaud : « Quand on pense qu'il y a à Paris une maison où on peut aller jouer en masque! Le caissier, l'homme public, le père de famille, la femme mariée, vont sous le masque, à l'abri de toute honte, jouer leurs fonds ou ruiner leurs familles. Il ne devrait pas y avoir de bals masqués ailleurs qu'à l'Opéra. »

Suivent des rapports de police et des détails curieux sur certains joueurs et salons de jeu.

Décembre 1806. « MM. de Castellane et de Livry, joueurs connus, ont formé, il y a moins de trois semaines, une société qui se réunit à l'*Hôtel des Princes,* rue de la Loi. Ils ont admis dans cette société les hommes qui marquent le plus par leur fortune et leur habitude du jeu, et ceux qui, par leur existence, peuvent contribuer à donner plus de mouvement et d'activité à l'objet de la société. Chaque sociétaire ou abonné donne cinq louis d'entrée. Les principaux membres sont : MM. de Laval, Coquenbourg, d'Etchepar, la Calprenède, Montrond, de Lillers, et en général tous ceux qui fréquentent les maisons de Mmes de Luynes, de Laferté-Meun, et les principales maisons de jeu. On a déterminé M. de Metternich à y paraître, quoiqu'il ne joue point. — Le club est ouvert tous les jours. Une fois ou deux par semaine, il y a un *picnic* à la suite duquel on joue le creps. — La nuit du mercredi au jeudi (25 à 26 de ce mois) le sieur Davon, Anglais de 24 ans, autorisé à résider à Saint-Germain, a perdu là une somme de cinq mille louis environ, gagnés par MM. de Livry, Castellane et Lillers. Le jeu a commencé, M. de Metternich y étant... »

Ancien officier, fort habilement sorti des prisons de la Terreur, le marquis de Livry pousse en effet l'amour du jeu jusqu'à devenir tenancier de tripots élégants : « On y jouait une partie enragée, des bals masqués s'y donnaient souvent, réunissant les femmes les plus jolies du moment, et l'amphitryon appointé soutenait une éternelle gaieté. Or, dans le monde il était d'un commerce charmant. Sophie Gay, dînant un soir à côté de lui chez Mme Fonfrède, raconte ainsi son impression : « Il avait la manie d'observer, ce qui l'avait amené à reconnaître l'âge de chacun d'une manière désolante pour ceux ou celles qui en font mystère... Il s'entretenait dans cette science par une étude quotidienne de l'état civil, et des recherches profondes sur les extraits de baptêmes, tâchant d'y joindre aussi la connaissance des aventures galantes, et même scandaleuses, des personnes qui attirent l'attention. Ce talent lui suscitait plus d'ennemis que ses défauts, et pourtant il passait pour être joueur, un peu libertin, et d'une malice impitoyable... »

Le club de l'Hôtel des Princes ayant été fermé en 1807 par l'autorité, les joueurs se réfugient à l'hôtel de Luynes; en 1808, ils ouvrent un nouveau cercle rue de Richelieu, qu'ils appellent l'hôtel du Cercle des Etrangers. C'est là, c'est encore chez M. de Reille qu'on essaiera de plumer les riches pigeons, MM. Izquierdoz, Palfy, de Bibery, Scotti, de Pappenheim et Merlini. On ne joue que le trente et un et le creps au Cercle des Etrangers... Castellane et Livry se sont octroyé un traitement annuel de 50.000 francs; le comité offre des soupers sardanapalesques où les femmes sont admises, et des bals masqués fort achalandés. L'argent ne manque pas pour assurer le succès de ces fêtes, cette révélation d'un inspecteur de police le prouve amplement : « Hier a eu lieu la première réunion des grands joueurs au Cercle des Etrangers, sous les auspices de MM. de Livry et de Castellane. La perte totale a été d'environ 100.000 francs, dont M. de Lavaupalière a supporté la majeure part. M. de Montrond a gagné 40.000 francs. » Et voici un moyen de s'enrichir qui compte assurément plus d'un inventeur, plus d'un imitateur : les garçons de salle, décorés du titre de Messieurs de la chambre, prêtant sans aucun reçu des sommes considérables aux joueurs réputés. J'ai connu jadis un de mes compatriotes comtois qui avait amassé ainsi trois cent mille francs, était revenu dans son village en Haute-Saône, y vivait en bon bourgeois cossu; cette fortune trop rapide surexcita beaucoup de jeunes gens du canton, qui allèrent chercher fortune à Paris, et revinrent ruinés d'âme, de corps, de bourse; mais le succès d'un seul faisait oublier la misère de tous.

Les femmes font parfois une sévère concurrence aux tenanciers, au lieu de les seconder. Ainsi le vicomte de Castellane invite par lettre un Russe très argenté à se rendre au Salon des Etrangers; mais celui-ci, fort épris de Mlle Georges, accueille mal cet appel, et se cabre : « Il est étrange qu'on cherche par tous les moyens à nous attirer pour avoir notre argent. Je sais bien que nos messieurs vont là, mais ils ne tarderont pas à s'en repentir. »

Un croquis pris sur le vif dans les *Souvenirs* du prince Clary et Aldringen, qui passa trois mois à Paris en 1810 :

« Dîner à six heures au *Salon des Etrangers*. C'est une maison de jeu. M. de Reul est un des commissaires qui prient et font les honneurs. Il semble intimement persuadé qu'il se trouve chez lui, et que c'est lui tout seul qui donne chaque samedi un des meilleurs dîners de Paris. Il y a une trentaine de couverts au dîner, et, outre cela, chaque jour, dit-on, un souper servi à deux heures du matin, où mange qui veut : le tout gratis. A la vérité, on espère bien que la rouge et la noire, les belles tables vertes, les montagnes de louis tenteront les convives : ainsi font-ils d'ailleurs. Pour que la Société, qui afferme tous les jeux de Paris, puisse payer quatre millions au gouvernement, et tenir ce grand *Salon des Etrangers*, unique en son espèce, il faut bien qu'il y ait des tentés qui joignent leurs louis aux montagnes étalées. Cependant, c'est au moins, comme le disait mon voisin de table, la friponnerie la plus permise et du meilleur goût possible. Quant à M. de Reul, c'est différent : on dit que la Société lui donne cinq louis par jour pour attirer *gli uccelati* (les petits oiseaux). Les commensaux vont, viennent dans les différentes pièces du cercle, lisent les journaux, parcourent les livres qui s'y trouvent en vente, causent, ou bien s'en vont, comme j'ai fait, sans que personne s'embarrasse d'eux; mais, au coup de six heures, on passe à table, et M. de Reul dit fort bien des grossièretés à ceux qui arrivent plus tard. Lorsqu'on veut *jouer* dans une maison particulière, on ne peut le faire qu'en demandant des croupiers de cette Société, et c'est pour son compte qu'ils tiennent la banque, ce qui ne laisse pas d'être assez désagréable. La maison de Mme Tysckiewicz, par exemple, a l'air d'un tripot lorsqu'on y voit trois ou quatre croupiers, à figures singulières, qui, avec beaucoup de sang-froid, lèvent à chaque instant leur grande feuille de biribi, et font glisser les louis et les écus dans leur caisse... »

« M. de Forbin fit la critique de la cour de Turin, toute de faste, de dépenses, de jeu, de plaisir. Le chapitre des gratifications était le plus important. Quand le prince Borghèse gagnait au jeu, — et il jouait énormément, — il distribuait toujours une partie de son gain à ses pages... » (*Mémoires d'une contemporaine.*)

Le maréchal de Castellane écrit (janvier 1825, mars 1827) : « Il y a une société de vieilles joueuses : la duchesse de Luynes, la comtesse Tysckiewicz, Mme Dumesnil, la comtesse de Balbi, etc. Elles se réunissent le mercredi à l'hôtel de Luynes. M. Poter, Anglais, gendre de M. de Vaublanc, fait le banquier et gagne beaucoup d'argent : il paye une rétribution à la Ferme, qui sans cela ne le souffrirait pas. L'écarté a lieu en sortant de table. M. Poter se place dans une encoignure, de manière à cacher son jeu. M. de Montrond prétend qu'il ne peut manquer de gagner, que les vieilles femmes ont tellement peur qu'elles écartent toujours, eussent-elles même trois rois et deux atouts. Après l'écarté vient le creps, où M. Poter est banquier, jouant pour ou contre, avec les avantages des tripots. Cela dure quelquefois jusqu'au lendemain à midi. Le dernier mercredi, Poter, ayant eu un besoin, est sorti dans la cour, puis rentrant en se frottant les mains dans le salon : « Mesdames, a-t-il « dit, je suis maintenant tout à vous. » Quand il gagnait, M. Poter avait coutume d'*oublier* sous un flambeau un billet de mille francs. »

Nodier, lui aussi, était joueur enragé, au point de faire

de son chapeau retourné une table de jeu quand il était en voyage. Ses amis Taylor et Soulié l'avaient converti à l'écarté, et le battaient à plates coutures. En 1828, Taylor écrit à M*me* Nodier : « Qu'il me tarde, mes bons amis, d'être auprès de vous ! Les Pyramides, c'est bien, mais la table d'écarté de Charles, c'est beaucoup mieux. J'ai faim des confitures de Marie, et soif... des atouts de son père. Dites-lui qu'il prépare les cartes et que je lui rapporte du Caire plus d'un tour de ma façon. » Quelle insolence ! s'exclame Nodier. Je donnerais tout ce que j'ai ici, oui, pour flanquer une culotte à cet animal-là. »

Les culottes, il les prit tant et si bien que ses dettes finirent par l'obliger de recourir à des amis, à Lamartine entre autres. « J'ai été enleveur d'actrices et joueur comme vous, répondit celui-ci. Je suis resté triste et rêveur, mais non misanthrope... Je ne suis pas bien riche à présent, la large *possibilité* n'existe plus, mais, tant qu'il y aura demi-possibilité, il y en aura un quart pour vous, mon ami et mon poète. » Lamartine était de ceux dont la main droite ignore ce que donne la main gauche.

Les Clubs de Dominos. — Vers le milieu du siècle dernier, il existe deux clubs de Dominos à Paris : Dantan jeune préside l'un ; Monval préside l'autre. Le premier tient ses séances de *domino modèle* de quatre à six, dans l'atelier du sculpteur ; il a son festin annuel aux Frères Provençaux, et décerne aux lauréats une distinction honorifique : un double-six monté en épingle. Monval admet à sa partie Benjamin, Dupuis, Hérold, Beauvallet, le docteur Delille. C'est pendant un de ses soupers que Couailhac assistait à l'élaboration de cette désopilante fantaisie du *Condamné à mort qui a assassiné un invalide, parce qu'il était grêlé, et en attendant l'omnibus à trois heures du matin* ; elle fut imaginée par Vanderburg, Brunswick et Tisserant.

Il faut rappeler que Gambetta et ses fidèles formèrent une manière de club de Domino, qui tenait ses assises un peu partout, au café, chez quelque membre ou ami. Mme Edmond Adam, dans ses pittoresques *Mémoires,* parle à plusieurs reprises des fameuses parties de domino auxquelles se livraient chez elle les initiés. C'est elle-même qui m'a conté une partie quasi historique de dominos entre Gambetta et Coquelin. Y assistait-elle? Je ne crois pas, mais elle était informée de première main, et rapportait avec beaucoup de verve l'incident. Donc Gambetta tutoyait Coquelin aîné, et Coquelin tutoyait Gambetta depuis fort longtemps. Mais voilà que les familiers du grand homme s'avisèrent de penser que ce tutoiement du dictateur occulte, et même apparent, devenait antirituel, *improper*, contraire en un mot à l'étiquette. Est-ce que les généraux, anciens camarades de Bonaparte, se seraient permis de lui parler après le XVIII Brumaire comme ils le faisaient avant? Et de dépêcher un diplomate vers Gambetta, avec mission de lui faire comprendre que ses nouvelles dignités devaient s'opposer au tutoiement. Gambetta regimba d'abord, et finit par céder. Il fut convenu qu'il continuerait, seul, de tutoyer Coquelin. Et l'essai loyal, pour ne pas dire l'exécution, fut fixé au mercredi suivant. Coquelin, averti, avait stoïquement accepté, mais la pilule lui sembla très amère : tel le jeune Spartiate qui se laisse dévorer le ventre par un renardeau caché sous sa robe, plutôt que de se plaindre. Comme de coutume, Coquelin s'assit devant les deux bougies et l'assiette de chapelure. On tira la pose, et ce fut Gambetta qui ouvrit le feu, au milieu d'un cercle d'amis aussi émus que les courtisans du grand Roi pouvaient l'être en entendant les paroles solennelles consacrant la disgrâce de l'un d'eux.

« Quatre-blanc, annonça Gambetta, en laissant tomber son domino. En as-tu, du quatre-blanc? »

Et Coquelin, après un regard chargé d'amertume, un regard qu'il avait peut-être étudié devant sa glace, — car la sincérité et la douleur elles-mêmes doivent se traduire en beauté artistique, — Coquelin répliqua lentement :

« Je *vous* demande pardon; je n'ai pas de quatre-blanc, mais, si *vous* le permettez, je vais essayer d'en trouver. »

Le sacrifice était consommé, la partie se continua sans défaillance du martyr de l'étiquette, et quand elle fut terminée, les fidèles vinrent silencieusement serrer les mains de Coquelin, victime de la raison d'Etat.

Un de nos bons lettrés, M. Maurice Talmeyr, affirme que Gambetta fut aussi un joueur passionné de whist et d'écarté, que, dans le monde, on le retrouvait toujours aux tables de jeu. « Il jouait avec un entrain, un brio, et un déploiement de démonstrations qui formaient le plus curieux des spectacles pour les invités rangés en cercle.

« La partie engagée, il affectionnait, dans le colloque qui s'engageait simultanément, les métaphores et les exclamations tirées de l'escrime :

« Il lançait à son partenaire : « Fendez-vous ! »

« Puis, selon qu'il gagnait ou qu'il perdait, c'étaient de gros rires où son dos et son ventre ballottaient, des ronchonnements en basse profonde, des fredonnements de victoire, des coups de poing sur la table, des gestes en tire-bouchon avec lesquels il empochait le gain. Sa main grasse maniait les cartes avec une dextérité de faiseur de tours, et il s'écriait volontiers, quand il rencontrait un de ces coups de triomphe qui terminent une partie et clouent un adversaire :

« Atout, ratout, ratatout, enfoncée la portière ! »

Dantan, dominotier fanatique et virtuose du calembour, ne posait jamais sans rééditer l'invariable plaisanterie : Filez, mon beau six (Philémon, Baucis).

Parmi les fidèles de l'atelier Dantan, Louis Desnoyers, A. Dumas, Léon Gozlan, Laurent Jan, Henri Berthoud, le peintre Giraud, toute une pléiade d'hommes politiques, de journalistes, de généraux. Gérard le tueur de lions y fréquentait quand il venait à Paris. On y tenait bureau d'esprit, de blague et de mystifications. « A. Dumas, conte Pierre Véron, entre un soir, et pouffant de rire : « Mes enfants, je
« viens de rencontrer X... (un auteur très ennuyeux). Il m'a

« conté qu'on reprend une de ses pièces à la Comédie fran-
« çaise. — Il doit être ravi. — En aucune façon. Il prétend
« que le directeur ne le joue que les soirs où il n'y a per-
« sonne. » Le mot (qui d'ailleurs remonte au dix-huitième
siècle, si j'ai bonne mémoire) se répand, arrive aux oreilles
de X..., qui envoie ses témoins à Dumas : celui-ci prend
deux dominotiers comme témoins, et leur donne cette instruction : « Allez lui dire qu'il n'y a pas de quoi verser le
« sang, mais que, puisqu'il réclame une réparation, je veux
« bien faire les choses. Je lui joue aux dominos, en cent
« points, un mois de mes droits d'auteur contre dix ans des
« siens. »

La partie de dominos chez le peintre Glaize, à Rosebois :
« ... Tu oublies les dominos, Glaize, » interjetait sa femme,
et elle en versait un jeu devant lui. Il les touillait frénétique-
ment, comme l'avare fricasse son or, et les parties s'enchaî-
naient interminablement, tueuses de temps et de soucis.

« Il n'y avait qu'un rival sérieux, et c'était Kœmmerer, un
flegmatique Néerlandais, méticuleux et coordonné, qui se
targuait de n'avoir jamais gardé un double-six, et le passait,
en effet, comme une muscade. La maman, éternellement dis-
traite, ne cessait ou de manquer son tour, ou de le devancer.

« Et c'est comme ça depuis quarante ans, » s'éplorait comi-
quement le philosophe.

« Léon était embarrassé. L'embarras de Léon aux dominos
était fondamental et notoire. Nous en avions fait une can-
tate :

      Léon ne sait pas que mettre,
      Léon est embarrassé,

que nous entonnions en fugue, comme *Frère Jacques*, jusqu'à ce qu'il se décidât à poser « n'importe quoi ». Je
n'ose dire à quel point j'étais mazette à ce jeu, comme à tous
autres du reste, et quel génie j'usais et épuisais à multiplier
les pataquès... » (EMILE BERGERAT, *Souvenirs d'un enfant de
Paris.*)

Vers 1890, à la Brasserie du Domino, entre minuit et trois

heures du matin, affluaient écrivains, comédiens et comédiennes, directeurs de journaux et de théâtres; là s'engageaient d'interminables parties à quatre, sous l'aimable surveillance de Falguière et d'Adrien Hébrard. Ce jeu a conservé de nombreux adeptes.

Le Whist de Charles X. — « En montant sur le trône, Charles X déclara que les reproches du roi avaient trop d'importance pour être prodigués à l'occasion d'une carte, et qu'il ne se fâcherait plus. Mais..., après s'être gêné pendant quelques semaines, le vieil homme reprit le dessus, et les colères firent explosion. Il en était fâché, même un peu honteux, il n'aimait pas que la galerie fût nombreuse... Je me rappelle, entre autres, qu'un soir, le roi, après mille injures, appela M. de Vérac *une coquecigrue*. M. de Vérac, rouge de colère, se leva tout droit, et répondit très haut :

« — Non, Sire, je ne suis pas une coquecigrue.

« Le roi, très en colère aussi, reprit en haussant la voix :

« — Eh bien, monsieur, savez-vous ce que c'est qu'une coquecigrue?

« — Non, sire.

« — Eh bien, monsieur, ni moi non plus. »

« Toute la compagnie éclata de rire, et la querelle de jeu fut soudain apaisée. » (*Mémoires* de la comtesse de Boigne.)

« Charles X était mauvais joueur, et avait de fréquents emportements, auxquels ses partenaires étaient habitués; aussi ne s'en troublaient-ils pas. J'ai entendu plus d'une fois le duc de Blacas répondre froidement : « Quand le « coup sera fini, Votre Majesté verra si elle a raison... »

« Tous les soirs, le roi faisait sa partie de whist avec le cardinal de Latil, le duc de Blacas et le prince Louis de Rohan, fixé en Bohême depuis la Révolution de Juillet. Au besoin, M. le Dauphin suppléait les absents, mais quand il était libre, il préférait une partie d'échecs... » (Comte de Falloux, *Mémoires d'un royaliste.*)

Chateaubriand traduit ses impressions sur le whist du roi

Charles X en exil, dans une page éloquente qui renferme une erreur :

« Alors commença une scène d'un autre genre : la royauté future, dans la personne d'un enfant, venait de me mêler à ses jeux ; la royauté passée, dans la personne d'un vieillard, me fit assister aux siens. Une partie de whist, éclairée par deux bougies dans le coin d'une salle obscure, commença entre le roi et le dauphin, le duc de Blacas et le cardinal de Latil. J'en étais le seul témoin avec l'écuyer O'Hégerty. A travers les fenêtres dont les volets n'étaient pas fermés, le crépuscule mêlait sa pâleur à celle des bougies : la monarchie s'éteignait entre ces lueurs expirantes. Profond silence, hors le frôlement des cartes, et quelques cris du roi qui se fâchait. Les cartes furent renouvelées des Latins (?) afin de soulager l'adversité de Charles VI : mais il n'y a plus d'Ogier et de Lahire pour donner leur nom, sous Charles X, à ces distractions du malheur... »

Les Quatre Vieilles. — Depuis longtemps, les quatre contributions directes (aujourd'hui remplacées plus ou moins heureusement) sont, en argot politique, surnommées *les quatre vieilles*. Alors on avait décoré de ce sobriquet quatre joueuses passionnées qui se réunissaient tous les jours pour la partie de whist ; leur été, leur automne avaient fait le saut par la fenêtre, et elles représentaient assez bien une députation du Musée des Antiques : trois siècles en quatre volumes.

Un autre joueur grincheux :
Charles Yriarte (*les Cercles de Paris*) raconte l'anecdote suivante. Le général de Cotte, ancien aide de camp de l'empereur, faisait sa partie de piquet au Cercle Impérial ; un colonel de ses amis, qui suivait son jeu, lui fit observer qu'il venait de jeter une carte à contre-temps. Le général se retourna et dit froidement : « Colonel, rendez-vous immédiatement aux arrêts pour vingt-quatre heures ! » Le comité du Cercle décida que c'était pousser un peu loin le féti-

chisme militaire. On voudrait croire que le général avait voulu plaisanter, mais il n'en était rien.

Un épisode du trente et quarante, tiré de l'*Histoire anecdotique du Théâtre* de Charles Maurice :

« Un soir, j'étais là (à Lyon), debout parmi les pontes, regardant et comptant, pour m'occuper, l'ensemble d'un enjeu considérable qui grossissait à chaque coup de trente et quarante. Le banquier chargé de le couvrir, troublé par ce mystérieux tas d'or et de billets de banque, demanda à haute voix à combien se montait la somme. Personne que moi ne le savait. Je répondis par obligeance : *Soixante mille francs.* Aussitôt un murmure s'éleva dans la salle, tous les regards se fixèrent sur moi, et j'entendis : *C'est à ce jeune homme.* L'erreur me fit sourire... Un joueur, s'approchant de mon oreille, me dit en me poussant le bras : *Retirez donc, vous allez perdre.* — *Mais non,* répondis-je, *cela n'est pas à moi.* A ces mots, un tapage inouï succède au silence, on crie de toutes parts : *C'est une masse oubliée!* et, dans le vide que je fais en me reculant, c'est à qui se précipitera sur le trésor, tandis qu'à grands coups de rateau l'employé cherche à ramener vers lui ce qu'il peut en atteindre. Le désordre est à son comble. Enfin on s'explique, et on apprend qu'en effet, un écu de six livres, oublié ou payé mal à propos, avait produit cette somme par suite d'une série des plus extraordinaires. Le coup passa encore après cette émeute ; de sorte que le montant de la masse oubliée aurait pu être de cent vingt mille francs. De pauvres victimes du sort, de celles qui errent comme des ombres sur ces rives désolées, témoins de leur naufrage, vinrent me gronder d'avoir dédaigné l'occasion d'une escroquerie qu'ils qualifiaient ingénument de *revanche.* De retour à l'hôtel, les croupiers accoururent en cérémonie dérisoire me remercier de n'avoir pas *fait sauter la banque,* m'assurant qu'ils n'auraient point été si délicats, et me prier d'accepter un souper qui fut très gai. »

On comprendra pourquoi je ne nomme pas nos célèbres

joueurs contemporains; les mêmes motifs de réserve n'existent pas pour ceux de l'époque précédente. Parmi les pontes du Second Empire, il faut citer : Khalil-Bey, baron de Plancy, Narischkine, baron de Pompignan, marquis de Rougé, marquis de Miramon, le lieutenant Massing (qui devint général).

Un trait de munificence de M. Daniel Wilson fit grand effet dans la société galante : donnant un joyeux dîner, il plaça sous la serviette de chaque invitée mille francs en or, afin que ces dames pussent miser lorsque sonnerait l'heure du baccara. C'est le temps où Léonide Leblanc se vantait d'avoir gagné et perdu plus d'un million à Bade.

A. Villemot vit un joueur faire une chose assez plaisante. Il gagnait, et avait 40.000 francs à sa masse.

« Monsieur, dit le tailleur, nous ne pouvons tenir ce jeu-là.

— Quel est donc votre maximum?

— Six mille francs, mais sur l'ensemble des joueurs.

— Très bien; et quel est votre minimum?

— Deux florins, Monsieur.

— Alors deux florins à la masse. »

Et comme le hasard se mêle quelquefois d'avoir de l'esprit, la banque gagna ce coup de deux florins, et les joueurs partirent du rire inextinguible des dieux d'Homère.

Un très jeune homme s'attable au trente et un, ponte vingt-cinq louis, et perd. Aussitôt un employé l'aborde.

« Vous êtes trop jeune pour jouer; retirez-vous.

— Mais j'étais encore plus jeune tout à l'heure, quand j'ai perdu vingt-cinq louis; je dois avoir l'âge de les rattraper. »

Cette logique rigoureuse ne convainquit pas l'administration, qui de la sorte gagna vingt-cinq louis à un homme trop jeune pour les perdre.

Tristan Bernard met dans la bouche d'un pokeriste, un peu allumé par le champagne, des aperçus mi-fous, mi-raisonnables : « Je joue au bridge quand je n'ai pas de poker.

Mais le bridge est un jeu de cartes. C'est même un jeu de hasard, comme l'a dit sans paradoxe un de mes partenaires de ce soir... Tandis que le poker est un jeu d'âmes! Les cartes, au poker, ne sont qu'un prétexte... Je bénis cependant l'invention du bridge, parce qu'elle a débarrassé nos tables rondes de ces joueurs de poker à la manque qui n'étaient pas dignes d'y figurer. Maintenant les pokeristes forment une élite de véritables amateurs. Il n'est resté en présence que de fines lames : les parties sont plus rares, mais ce sont de beaux combats... On devrait installer au Conservatoire des classes de poker, de bridge ou de manille, afin que les artistes en tournée soient à la hauteur quand ils joueront dans les cafés... Les dramaturges aiment le poker; il fournit des émotions analogues à celles que nous éprouvons au spectacle d'un beau drame... Imagine un vieux château habité par une riche héritière et de vieux domestiques. Une bande de malandrins, supposant que ce château est mal défendu, se préparent à l'attaquer. Mais la riche héritière fait mettre à toutes les fenêtres les vieux fusils des panoplies. On en fait partir quelques-uns, qui font un bruit redoutable. Les malandrins, impressionnés, battent en retraite... Ils ont été *bluffés.* »

Un protagoniste du jeu de dames, à qui Tristan Bernard demanda s'il connaissait toutes les combinaisons, répondit avec profondeur :

« Oh! monsieur! le jeu est plus fort que nous. »

CHAPITRE VIII

LES PRINCIPAUX JEUX A L'ÉTRANGER

Les jeux pénètrent partout avec les chemins de fer et la vapeur. — Angleterre. — Belgique. — Hollande. — Grand-duché de Luxembourg. — Suisse. — Allemagne : le *truc* à la diète d'Augsbourg (1547); réponse de Granvelle. — Bavière. — Autriche; les jeux hongrois. — Espagne : la roulette ambulante de l'armée française en 1809. — Italie, la *Trombola*. — Pays scandinaves. — Roumanie. — Russie : un trait de Catherine II; le jeu à la cour d'Elisabeth; la fête de 1778; valet pris pour un roi. — Etats-Unis : l'affaire Rosenthal et la police de New-York. — Amérique du Sud. — Jeux des anciens Egyptiens : enjeux mythologiques, dés truqués. — Perse. — Inde : les jeux à la cour d'Akbar, le *Tchaudal Mandal,* le Tchaupar; aux échecs, Akbar se sert de ses femmes en guise de pions. — Indo-Chine : les *Trente-six Bêtes*, le *Ba-Kuan,* le Fantan. — Extrême-Orient : Sordia, Trictrac, Echecs japonais, Go, Uta Karuta, Cartes fleuries. — Jeux coréens.

Il en est des jeux comme des livres; ils ont leurs destins. Les uns ne dépassent pas les limites d'une province, d'un royaume; les autres se répandent dans un continent entier, quelques-uns même envahissent tout notre globe terrestre. Et, parce que les chemins de fer et la vapeur ont singulièrement rapproché les pays, des jeux, en même temps que les voyageurs et les marchandises, ont passé les frontières, avec leur attirance, leur lourd budget amoral, leur fatalité organique, leurs vices et leurs séductions : ils sont, eux aussi, de grands voyageurs, et font leur tour du monde.

Citons les principaux jeux qui furent ou sont en vogue à l'étranger.

Angleterre.

Jeux anglais au seizième siècle : tick-tack, la Fayalle, le Go-Bang, jeu enfantin.

Les principaux jeux accrédités en France, bridge, échecs, écarté, piquet, etc., le sont aussi en Angleterre et dans ses colonies.

La loi anglaise ne tolère pas les jeux de hasard dans les cercles et casinos.

Belgique.

Bridge, Ecarté, Piquet, Bésigue, Poker, Manille, Hombre, Misti.

Dans la province de Namur, le *Poltron,* un jeu qui est monté de l'office au salon, et qu'on joue à tous les degrés de l'échelle sociale en Wallonnie. Il nécessite quatre joueurs divisés en deux camps.

Il y a aussi le Chasse-Cœur.

Le Whist de Gand, c'est le Boston. Le Jass et le Smassas dans les deux Flandres.

Hollande.

Le Bridge est en faveur dans les cercles.

Les jeux publics sont défendus, au grand bénéfice des tripots où sévissent le Baccara et ses dérivés.

Grand-duché de Luxembourg.

Whist, Bridge, Skaat; le Baccara dans l'intimité.
Les jeux de hasard sont défendus.

Suisse.

Le *Jasse.*

Allemagne.

Dans la haute société, les mêmes jeux qu'à Paris et à Londres; le Bridge et l'Auction-Bridge font florès. Comme jeu national, le Skat.

La réglementation des jeux de hasard en Allemagne est du ressort de l'Empire, et non des Etats particuliers de la Confédération. Pour les jeux publics, l'interdiction est absolue. La loi fédérale du 1er juillet 1868 stipulait déjà : « 1° que les banques publiques ne seraient ni concédées ni tolérées ; 2° que celles qui existaient devraient être fermées au plus tard le 31 décembre 1872. » Quant aux jeux de hasard, on distingue en Allemagne : 1° les jeux proprement dits, où le succès dépend complètement ou principalement du hasard, et où l'enjeu, gain ou perte, a une valeur d'argent ; 2° les loteries ou contrats ayant pour objet un tirage de même nature, c'est-à-dire des organisations où le public, moyennant l'engagement d'une certaine mise, a l'espoir de gagner, soit un objet de valeur, soit une somme d'argent, selon le résultat d'un tirage au sort ou procédé analogue (tel que dés). Le Code pénal allemand contient à ce sujet les dispositions suivantes :

« *Article 284.* — Celui qui fait un métier de l'exercice d'un jeu de hasard sera puni de la prison (deux ans au maximum), à laquelle pourront s'ajouter une amende (de 300 à 6.000 marks), et même la privation des droits civiques. Et s'il est étranger, la police l'expulsera.

« *Article 285.* — Le propriétaire d'un lieu de réunion publique qui permet les jeux de hasard, ou qui en favorise l'exercice clandestin, sera puni d'une amende pouvant aller jusqu'à 1.500 marks.

« *Article 360.* — Sera puni d'une amende allant jusqu'à 150 marks ou de l'emprisonnement, celui qui, sans autorisation, pratiquera un jeu de hasard sur une voie publique, place ou rue, ou dans un lieu public de réunion. »

Enfin le Code civil allemand (*article 762*) édicte que le jeu et le pari n'engendrent point d'obligation ; ce qui a été prêté pour cause de jeu ou de pari ne peut être répété, à moins qu'il n'y ait vol ou tromperie.

Le Code pénal frappe d'une amende de 3.000 marks au maximum, de deux ans au plus de prison, quiconque organise une loterie sans autorisation régulière. Mais le contrat de loterie est obligatoire lorsque la loterie a reçu l'approbation du gouvernement.

« Il en est des jeux en ce pays, m'écrit un diplomate,

comme du reste. Depuis quarante ans, il paye son développement par un certain manque d'originalité. Il en va de lui comme de l'Amérique, et il est clair que la vieille Allemagne n'existe plus que dans les contes de nourrice. »

A la diète d'Augsbourg (1547) ce ne sont que fêtes, joutes, festins, ballets, concerts, danses welches ou allemandes, déduits amoureux et jeu d'enfer. Sastrow, bourgmestre de Stralsund, rapporte, dans ses *Mémoires*, que le margrave Albert et d'autres jeunes altesses jouaient au *truc* avec des évêques de leur âge; et le margrave criait : « A toi, prêtre! Gageons que ton coup ne vaut rien! » On dépense tant pendant la diète, que toutes les cassettes sont vides. Plusieurs souverains avaient reçu de leurs sujets des milliers de florins comme argent de jeu; tout est perdu; le duc d'Albe a dû laisser aux mains de l'électeur de Saxe, son prisonnier, l'amende infligée au landgrave de Hesse et aux villes, amende destinée à acquitter la solde de la garnison. Au moment du départ, Granvelle ne peut trouver assez de fourgons pour emmener son butin, qui d'ailleurs a d'autres sources que le jeu. « Que transporte ce long convoi? lui demandait-on. — Les péchés de l'Allemagne, » répondit-il.

Bavière.

Jeux nationaux : *Tarock, Scat*.

Autriche-Hongrie.

Les mêmes jeux que dans les autres pays : *Whist, Bridge aux enchères, Piquet, Ecarté, Baccara, Poker*, etc.

A Vienne, on jouait beaucoup le Tarot (Tarok), qui comporte 78 cartes, et vient de l'Italie. Il a été détrôné par le Bridge.

Les jeux de hasard sont défendus en Autriche, en Hongrie, et, là comme ailleurs, la loi est éludée, bravée, violée de mille façons. L'article 522 du Code pénal autrichien interdit tous jeux de hasard, spécialement les Dés, le Lansquenet, le Macao, le Vingt et un, le Rouge et Noir, le soi-disant Zwicken. La contravention entraîne une amende de 20 à 1.800 couronnes pour les joueurs et pour celui qui laisse jouer dans sa demeure. Mêmes prohibitions, ou peu s'en faut, en Hongrie, où le Code pénal n'énumère pas les jeux considérés comme jeux de hasard : ce sont les arrêts de la Cour de cassation qui font loi en cette matière.

Jeux plus spécialement hongrois.

Calabrias : « Le jeu national de nos ancêtres, écrit en 1899 Alsósházi, n'était pas le jeu calme appelé *Ferbli;* après le bruit des batailles, ils mettaient avant tout le Calabrias. Ce jeu a quatre époques : 1º l'antique ou l'allemande ; 2º celle du moyen âge ; 3º celle des temps modernes ; 4º l'époque fin de siècle. » — Le Calabrias antique, surnommé allemand, parce que les anciens magyars allaient souvent rendre visite à leurs voisins les nobles allemands, dans le but édifiant de remporter un peu d'argent comptant gagné au jeu de Calabrias. — Le Calabrias du moyen âge fut appelé Calabrias juif pour honorer son inventeur Zsidó Abel, surintendant de Bade. Zsidó signifie juif en hongrois. — Le Calabrias moderne a été inventé par Vannak Vikár de Alsóshazi. — Le Calabrias fin de siècle n'est qu'une variété du précédent.

Le *Tartli,* jeu à deux (avec cartes hongroises). On dit que les anciens Egyptiens jouaient à ce jeu.

Le *Casino* (avec cartes françaises).

Le *Ramsli* (avec cartes hongroises).

Le *Coikk* : ressemble au ramsli.

Le *Teu* (en hongrois *tüz*) avec cartes hongroises.

Le *Szabolégeny* (en français, garçon tailleur) ; jeu à deux avec cartes françaises.

Le *Nasi-Vasi, Itt à piros* (voici le rouge) et le Holapiros, (où est le rouge?) servaient surtout à dévaliser les marchands de porcs serbes. Leur popularité tient à leur extrême simplicité.

Le *Filkos,* jeu à deux avec cartes hongroises.

Le *Kopka* (Choupka), jeu de hasard.

L'*Elfmanderli*, ancien jeu populaire qu'on cultive encore dans quelques villages.

La *Rablóbanda* (bande de brigands).

Le *Portugalesc* (jeu populaire).

Le *Kártyalotto* (cartes hongroises).

Le *Kartya* (domino).

L'Angén ressemble au Cvick.

La Hongrie se sert de trois types de cartes : cartes françaises, dont le jeu se compose de 52 cartes; cartes hongroises, 32 cartes; tarots, 42 cartes.

Le *Ferbli*, défendu, mais non empêché; sept joueurs au plus, deux au moins; quand il y a quatre joueurs, on l'appelle *Banda* ou *Duna*. Plus que dans aucun jeu il faut garder le calme, dominer ses nerfs au *Ferbli*; il faut presque retenir son haleine. Le Ferbli se joue avec des cartes hongroises.

Le *Mariage*, jeu à deux personnes, peut se jouer à trois, même à quatre; alors on l'appelle Mariage à baptême.

Le *Durak* (prononcez *Dourak*, mot russe signifiant bête, stupide) : jeu de société, surtout pratiqué à la campagne, joué avec des cartes hongroises.

M. Etienne Tömörkényi raconte que, dans la forteresse de Szeged, les forçats fabriquaient des cartes pour ne pas être privés de jouer pendant leur détention. Après avoir ramassé des morceaux de papier pendant leurs promenades dans le préau de la prison, ils en faisaient du carton en les collant ensemble, et leur donnaient la forme de cartes, sur lesquelles ils dessinaient des figures avec leur sang.

On fabrique en Hongrie toutes sortes de cartes pour l'Orient, la Grèce, la Roumanie; là-bas on a donné aux cartes le surnom de *la Bible du diable*. La loi punit les joueurs, mais les tribunaux ne les punissent jamais.

Je dois ces renseignements sur la Hongrie à l'obligeance du colonel Muráti, que j'ai connu à Szeged.

Espagne.

Le Bridge s'est acclimaté en Espagne.

Jeux nationaux : *Monte, Tresillo, Golfo, Tute, Brisca, Mus, Preloy, Morra, Julepe.*

« Les passions sont les mêmes partout, remarque S. Blaze (*Mémoires d'un aide-major sous le Premier Empire*). On observait à Séville, dans les maisons de jeux, ce que l'on peut remarquer dans les mêmes lieux à Paris... Les rangs y sont confondus. Le barbier, le comte, le marquis, le tailleur, s'asseyent pêle-mêle sur les bancs qui entourent la roulette ou la table de *Monte*, vieux jeu espagnol où l'on perd son argent comme au trente et quarante. Le banquier du *Monte* tient les mises de tous les pontes. Ce jeu ressemble au Lansquenet et à la Vendôme, que l'on joue encore en Provence. La Roulette, en revanche, faisait partie des innovations que nous avions introduites en Espagne. Une roulette ambulante suivait l'armée, et s'arrêtait dans un café, à côté des stations du quartier général. Elle offrait d'ailleurs aux naturels du pays, comme aux officiers français, le moyen de se ruiner en peu de temps. Des croupiers espagnols soutenaient cette roulette, qui était tenue par un Français. Les femmes ne fréquentaient pas les tripots. Mais on rencontrait en ces lieux des prêtres et des moines, trop mal déguisés pour ne pas être reconnus à l'instant... »

Les prisonniers français en Espagne (1810) se consolent par la passion du jeu, qui leur fait payer durement son bienfait. Chaque soir, des tables de jeu sont dressées dans les salles, et ceux dont la bourse était le mieux garnie s'instituèrent banquiers de ces tripots. On vit, comme sur les pontons anglais, force *rafalés* qui, après avoir joué leur dernier morceau de pain, engageaient leur subsistance à venir, et parvenaient à un tel degré de dégradation, qu'on les repoussait de toutes parts : exclus de toutes les chambrées, ils durent se réfugier dans une salle qu'on leur assigna, surnommée le *faubourg de la grêle,* ou encore le *paradis ter-*

restre, parce que ses hôtes étaient nus comme nos premiers parents. Ajoutez que, les bénéfices des banquiers ayant excité la convoitise des chenapans et des maîtres d'armes, ceux-ci se liguèrent, et émirent la prétention de tenir seuls les jeux. On plia d'abord devant eux, et puis on se révolta, et deux de ces matamores furent assommés à coups de pavés.

Dans le livre de Louis Garneray, *Mes Pontons,* deux prisonniers français jouent à l'écarté la vie de master Linch, un brutal qui maltraite tout le monde : celui qui perd la partie devra l'assassiner, et sera naturellement pendu haut et court, avec la consolation d'un déjeuner confortable avant d'être lancé dans l'éternité.

Italie.

J'ai reçu de l'ambassade d'Italie la lettre suivante :

« 8 août 1912. Les cartes italiennes sont d'origine sarrasine, et datent de l'année 1379. — Au quinzième siècle, il y eut : 1º les *tarots* (tarot de Venise) de 78 cartes ; 2º les *petits tarots* (Tarocchini) de Bologne. — Au seizième siècle, il y eut les *Minchiate* de Florence, qui tirent leur origine des tarots. Le jeu de cartes actuel, composé de deniers, épées, coupes et bâtons, de l'as au sept, plus quatre valets, quatre cavaliers et quatre rois, est un dérivé des Tarocchini de Bologne.

« Les principaux jeux sont : Primiera, Scopa, Scopone, Tresette, Bazzica, Ruba, Mazzo, Golfo, Golfino.

« Les jeux de hasard sont prohibés dans les lieux publics et tolérés dans les cercles privés. »

On joue aussi le Bridge et d'autres jeux français en Italie.

Un directeur de théâtre italien, vers la fin du dix-huitième siècle, afin d'attirer le public, annonçait qu'après le spectacle on tirerait la *trombola.*

« La *trombola,* conte Arnault, est un jeu semblable au loto. Distribution, moyennant un écu, de tableaux aux amateurs, tirage, remise au gagnant du produit des mises. Le parterre observait un religieux silence jusqu'au moment où le favori du sort proclamait sa chance par le cri : *Trombola! Trombola!* répété par l'assemblée entière. Cette loterie, paraît-il, n'apportait aucun bénéfice immédiat au directeur; mais il retirait grand profit de l'affluence des spectateurs amorcés par l'espoir de gagner ce lot unique. »

Pays scandinaves.

Le *Bridge*, le *Whist*, l'*Hombre*, le *66*, la *Bassette*. Les jeux de hasard sont prohibés dans les lieux publics.

Dans les classes populaires : le *Mariage*.

Roumanie.

Le Bridge et la plupart des jeux français.

Russie.

Bridge, Baccara, Roulette, Ecarté, Echecs.

Jeux nationaux : Dames, le *66*, le *Son Atout*, le *Douraki*, le *Seralache*, le *Jeu des Rois*.

Le *Windt*, jeu classique russe, est un Whist aux enchères, qui a plusieurs variantes.

Les jeux de hasard sont tolérés dans les cercles, prohibés en général dans les casinos; les salles de jeu privées sont interdites et poursuivies. Afin de tourner la loi, tout en la respectant, comme certain notaire du théâtre d'Emile Augier, des esprits ingénieux n'ont pas manqué d'inventer des jeux de hasard qui, tout en laissant le grand rôle à la chance, revêtent, au point de vue strict, le caractère de jeux commerciaux : ces nouveaux jeux ne sont autre chose que les anciens légèrement démarqués et maquillés.

Vers 1780, on joue beaucoup le Macao, le Pharaon, dans la haute société. Corberon rapporte l'anecdote suivante. Le jour où l'ambassadeur de France reçut le prince de Prusse, on avait établi un pharaon, dont la Coste tenait la banque. C'était soi-disant pour amuser ce prince; cependant il n'y joua que par complaisance.

« Par une de ces inconséquences que nous avons aussi en France, les jeux de hasard sont défendus par un oukase en Russie, et il y a une amende attachée à l'infraction de la loi... Le lendemain du souper de Vérac, Strogonof va au Sénat; il y reçoit un paquet de l'impératrice dans lequel se trouve l'oukase contre le jeu. Notre sénateur ne dit rien, mais le soir, à l'appartement, il se jette aux genoux de l'impératrice, et lui demande pardon... L'impératrice lui dit : « Monsieur, voilà qui est bien; j'ai voulu et j'ai dû vous « faire cette leçon; parce que vous, qui êtes sénateur, devriez « savoir les lois. » L'inconséquence est que l'impératrice joue elle-même au Macao, qui est un jeu de hasard. »

« Il y a eu dans le Conseil, — conte encore le chevalier de Corberon, notre chargé d'affaires en Russie vers 1780, — une querelle très vive entre Panin et Potemkin. Ce dernier s'était montré ouvertement pour l'Angleterre, et, voulant faire entendre que le comte Panin était vendu à la France, a dit en plein conseil que les effigies de Louis XVI étaient excellentes pour marquer au Whist. Panin lui a répondu que, s'il avait eu besoin de pareilles marques, il aurait plus facilement des guinées. »

Au dix-huitième siècle, les panégyristes nationaux répètent cette formule sacramentelle :

Pierre le Grand a introduit les sciences chez nous.

Sa fille Elisabeth a introduit le goût.

Quant à celle-ci, cela se traduit surtout, pendant l'hiver de 1745-1746, par des bals masqués imposés aux membres de l'aristocratie; on y danse, ou on joue aux cartes de six heures jusqu'à dix. On joue aussi, très cher, à la cour, et notre ambassadeur, le marquis de l'Hôpital, se plaint de la dépense que lui imposent les *quadrilles* (espèce de jeu d'hombre). La première séance lui coûte cent vingt ducats.

Razoumowski, favori de la tsarine Elisabeth, n'aime pas le jeu, et se montre indifférent au jeu; cependant il tient des banques pour divertir ses hôtes, et consent que ses familiers le volent sans vergogne, en trichant ou même en se bourrant les poches avec l'or qu'il laisse traîner sur les tables. Parochine, dans ses *Mémoires*, dit avoir vu le prince Odoievski emplir ainsi son chapeau, et le passer à un valet qui l'attendait dans l'antichambre : les dames, paraît-il, s'empressaient cyniquement de profiter de ces aubaines. Le frère de Razoumowski, Cyrille, a pleinement la passion du jeu, et de bonne heure on l'appellera : *joueur de cartes diurne et joueur de billard nocturne*. Cette qualification conviendrait à beaucoup de grands personnages russes au dix-huitième siècle; tels : Bestoujev, Patiomkine, Orlof, Yvan Chouvalof, etc., qui passent des nuits à tenir des banques. L'un d'eux, auquel on reprochait de perdre trop facilement son argent avec ses partenaires coutumiers, répond : « Si je gagnais plus souvent, je perdrais mes joueurs. » Que de fois cette pensée n'a-t-elle pas hanté les grands fanatiques du jeu!

L'historien Waliszewski rapporte qu'en 1718, à la fête donnée en l'honneur de la naissance du fils aîné du tsarévitch Paul, on joua au *Macao* à trois tables : les joueurs qui abattent *neuf* ont droit à un diamant, qu'ils prennent avec une cuiller d'or dans une boîte remplie de ces pierres. Le jeu ayant duré une heure et demie, les boîtes ne se trouvent qu'à moitié vides, et les joueurs s'en partagent le contenu; d'ailleurs les diamants distribués cette fois ne valent que cinquante roubles la pièce. Les invitations à cette fête de cour sont adressées au nom de : « M. Francisque Azor, gentilhomme asiatique ou africain, propriétaire de mines de diamants. » Pseudonyme sous lequel chacun reconnaît Patiomkine.

Beaucoup de princes auraient pu méditer avec profit le trait d'un duc de Sandomir, rapporté par Fulstin dans son *Histoire de Pologne* : « Casimir, duc de Sandomir, reçut un soufflet d'un gentilhomme de sa cour auquel il avait gagné une forte somme d'argent. Ce gentilhomme, nommé Jean Conarski, fut condamné à mort à l'unanimité des voix. Le duc Casimir s'opposa à l'exécution de la sentence, en disant : « Il n'est pas juste de faire mourir un bon ser-
« viteur que le désespoir a porté à cet emportement. Je suis

« plus coupable que lui, moi qui, oubliant ma dignité, l'ai
« fait jouer plus qu'il ne voulait. » Casimir ne se contenta pas
de donner la vie à Jean Conarski, il lui rendit encore son
argent, le remerciant de lui avoir appris à ne pas oublier
qu'il était prince souverain, et devait le bon exemple. »

Dans une byline russe, Vladimir, prince de Kiel, envoie
trois de ses fidèles porter au grand Khan mongol le tribut
annuel, douze cygnes, douze faucons, avec la lettre de soumission. Arrivés au campement de la Horde d'or, le Khan
les accueille bien, et propose à Vassili Kazimirovitch une
partie d'échecs; le prudent Vassili délègue alors Dobryna
pour jouer avec le Khan : la tête du héros sera l'enjeu; il
perd la première partie, mais gagne les deux parties suivantes.

Je compléterai ces remarques par quelques pages d'une
étude qui a paru dans le tome 83ᵉ du *Messager historique*,
revue russe. Cette Histoire du jeu en Russie, œuvre posthume
inachevée de W. O. Miknévitch, avait été gracieusement
traduite pour moi par une amie très distinguée, Mᵐᵉ Irène
Mendelssohn, qui, le vendredi saint de l'année 1918, à l'église Saint-Gervais, fut une des nombreuses victimes de l'affreuse catastrophe provoquée par un obus allemand.

« Les jeux de hasard font partie de la nature humaine. On
n'en a pas inventé l'essence. L'homme s'est borné à imaginer différentes combinaisons de jeux, suivant le lieu, le
temps et le caractère des divers peuples. Un jeu dans lequel
il ne serait pas réservé une petite place au hasard, ne présenterait aucun intérêt. Il est à remarquer que le jeu d'échecs n'a jamais été proscrit par les lois, et que d'ailleurs
il n'a jamais ruiné personne. Dans la Russie de l'antiquité,
tous les jeux de hasard étaient défendus par l'Eglise et par
la législation. L'époque de l'apparition du jeu de cartes
nous est dévoilée par la date de son interdiction. C'est au
seizième siècle, sous Yvan le Terrible, que les jeux de cartes
ont été introduits en Russie, et jusqu'en Sibérie, par les
Polonais, les princes ukraniens et les Allemands. Au
moment de la défaite de Moscou, en 1611, nous voyons des

soldats mercenaires polonais et allemands, et jusqu'aux Cosaques, se livrer à un jeu effréné, au point d'offrir comme enjeu des enfants. Après les batailles on jouait le butin de guerre. Malgré toutes les lois contre l'abus des jeux de cartes, ceux-ci étaient tolérés comme source de revenus pour l'Empire. Vers la seconde moitié du dix-huitième siècle, le jeu de cartes qui, jusque-là, était resté entre les mains des classes inférieures, pénètre dans la haute société. Charles XII, roi de Suède, défendit le jeu, et ce furent les prisonniers de guerre suédois qui fabriquèrent les premières cartes. On nous dit que Charles XII affectionnait le jeu d'échecs; de même Pierre le Grand, qui d'ailleurs, en fait de jeu de cartes, ne pratiquait que le *gravias,* un jeu hollandais. Pour accroître les revenus du trésor, Pierre le Grand tolère les jeux de cartes, et attribue à l'Etat le monopole de leur vente. Pourtant, aux réunions de la cour, on joue surtout aux dames et aux échecs. Après le dîner, Pierre le Grand se retire pour faire un petit somme, et l'étiquette exige que les invités attendent son retour.

« Vers 1722, les femmes se mirent à tenir des cartes ; on jouait à l'hombre, à l'entrée et au mariage. Un jeu essentiellement russe est *le jeu des rois.* Au cours des séances de jeux, se nouaient les relations d'affaires et les liaisons amoureuses. On raconte qu'un ancêtre de Pouchkine fut minotaurisé par sa femme, parce que celle-ci s'éprit de son partenaire au jeu des rois... Il y eut aussi des duels retentissants amenés par des querelles de jeu.

L'impératrice Anne Ivanowna et les princes jouaient au pharaon et au quinze. On mettait en banque jusqu'à vingt mille roubles. L'impératrice tenait elle-même la banque. Elle laissait gagner ceux à qui elle témoignait de la bienveillance, et si, malgré tout, ceux-ci perdaient, elle ne leur réclamait jamais le montant de leur dette. Ainsi, malgré des lois draconiennes, c'était justement à la cour que l'on pratiquait le plus ouvertement les jeux défendus.

Sous le règne d'Elisabeth Petrovna, en 1747, les femmes étaient devenues d'enragées joueuses. Catherine II, encore jeune fille, se servait du jeu pour endormir l'attention de ses duègnes, et leur facilitait le gain des parties. A l'occasion de son mariage, elle reçut de l'impératrice 30.000 roubles « pour le jeu de cartes ». Les favoris obtenaient de l'argent pour payer leurs dettes de jeu. Catherine II et son époux jouaient souvent, en tête-à-tête, à « l'hombre à deux ».

Une loi de 1761 permit les jeux commerciaux, et défendit les jeux de hasard : elle demeura en vigueur jusqu'en 1901. D'après elle, on ne pouvait se livrer à des jeux de hasard, ailleurs que dans les appartements impériaux. Les pertes de jeu se payaient en chèques.

« On raconte que le poète Derjavine, dans sa jeunesse, perdit au jeu la somme que sa mère lui avait confiée pour l'achat d'un terrain. Le même avouait naïvement qu'il ne se permettait de tricher au jeu que lorsqu'il jouait avec des tricheurs. Il appelle cela « jouer à la ruse ». C'était le point d'honneur des joueurs malhonnêtes de ne tricher qu'entre eux. « J'aurais été un honnête homme, dit Derjavine dans ses *Mémoires*, si ma poche n'avait pas été une coquine. » Dans les tripots où siégeaient des tricheurs professionnels, on ruinait les jeunes pigeons arrivant de province. Les grands tricheurs, qui étaient souvent de haute naissance, se nommaient *les valets de cœur*. Des ménages légitimes se partageaient les rôles : le mari en entraînant le jeune homme vers le jeu, la femme lui vendant ses faveurs au su du mari.

Un paysan évadé, nommé Wanka Kaine, après avoir accompli de nombreux forfaits, offrit ses services au chef de la sûreté de Moscou pour filer les malfaiteurs et escrocs. On l'agréa. Il se servit des pouvoirs officiels qui lui furent octroyés pendant dix ans, pour devenir impunément le fléau de la ville, volant et trichant avec une insaisissable adresse. Il existe un poème de l'époque (1750), dont l'auteur, un *valet de cœur*, nous édifie sur les mœurs du temps et la mentalité des joueurs. Il confesse : « Nous n'avons ni pudeur ni conscience. Nous dévalisons nos victimes, puis nous réussissons à les faire enfermer en prison pour avoir enfreint les lois défendant le jeu. Tandis qu'ils versent des larmes, nous menons joyeuse vie. »

D'après Dobrinine, à cette époque, la distinction consistait à parler le français avec un mauvais accent, et à jouer aux cartes avec *une habile imposture*. Ces deux qualités formaient les traits d'union entre gens distingués. Les gens de rien s'efforçaient de copier les vices des hautes classes : ce côté de la culture est le plus facilement assimilable.

Catherine II n'aimait pas le jeu de cartes pour lui-même, mais elle s'en servait pour attirer près d'elle les personnes qui pouvaient l'intéresser. Ainsi, le jour où Potemkine attira son attention, elle l'invita à jouer chez elle. La partie se prolongea pendant une grande partie de la nuit, et cette soirée décida du sort du grand favori. Les cartes avaient d'autres emplois : elles servaient à la correspondance clandestine.

Les pages de service étaient chargés de prévenir ceux que l'Impératrice désignait pour jouer à sa table. Catherine II préférait jouer avec ceux qui ne lui facilitaient pas le gain au jeu.

Elle jouait au whist, au rocambolle, au boston, au piquet. Le page de service portait sur lui l'argent servant à payer les pertes de l'Impératrice. Vers l'an 1760, l'hombre fut mis à la mode; la vogue du whist commença vers 1770.

Catherine, ainsi que son favori Potemkine, aimait les pierres précieuses, surtout les diamants. Ils s'amusaient pendant des soirées entières à jouer avec des monceaux de diamants, à voir s'égrener entre leurs doigts ces petites pierres étincelantes.

En fin de compte, le jeu aux diamants était moins coûteux que le jeu à l'argent. Ismaïloff pontait jusqu'à 30.000 roubles sur une carte; le comte Pahlen alla jusqu'à 200.000 roubles sur une carte, affirme le comte Tolstoï. A certain moment, la mode décréta qu'il était malpropre de manier l'argent avec les doigts, et l'on se mit à mesurer la monnaie d'or dans un verre. Ce fut le « Temps d'or ». Les diamants de Catherine à 50 roubles pièce paraissent mesquins en comparaison. Au dire des écrivains de l'époque, aucun des grands joueurs n'était honnête au jeu. Vers l'année 1780, le jeu avait dégénéré en orgie.

Un des plus grands joueurs de l'époque fut Zoritet, un des protégés de Potemkine[1]. Toute l'Europe fut au courant de la vie fastueuse de ce fils de paysans. L'impératrice donna à Zoritet le domaine de Chklow, dont celui-ci fit un cercle universel de jeu. Là se réunissaient aventuriers, escrocs, etc., tous ceux qui espéraient vivre des cartes. Le maître du logis offrait une somptueuse hospitalité à chaque visiteur. C'était une sorte de Monte-Carlo. Zoritet perdait des sommes immenses, ce qui lui attirait des partenaires de tous les coins du monde. On disait de lui : « Jamais il ne prend en mains un livre, mais aussi jamais ne dépose-t-il ses cartes. »

Un Français de l'époque raconte qu'un jour Zoritet, ayant signé une traite pour une dette de jeu, et n'ayant pas de sable pour sécher l'encre, la saupoudra de sel. Salmoran ajoute : « Il a bien fait de saler sa traite, il a prévu qu'elle séjournerait longtemps dans sa poche. » De nombreux chevaliers d'industrie et escrocs s'introduisirent chez Zoritet. Il pratiquait les fausses cartes et la fausse monnaie. On découvrit qu'il arrivait chez lui des caisses de faux billets de banque fabriqués à Bruxelles. Zoritet, compromis dans un procès retentissant, fut acquitté, bien que l'Impératrice et Potemkine demeurassent convaincus de sa culpabilité. Catherine disait de lui : « Zoritet a deux âmes : il aime le bien et fait le mal ; il est courageux devant l'ennemi, mais dans le fond il n'est qu'un poltron. » Zoritet mourut en laissant deux millions de dettes de jeu. Rostopchine stigmatise la fin du dix-huitième siècle, comme une époque de passion aventurière et de terrible égoïsme. Potemkine cultive les cartes au détriment des affaires. Il mande à un membre de sa famille : « Je suis tellement absorbé par le jeu, que je n'ai même pas le temps d'écrire. » Et il s'agissait ici d'une affaire de la plus haute importance.

1. On dit Potemkine ou Patiomkine.

Etant à Jassy, Potemkine fit envoyer 100 douzaines de jeux de cartes à la cour. Potemkine était sévère pour les tricheurs qu'il prenait sur le fait. S'apercevant qu'un de ses partenaires trichait en faisant les comptes, il jeta les cartes en s'écriant : « Tiens, petit père, je ne jouerai avec toi qu'au jeu des crachats. Viens me trouver demain. » L'autre dut s'exécuter, et arriva à l'heure indiquée. « Celui de nous qui crachera le plus loin aura 20 mille, » prononça Potemkine. Son partenaire se gonfla, et cracha au loin de toutes ses forces. « Tiens, tu as gagné, petit père, déclara Potemkine, moi je ne peux pas cracher plus loin que le bout de ton nez. » En même temps, Potemkine lui cracha en pleine figure, puis il paya la somme convenue. Il fit aussi verser par son cocher dans un marais un partenaire tricheur. L'autre fut obligé de rentrer à pied tout envasé. Ce fut toute sa vengeance.

Un jour qu'il avait pour partenaire un Kalmouk qui jouait gros jeu et gagnait, il dit aigrement : « Il faut être Kalmouk pour avoir tant de chance au jeu. » L'autre, sans sourciller, riposta : « Je dirai mieux que cela. C'est le Kalmouk qui joue comme un Potemkine, et c'est Potemkine qui joue comme un Kalmouk, puisqu'il se fâche au jeu. » Potemkine fut flatté, malgré la forme grossière du compliment.

Potemkine oubliait les dettes de jeu contractées envers lui, était indifférent au gain. Souvent il payait les dettes des autres. Il aimait le jeu comme un art. Comme il aimait à regarder de bons joueurs de billard et d'échecs, on lui en envoyait de toutes parts pour l'amuser. Après la prise d'Ismaïla, parut un poème dont voici deux vers : « D'une main il joue aux échecs, et de l'autre il assujettit les peuples. »

En 1780, il était admis de ne pas payer les dettes de jeu faites sur parole. La fabrication de faux billets de banque était courante, surtout par les Arméniens et les Grecs. La jeunesse dorée, elle-même, se livrait à cette fraude. Une loi statua qu'il était défendu de prêter de l'argent pour le jeu, et que les traites de jeu n'étaient pas valables juridiquement. Au temps de Catherine, le jeu était aussi répandu en province que dans la capitale... La maison de Passeke, gouverneur de Mohilef, devint officiellement une maison de jeu où l'on se livrait à tous les jeux proscrits par la loi. Passeke prétendait être conseillé dans ses rêves par un vieillard qui lui donnait les indications pour gagner. Après ces rêves, ayant ponté sur les cartes indiquées, il gagnait,... Beaucoup de jeunes gens, après avoir tout perdu au jeu, finissaient par le suicide. »

Les choses ont-elles changé aujourd'hui ?

Pologne.

Le baron de Thugut, alors envoyé secret de l'Autriche auprès de Stanislas Poniatowski, et passant une journée à la campagne chez ce prince, avait d'abord pris pour lui Stackelberg, ministre de Russie, qui ne fit rien pour le détromper. Thugut, vexé de la méprise, se promit d'en tirer vengeance, et y réussit le jour même. Pendant une partie de whist, comme il était partenaire de Stanislas, il joue un valet de carreau pour un roi de cœur, et s'excuse; mais, ayant recommencé un instant après : « Je demande ma grâce à Votre Majesté, dit-il, je ne sais en vérité ce que j'ai aujourd'hui; voilà la troisième fois que je prends un valet pour un roi. »

États-Unis.

Le Bridge et la plupart des jeux français :
Jeux nationaux : Faro, Stuss.
On sait les mœurs des maisons de jeu (*gambling Saloons*) à New-York, par la retentissante affaire Rosenthal qui a révélé des abus inouïs de la part de la police de cette capitale. Rosenthal, tenancier d'un tripot, fatigué de partager les revenus avec la police, révéla les exactions de celle-ci au districk attorney, et fut assassiné (juillet 1912) par cinq hommes le lendemain, en plein jour, en pleine rue, devant cinq agents qui laissèrent s'enfuir les coupables en auto. Un des chefs de la police municipale, Charles Becker, fut

bientôt inculpé de complicité dans ce meurtre, et arrêté; trois individus présumés complices, Weber, Valon et Rose, appartenant au monde des tripots, aussitôt qu'ils surent Becker sous les verrous, entrèrent dans la voie des aveux. Dans toutes les maisons de jeu, et parmi les habitués de ce monde interlope, on annonçait couramment que Rosenthal « aurait son affaire cette nuit ». Aussi, quand il était entré dans la salle à manger de l'hôtel, le silence s'était-il fait, et 'on s'était murmuré de table à table : « Voici un homme marqué. » Valon, depuis plusieurs années, était chargé par Becker d'encaisser dans les maisons de jeu le tribut qu'il prélevait sur elles pour prix de sa protection. Ses amis et lui furent *invités* par le lieutenant de police à occire Rosenthal : « Je suis assez solide, dit-il, pour mettre le holà à toute tentative d'enquête ; mais, si vous ne marchez pas, gare à vous ! » Effrayé par cette menace, Rose se mit en relations avec Big Jeck Zelig, chef de bandits notoires, qui *marcha* à fond, croyant Becker assez puissant pour le mettre à l'abri des curiosités de la justice. Et, de fil en aiguille, on apprit par les journaux que la police municipale de New-York, marchant sur les traces de l'ancien Tammany, formait depuis longtemps le *trust de la gratte,* était de connivence avec des bandes de malfaiteurs. « Je ne connais guère, déclare un magistrat dès 1907, que trois ou quatre agents du *detective bureau* qui n'aient pas partagé dans les derniers six mois le produit d'un vol avec le voleur. Soixante-quinze pour cent des pick-pockets opérant dans les tramways sont parfaitement connus des agents, avec lesquels ils ont conclu un arrangement. » De même pour l'écoulement des objets volés, pour la tolérance des demoiselles de moyenne vertu, pour tout ce qui rentre, en un mot, dans le rayon d'influence de la police. Et cela allait au point que les fonctions d'agent s'achetaient comme une charge d'agent de change, 3.000 à 4.000 dollars en moyenne.

Amérique du Sud et spécialement République Argentine.

Le *Bridge*, le *Poker*, le *Baccara*, le *Chemin de fer*, le *Trente et Quarante*, *Ecarté*, *Piquet*, *Besigue*, *Echecs*, *Dominos*.

Jeux nationaux : *el Monte, el Truco, la Manilla, el Muss, la Biscaimbra* (la Busca d'Italie), *l'Escoba, le Poker aux dés*.

Jeux des anciens Égyptiens.

Les Dés (*dices*), Mora (la Mourre), Draughts (les dames), *Odd and Even* (pair ou impair).

Les modernes Egyptiens ont les Dames (*dámeh*), sensiblement analogues au jeu de leurs ancêtres, *le Mùngala*.

Au musée du Caire, mon ami G. Maspéro, qui fut directeur général du service des Antiquités de l'Egypte, a catalogué des damiers en bois, des pions en ivoire et en bois, des cubes en terre émaillée et en bois pour le jeu de dés; un jeu de solitaire qui se jouait avec des épingles d'ivoire enfoncées dans les trous d'une des parois de la boîte à jeu; un disque sur lequel s'enroule un serpent, tête au centre, queue en dehors, de manière à simuler une sorte de labyrinthe, et sur lequel on pouvait jouer un jeu analogue à notre jeu de l'oie. Le jeu du serpent tomba en désuétude vers la fin de l'empire memphite. Chez les anciens Egyptiens, la même boîte sert à deux jeux analogues; les pions se nomment les *chiens,* ce sont des cônes mignons en pierre ou en terre cuite émaillée, surmontés parfois d'une tête d'homme ou d'un museau de chacal. La marche générale devait ressembler beaucoup à celle des parties de *tâb* où se complaisent les Egyptiens de nos jours. Les joueurs jetaient, chacun à son tour, les osselets, les dés ou les bâtonnets, et, selon le nombre de points ainsi obtenus, ils occupaient avec leurs *chiens* certaines cases, ou bien ils délogeaient les *chiens* de l'adversaire de celles où ils étaient; il y avait donc là un élément de hasard et un élément d'expérience. C'était le passe-temps favori, celui qui se trouve le plus souvent représenté sur les monuments de toutes les époques ; Pharaon s'y livrait au harem avec ses femmes, les seigneurs l'imitaient, et le peuple imitait les seigneurs : tout en buvant le vin noir ou la bière, on agitait les osselets, on poussait les *chiens* sur la piste. Et les artistes avaient transporté cette scène dans la vie future : les hypogées thébains, les planches des cercueils peints la reproduisent fréquemment.

Là, comme ailleurs, les enjeux devaient être considérables ; aussi bien les romans et la légende mythologique permettent de l'affirmer. Dans l'un des contes de Satni, *Khâmoïs*, il s'agit d'un talisman précieux, un livre que le dieu Thot avait écrit de sa propre main, et qui assurait la toute-puissance sur la création entière à celui qui, le détenant, en récitait les formules. Satni gagne, emporte le livre, et laisse le premier possesseur plongé dans les ténèbres du tombeau. Ailleurs, c'est le roi Rhampsinite qui, descendu aux enfers, y provoque la déesse du lieu, et, vainqueur aux dés, rapporte son gain sur terre, une belle serviette en or.

« Les Egyptiens trichaient sans scrupule, et nous en possédons la preuve directe au musée du Caire. Un jour que j'y rangeais l'armoire aux jouets, je m'amusai à jeter les dés anciens qu'elle contenait, et je fus étonné de constater que l'un d'eux s'obstinait à marquer le six ou le cinq... En examinant l'objet, nous aperçûmes, sur l'une des faces, les traces d'une petite ouverture dissimulée soigneusement sous un stuc de teinte ivoirine, et quand nous l'eûmes dégagée, un grain de bronze apparut encastré dans la cavité. Le mort qui nous avait légué la pièce l'avait pipée, et ses héritiers la lui avaient consignée le jour des funérailles, peut-être sans se douter de sa vertu secrète, peut-être en pleine conscience de leur acte, pour qu'il continuât de forcer la chance dans l'autre vie... La religion ne considérait pas qu'il y eût là un péché capable de fermer l'accès du paradis d'Osiris. La *confession négative,* que les aspirants aux félicités éternelles récitaient devant le tribunal divin, pendant la pesée du cœur, les déclarait innocents d'avoir faussé la balance ou altéré les poids : elle est muette sur le point de tricher au jeu. La morale officielle ne connaissait pas de ce genre de faute, au moins dans les temps les plus anciens : c'était affaire à chacun de se méfier du voisin pendant la partie, et, lorsque la dupe saisissait son dupeur, de lui appliquer, s'il y avait lieu, les dispositions pénales en vigueur contre le vol ou contre l'escroquerie en général.

Perse.

En Perse, les principaux jeux, m'écrit le secrétaire de la Légation de Paris, sont : Echecs, Trictrac, Jaquet. — Pour les cartes : Baccara, Tertouchga, Ass. Les cartes sont les mêmes qu'en Europe ; la loi n'autorise aucun jeu.

Inde et Chine.

« Dans ma dix-huitième année, conte Timour (Tamerlan), je n'étais pas médiocrement entiché de mes apertises en chevalerie et en vénerie ; je passais mon temps à lire les livres de piété, à jouer aux échecs et à m'exercer à toutes armes.

Voici, d'après l'ouvrage de Noër, traduit par M. Bonet-Maury, les jeux accrédités à la cour de l'empereur Akbar, souverain mongol de l'Hindoustan au dix-septième siècle, que ses biographes comparent à Louis XIV et à Napoléon Iᵉʳ. « ... Le jeu du Tchandal Mandal était très en vogue ; il avait une certaine ressemblance avec le jeu d'échecs et celui des dames, mais le hasard y jouait un plus grand rôle, car c'était le coup de dés qui décidait de la partie. Ce jeu se jouait de douze manières différentes, d'après le nombre des dés et des marques. Akbar lui-même avait inventé ce divertissement. Il aimait aussi à jouer aux cartes, mais le jeu de cartes hindou, perfectionné par lui, doit avoir été trois fois plus compliqué que le nôtre. Il renfermait douze rois de figures différentes. Akbar avait choisi les couleurs et les images selon son goût, et, s'il faut en croire les descriptions d'Aboul Fazl, il s'y révélait un sentiment artistique bien plus développé que dans nos jeux. En tout cas, l'histoire des jeux de cartes en Europe dénote un déclin marqué par rapport aux jeux usités à la cour d'Akbar.

« Un ancien jeu hindou, le jeu du Tchaupar, était également reçu dans le harem d'Akbar. Il va sans dire que l'empereur, qui s'intéressait à tout, aimait aussi le jeu d'échecs; mais on aura peine à croire qu'il se plaisait à le jouer dans son harem, en se servant de ses femmes en guise de pions. »

Ce harem, en y comprenant les danseuses, chanteuses, gardiennes armées, employées de tout genre, arrivait au chiffre de cinq mille femmes.

Le Père du Jarric traduit en ces termes les plaintes de Badaoni, constatant avec douleur que les mosquées se transformaient en magasins, greniers à blé et écuries, parce que l'empereur mongol Akbar, né musulman, n'admettait plus d'Eglise d'Etat, autorisait tous les cultes, avait retiré sa protection aux ulémas, et confisqué une partie des biens religieux.

Les ulémas désertent les bancs de l'école,
Comme les cabarets au mois de Ramadan.
On porte le Coran au Mont-de-Piété,
Et de la chaire sacrée on fait table à jeu.

Indo-Chine.

Après mainte vicissitude, le fameux jeu des trente-six bêtes a été supprimé depuis 1889 au Tonkin, et ce pays placé sous le régime de l'article 410 du Code pénal; mais la ferme des jeux continue d'exister au Cambodge pour le compte de la liste civile du souverain. Le jeu des trente-six bêtes, qui a inspiré tant de polémiques à propos de certains incidents, est une manière de loterie dont le tirage a lieu chaque jour, et où les numéros sont remplacés par les figures de trente-six bêtes, qui vont du papillon à l'éléphant; chaque numéro correspond au nom d'un bonze ou mandarin célèbre. Avant l'ouverture des jeux, l'animal gagnant ayant été choisi par un employé, son portrait est enfermé dans une boîte juchée au haut d'un mât, et ouverte à la fin de la journée. Les gagnants reçoivent trente fois leur mise. Le gagnant étant d'avance connu du maître du jeu, le jeu prête à la fraude; de plus, le droit du jeu est léonin en faveur du banquier, puisqu'il se réserve six chances sur trente-six. On peut comparer les trente-six bêtes à une roulette où se trouveraient six zéros réservés au banquier. Quand ce jeu fut interdit au Tonkin, puis au Cambodge, les concessionnaires, qui payaient une redevance annuelle de 514.450 francs, firent valoir ce bel argument qu'il favorisait le travail, car « les indigènes travaillaient pour pouvoir jouer avec le produit de leur travail ».

Un autre jeu populaire en Indo-Chine, c'est le Ba-Kuan; pendant les fêtes du Tôt, qui durent trois jours, les indigènes jouent éperdument, abandonnent tout pour courir au jeu. Les Européens doivent redoubler de surveillance pour que leurs serviteurs ne dérobent pas tout ce qui est à leur portée; eux-mêmes se volent, car ils mettent en gage leurs boutons, leurs parures, qu'ils vont retirer à la fin du mois; c'est une véritable frénésie.

« Les maisons de Macao sont célèbres, et les impôts qu'elles acquittent comptent parmi les plus clairs revenus de la colonie. Sans aucune ressemblance, même lointaine, avec le luxueux Monte-Carlo, ces maisons de jeu se piquent néanmoins d'une certaine élégance... En revanche l'intérieur est sordide, et puant d'une odeur très spéciale où les relents de la fumée d'opium refroidie se mêlent au vague parfum des aromates, et à la senteur particulière de certains Asiatiques.

« Fort peu d'Européens fréquentent ces tripots, mais les Chinois de Hong-Kong, où le jeu est interdit, y viennent en foule pour tenter les chances du *Fantan*.

« J'ignore si ce jeu est celui, fort aimé en France il y a un siècle, sous le nom de *macao*. En voici les règles, à ce qu'il m'a semblé : le croupier prend une poignée de sapèques neuves, les pose sur la table et les couvre d'un bol renversé, en disant, comme à la roulette : « Faites vos jeux. »

Puis, les mises terminées, il enlève le bol, et, à coups de rateau, ramasse les sapèques quatre par quatre, jusqu'à ce qu'il en reste seulement à la masse quatre ou un nombre moindre. Le *chiffre du talon* indique le numéro gagnant, et ceux qui l'ont ponté retirent leur mise quadruplée.

« La banque prélève un droit sur chaque gain, mais, pour éviter l'encombrement des monnaies de cuivre, elle rend aux joueurs, comme appoint, des pépites d'argent façonnées à l'avance...

« Les gens du peuple seuls entourent les tables ; les pontes plus sérieux se tiennent à l'étage supérieur, dans des galeries en surplomb, d'où ils descendent leurs mises et remontent leurs gains à l'aide de petites corbeilles pendant à des ficelles. » (COMTE DE PIMODAN, *Promenades en Extrême Orient.*)

Extrême Orient.

D'une manière générale, en Extrême Orient on joue *tous* les jeux, notamment la *Sordia*, qui est une façon de roulette, le Trictrac, qui est une création japonaise, m'écrit M. de Pouvourville. Les jeux, les loteries, sont interdits, les peines infamantes vont du bâton à l'exil ; les lois rituelles ne sont aucunement respectées. Les Chinois restent fidèles aux échecs qu'ils ont inventés : on les joue aujourd'hui dans les grandes solennités, sur les places des villages, des femmes et des enfants servant de pions.

Jeux chinois, japonais, coréens : Dés, Dames, Dominos, Yet-pang-mang-i ; Tong-Tang, en chinois T'ung-Tong ; Kwan P'ai ; Lüt chi ; Chung Fát, T'in Kau, F'a ho, variety of Fá 'ho, P'at T'in Kau, Shap-i-T'in Kau, Un P'ai, Tong Kau, San-Htong ou Lottery, Fán t'án, Pák Kōp Piú, Sz' Ng Luk, Kon Mín Yeúng, Chäk T'in Kau, Pát Chó, Sugoroku, Shing Kún T'o, etc. On trouve dans le livre de M. Steward Culin, *Korean Games*, 1895, une description assez complète des principaux jeux de l'Extrême Orient, avec des reproductions des cartes chinoises et coréennes : celles-ci ne ressemblent nullement aux cartes européennes.

Le baron Suyematsu, dans son curieux livre : *le Japon d'hier et d'aujourd'hui*[1], traduit par Charles Simond, nous édifie pleinement sur les principaux jeux cultivés par ses compatriotes. Bien entendu, il ne manque pas d'avertir le lecteur que les jeux de son pays sont plus scientifiques et plus compliqués que ceux de l'Occident : passons-lui cette bouffée de chauvinisme, commun à la plupart des Japonais, et résumons son exposé.

Les échecs, qui se jouent surtout dans les classes inférieures, paraissent venir de la Chine; au Japon, on en connaît trois sortes : le grand jeu, le jeu moyen et le jeu ordinaire; ce dernier a survécu, est devenu un jeu national où l'on introduit beaucoup de perfectionnements. Il y a cent ans, une pièce appelée *l'éléphant ivre* régnait sur l'échiquier, et son omnipotence gênait la marche des autres pièces; aussi fut-elle supprimée par ordonnance impériale. Les cases de l'échiquier japonais sont au nombre de neuf en largeur et neuf en longueur, soit dix-sept cases de plus que l'échiquier européen : de même il compte vingt pièces de chaque côté, neuf sur chaque ligne et deux extra; donc quatre pièces de plus pour chaque joueur. Au rebours de la partie européenne, chaque joueur nippon peut se servir des pièces prises à l'adversaire; et la manière de se servir des pièces prises rend aussi la partie plus intéressante là-bas.

« A un dîner auquel j'assistai en Angleterre, j'eus, au dessert, une conversation à ce sujet avec un évêque qui se trouvait là. Il me demanda à quoi ressemblaient nos tours. Je lui répondis que nous n'avions pas de tours. Nous appelons les pièces correspondantes des *chariots légers*, ou, plus communément, des *lances*. Il me demanda aussi à quoi ressemblaient nos *reines*. Je lui répondis que nous n'avions pas de reines, parce que nous ne croyions pas convenable d'obliger une reine à travailler plus que le roi, ni même que ses sujets... Nous avons deux *généraux* qui se partagent le rôle de votre reine. Nous appelons l'un *bondissant en diagonale*,

---

1. Pages 191 à 205.

l'autre *chariot volant*. Il me demanda aussi ce qu'étaient nos fous (les Anglais disent évêques), parce que nous trouvons que c'est de mauvais goût de faire entrer un vénérable évêque ou un pauvre fou dans la mêlée, et parce que nous attribuons à notre *bondissant en diagonale* la même valeur et la même marche qu'à vos fous, et que les Anglais à leurs évêques... »

De chaque côté du roi se placent le *général d'or*, le *général d'argent*, le *chevalier* et le *porte-lance*; sur la seconde rangée, le *bondissant en diagonale* et le *chariot volant*.

Quant au *Go*, qui n'a pas d'équivalent en Europe, il est encore plus difficile à apprendre que les échecs. Venu de la Chine il y a plus de mille ans, il a connu beaucoup d'avatars. Au quinzième siècle, il existait une véritable académie du *Go*, et aussi des échecs, sous la direction des meilleurs joueurs de l'Empire, recevant des honoraires du gouvernement, délivrant des diplômes, organisant des concours solennels au château du Shogun.

Les Japonais ont des jeux, enfantins ou non, qu'ils pratiquent avec ce qu'ils appellent *uta Karuta,* la carte poétique. En voici un : il se compose de deux jeux de cartes, les unes contenant la moitié d'un petit poème, les autres l'autre moitié; un des joueurs donne lecture de la partie du poème inscrite sur sa carte; chacun des joueurs prend alors une carte dans l'autre jeu, et celui qui a réuni le plus de cartes exactement appariées gagne la partie. Les poésies sur cartes rappellent à l'enfant, à l'homme fait, les traditions d'héroïsme et d'orgueil national.

Il y a aussi les *cartes fleuries, hana Karuta* : le mot *Karuta*, d'étymologie européenne, vient de notre carte (*carta*). Pendant longtemps, le jeu de cartes a été vu de mauvais œil, beaucoup de Japonais trouvent encore qu'il n'est pas de bon goût. D'ailleurs le principe du jeu de cartes européen a subi force changements et améliorations. D'abord, au lieu des rois, dames et valets, ce sont des images d'objets se rapportant à chaque mois : des fleurs, des oiseaux, la lune, la pluie tombante. Quatre cartes par mois, chacune ayant une valeur différente; le jeu des cartes fleuries se joue en général avec trois joueurs, mais il peut en admettre jusqu'à six; chacun joue pour son propre compte, donc point de partenaire comme au whist, mais on s'associe souvent au cours d'une partie pour empêcher un échec commun. Plutôt que de jouer avec de mauvaises cartes, les joueurs lèvent la main et payent l'amende; alors les amendes vont à celui qui reste. Douze parties font un robre; et chaque joueur, pour être quitte, doit avoir en mains cent vingt points. Bref, si l'on en croit le baron Suyematsu, le jeu des cartes fleuries est à la fois le plus difficile et le plus attrayant de tous les jeux : les combinaisons sont protéennes, infinies, capables d'intéresser savants, philosophes, mondains. Et, en somme, on peut en dire autant de chaque jeu : tout est dans tout.

Comme les Japonais, les Coréens se flattent d'avoir inventé ou singulièrement perfectionné les jeux connus en Occident. Ainsi, pour les dominos, les échecs : ils ont trente-deux dominos au lieu de vingt-huit, les blancs n'existent pas, et onze d'entre eux existent deux fois; ce sont les doubles, l'as-trois, l'as-cinq, le quatre-six et le cinq-six. Un jeu coréen fort à la mode, c'est le *Patok*, appelé *Wai-ki* en Chine, *Go* au Japon, qui remonterait à la plus lointaine antiquité. Les uns en attribuent l'invention à l'empereur chinois Shun, 2255 avant notre ère; les autres à l'empereur Yao, en 2356 avant Jésus-Christ. Le Nyout, très en vogue aussi en Corée, ressemble dans une certaine mesure à notre jeu de l'oie, affirme P. d'Amfreville : il est interdit, sauf pendant un ou deux mois par an, parce qu'il donne lieu à de gros enjeux; mais j'imagine que les Coréens n'ignorent pas l'art de respecter la loi en la tournant. En Corée aussi bien qu'au Japon, les jeux de cartes sont nombreux et pleins de complications, ceux du moins que cultivent les adultes. Le Satrumaken coréen est l'équivalent de la *Mora*, si goûtée dans le sud de l'Italie. Un des joueurs lève un ou plusieurs doigts, et son adversaire doit en deviner le nombre. La Mora est un héritage des anciens Romains (remarque P. d'Amfreville), d'une époque où ce jeu était si populaire, qu'on disait proverbialement d'un honnête homme : « C'en est un avec qui on peut lever les doigts dans l'obscurité. »

Le jeu, sous ses différentes formes, tient une place si prépondérante dans la vie coréenne, que chaque garçon né libre, quand il a atteint l'âge de quinze ans, reçoit une tablette, revêtue du sceau officiel, et portant la date de sa naissance, son rang comme *garçon de loisir* (non astreint au service) et le nom du camp de jeu auquel il appartient. A Séoul, capitale de la Corée, il y a cinq camps, dont quatre portent le nom des quatre points cardinaux, le cinquième étant le camp central... »

Ecrite ou parlée, répétons-le, la chronique des jeux fournirait des traits presque aussi nombreux que les étoiles. N'attestent-ils pas la fécondité inépuisable de la passion, première et principale inspiratrice des mouvements humains, source intarissable de drame et de comédie, de défauts et de qualités, d'où jaillissent la thèse et l'antithèse, l'antagonisme des forces, et, pour tout dire, l'intérêt, le prix, la beauté de la vie?

CHAPITRE VIII

CONTRE LE JEU

Un dossier chargé. Plus de proscripteurs que de défenseurs. Ceux qui condamnent devraient souvent figurer au banc des inculpés. Quelques pièces de l'accusation. L'enjeu des Germains, des Chinois, des Hindous. — L'Hymne aux dés dans le Rig-Véda. Serments de joueurs. Parabole persane. — Didius Julianus. — Voyons d'abord le coup ! — Sang-froid d'un financier. — Duguesclin joueur malheureux. Perdants peu philosophes. — Deux définitions. — Etats généraux de Bourgogne et de Bretagne. Imprécation espagnole. Le fagot de Rotrou. Testament de joueur. — Banco ! — Le succès d'une pièce joué aux dés. — La messe manquée. — Doléances de psychologues. — Moyen original de payer une dette de jeu. — Quatrain pour Frascati. Un vieux galantin. — Celui qui joue en dormant. — Quelle culotte ! — *L'associé voleur.* — Ma revanche ! — Le privilège de voir jouer. — Regnard et du Fresny. — Prêtres joueurs. La leçon de Locke. — Tripots de la Restauration ; changement invraisemblable. — Variétés de décavés. — Dévouement inutile. — Benjamin Constant écrit un ouvrage sur des cartes de jeu. — Tireurs et non tireurs à cinq. — Villemessant et Benazet. Un joueur converti : le docteur Véron. — Mme de Girardin et le jeu en 1844. — *La maison de conversation* de Bade : Alfred de Musset. — Réponse d'un croupier de Monaco. — Les confessions d'Auguste Villemot. Les indiscrétions d'Horace de Vielcastel. — Fétiches. — La vertu des eaux de Hombourg. — Aventure d'un officier joueur. — La partie de Joss et Zéno dans *Eviradnus.* — Les moralistes et le jeu. Satan et le jongleur.

Le dossier du jeu est si chargé, que le coupable semble ne pouvoir éviter une condamnation capitale, réclamée par tant de moralistes, d'historiens, souvent prononcée par le législateur lui-même, avec l'application des circonstances atténuantes en général. Voici quelques-uns des griefs invoqués, quelques pièces de l'accusation, et quelques arrêts.

Les Germains, d'après Tacite, ne jouaient pas en état d'ivresse : *aleam, quod mirere, sobrii inter seria exercent*. Et cependant, après avoir perdu biens, femmes, enfants, ils mettaient comme enjeu leur vie, quelquefois leur âme, leur salut éternel. Il en était de même chez les Huns, si l'on en croit saint Ambroise; ils jouaient aussi leur vie, et, parfois, bien que le gagnant eût fait grâce, ils se donnaient la mort.

On a vu des Chinois jouer leurs doigts sur un coup. Ils ont auprès d'eux un vase d'huile de sésame sous lequel ils entretiennent un petit feu; le gagnant prend la main de l'adversaire, la pose sur une pierre, et avec une hachette retranche un doigt; le perdant plonge aussitôt la main dans l'huile chaude pour cautériser la blessure. De même les Hindous, en dernier ressort, jouaient leurs doigts, et se les tranchaient eux-mêmes.

Le fameux hymne aux dés, dans le *Rig-Véda* (quinze ou seize siècles avant notre ère), caractérise une des passions les plus anciennes de la race aryenne : « J'aime avec ivresse les enfants du grand Vibhâdaca (Dieu du jeu), les dés qui s'agitent, tombent dans l'air et roulent sur le sol. Mon ivresse est pareille à celle que produit le Soma : que Vibhâdaca, toujours éveillé, me protège. J'ai une épouse qui n'a contre moi ni colère ni mauvaise parole. Elle est bonne pour mes amis comme pour son époux. Et voilà la femme dévouée que je laisse pour tenter la fortune !

« Cependant ma belle-mère me hait, mon épouse me repousse. Les secours que me demande le pauvre, je les refuse. Le sort d'un joueur est celui d'un vieux cheval de louage.

« D'autres consolent la femme de celui qui aime les coups de dés triomphants. Et son père, sa mère, ses frères disent :
« Nous ne le connaissons pas, qu'on le prenne et qu'on
« l'emmène. »

« Quand je réfléchis, je ne veux plus que ces dés me fassent malheureux. Mais, en passant, les amis me poussent. Les dés noirs, en tombant, font entendre leur voix, et je vais où ils sont, pareil à une femme éperdue d'amour.

« Le joueur arrive à la réunion. Il se dit, le corps échauffé : « Je gagnerai ! » et les dés s'emparent de ce joueur qui leur livre tout son avoir.

« Les dés sont comme le conducteur de l'éléphant, armé d'un croc dont il le presse. Ils brûlent le joueur de désirs et de regrets, remportent des victoires, distribuent le butin, font la joie et le désespoir des jeunes gens, et, pour les séduire, ils s'enduisent de miel.

« La *troupe des cinquante-trois* se livre à ses ébats, et brille comme le divin Savitrî. Ils ne cèdent ni à la colère ni à la menace. Le roi même s'incline devant eux.

« L'épouse du joueur s'afflige, abandonnée ; sa mère se désole, ne sachant ce qu'est devenu son fils. Lui-même prend peur, poursuivi par un créancier ; la pensée du vol lui est venue ; il ne rentre que pendant la nuit.

« En revoyant sa femme, il songe que d'autres sont heureuses, que d'autres ménages sont heureux. Dès le matin, il attelle de nouveau le char de ses noirs coursiers (les dés) et, quand Agni s'éteint, il couche sur le sol comme un misérable Vrichala.

« O dés, je salue avec respect le roi et le chef de votre armée. Je ne dédaigne pas vos présents et je vous tends les deux mains. Mais je dirai en toute vérité : O joueur, ne touche pas aux dés ! Travaille plutôt à la terre, et jouis d'une fortune, fruit de ta sagesse. Je reste avec mes vaches, avec mon épouse. J'ai là un bonheur qui a pour garant le grand Savitrî... »

Un épisode d'un autre grand poème hindou, le Mahabharata, nous montre le prince Yudhishtira jouant une partie de dés, et, pris de vertige, perdant successivement ses trésors, ses armées, la liberté de ses frères, la sienne, et sa femme elle-même. Et, à peine redevenu libre, il se laisse tenter encore, rejoue, perd une seconde fois sa liberté, celle de ses frères et de Draupali. Si puissante est la hantise du jeu, que le poète nous fait assister à un second désastre; Nala, rajah du Nishadha, le plus beau des princes, marié à Damayanti, la plus belle des princesses, entrainé au jeu par un démon jaloux, jouant, perdant toutes ses richesses, même sa couronne.

Combien paraphrasent contre les cartes les imprécations de *Camille!*

> Cartes, l'unique objet de mon ressentiment!
> Cartes, par qui je viens de perdre mon argent...

font le serment de ne plus les toucher jamais,... et tiennent bon huit jours, quatre jours, deux jours, un jour!

Le poète persan Attár développe une parabole mystique :

« J'ai entendu conter, par un thaumaturge, qu'un Juif se rendit un jour dans une taverne...

« Le Juif se mit aussitôt à jouer, et finit par perdre tout ce qu'il possédait de numéraire. Il avait une maison et un jardin; il les perdit tous les deux...

« Ses mains étant vides d'or et d'argent, il risqua l'un de ses yeux, le joua et incontinent le perdit...

« On lui dit : « O toi qui es resté la bouche béante, joue « ta religion, fais-toi musulman! »

« Lorsque le mécréant borgne entendit ce discours, il assena un furieux coup de poing au musulman, en disant : « Fais tout ce que tu voudras, mais ne me parle pas ainsi « de ma religion! »

« O toi qui résides dans ce tripot terrestre! toi qui, pareillement, as perdu tout ce que tu possédais!

« Une fois, c'est ton visage semblable à la pleine lune que tu as perdu; puis c'est ta belle chevelure noire.

« Ta jeunesse et cette taille droite comme une flèche, tu les as perdues en route, et tu es arrivé au terme, vieux et cassé.

« Ton cœur plein de lumière et tes yeux limpides, tu les as perdus avec insouciance...

« Maintenant, ô vieillard tombé en enfance, tâche — s'il en est temps encore — de quitter un peu la rue de la taverne. »

Une légende égyptienne, rapportée par Hérodote, parle d'un roi d'Egypte qui descendait aux enfers pour jouer aux dés avec Cérès.

Le jour où Didius Julianus fut proclamé empereur, il passa sur le cadavre ensanglanté de Pertinax, et joua aux dés dans la chambre voisine[1].

Il est mort! Pique! — Louis XV jouait au piquet avec M. de Chauvelin, quand celui-ci fut frappé d'apoplexie à la table royale. « Il est mort; pique! » dit le roi. Le trait est-il bien authentique?

---

1. Jean Barbeyrac, *Traité du jeu*, 1730. — Du Tremblay, *Considérations morales sur les jeux et les divertissements*. — J.-B. Thiers, *Traité des jeux et des divertissements*. — Jean Dusaulx, *De la Passion du jeu depuis les temps anciens jusqu'à nos jours*, 1779. — Montesquieu, *Essai sur le Goût*. — Charles Virmaître, *les Jeux et les Joueurs*. — D'Arçay, *Indiscrétions contemporaines : la Salle à manger du docteur Véron*. — Les ouvrages de E. Huc, Louis de Labrousse, Polani et Quentin Maurice sur *le jeu et le pari*. — Jules Bluzet, *le Jeu, sa moralisation par la bienfaisance*. — Alfred Bertezène, *Mémoire à l'Académie des sciences*, 1897 ; *le Jeu : étude scientifique et psychologique*. — Louis Andrieux, *Souvenirs d'un préfet de police*. — Carré-Marcein, *Jeux de hasard*. — Régnier-Destourbet, *Histoire de la loterie en France*, Revue de Paris, tomes XXX et XXXI. — De Goncourt, *Histoire de la Société française pendant la Révolution*. — *Mémoires de Barras*, tome III. — Decourcelles, *Vœu général*, 1802. — Ernest d'Hauterive, *la Police secrète du Premier Empire*, 1898. — Almanach des Muses de 1804, *les Plaisirs du Palais-Royal*. — L. Prudhomme, *Miroir historique de l'ancien et du nouveau Paris*, 1807. — J.-Q. d'Aureville, *De la Passion du jeu*, Paris, 1825. — G. N. Bertrand, *le Trente et un dévoilé, ou la Folie du jour*, Paris, an VI. — Henri Rochefort, *les Français de la décadence; les Aventures de ma vie*, tome Ier. — Adrien Marx, *les Petits Mémoires de Paris*. — Victor du Bled, *le Bridge et les Bridgeurs*. — J. Labbée, *Des Jeux de hasard au commencement du dix-neuvième siècle*, Paris, 1803. — Sur Montrond, voir Welschinger, *l'Ami de Talleyrand*, Revue de Paris,

Voyons d'abord le coup! — Quatre joueurs de bouillotte. L'un d'eux dit : « Je fais mon tout! — Tenu, » répond un autre qui, baissant la tête, tombe mort sur la table. On se précipite à son secours. « Pardon, remarque le partenaire qui avait brelan de rois, pardon, Messieurs, voyons d'abord le coup! »

Des joueurs apprennent la mort épouvantable d'un ami tombé d'un train marchant à toute vitesse; la tête avait été détachée du tronc, on avait renvoyé au fils un pied de son père encore enfermé dans sa bottine. Et l'un d'eux de s'apitoyer; mais l'autre, posant son jeu sur la table, interrompt froidement : « Voyons, causons-nous Bernard, ou jouons-nous au piquet? Si nous parlons Bernard, parlons Bernard; mais si nous jouons au piquet, jouons au piquet. »

Il ne me doit rien! — Le banquier J. joue à l'écarté. On lui annonce que son ami, agent de change, vient de se brûler la cervelle. J. pose les cartes sur la table, prend sa tête dans ses mains, et, comme écrasé par la douleur, murmure : « Ah! mon Dieu! »

La galerie, qui le sait fort peu sentimental, s'étonne silencieusement. Au bout d'une minute à peine, J. relève la tête, reprend ses cartes, et dit : « Il ne me doit rien! Je coupe et atout. » En un instant, il avait calculé l'actif, le passif de son ami vis-à-vis de lui, et fait sa balance.

1ᵉʳ février 1895. — Alfred Marquiset, *Une Merveilleuse*, Paris, 1909. — Revue britannique, avril 1873, *Gentilhomme et Gentleman*. — *Le Jeu de Whist*, Paris, 1807. — *De la Loterie des Maisons de jeux*, Paris, 1825. — Balzac, *la Peau de chagrin*. — Louis Bourlier, *Epitre aux détracteurs du jeu*, Paris, 1831. — *Nouveau Tableau de Paris*, 1831, tome III. — Lefeuve, *les Anciennes Maisons de Paris*, 1860. — Maurice Gherardt, *la Vie facile par le jeu à la roulette et au trente et quarante*, Paris, 1908. — A. Vallet de Bruquières, *le Jeu et les joueurs*, 1909. — *Un Danger public : les maisons de jeu*, Anonyme, Paris, 1901. — Marcel de Lagre, *Pour gagner au jeu, conseils à mon fils*. — Corinaldi, *Au Pays conquis par le jeu*, Nice, 1910. — *Au Pays du baccara. Le vol dans les maisons de jeu*, Anonyme, Paris, 1904.

On appelle un joueur attelé au baccara pour contempler le merveilleux paysage pendant la traversée d'un lac italien. Mais il gagne, et répond, impatienté : « La main passe rapidement, le site reste. » Comme le dit M. Alfred Marquiset dans son étude aussi solide qu'attrayante[1] : « Qu'importe, pour un joueur, le monde extérieur? Il se condense ainsi : l'art, la façon de jouer; la science, le talent de gagner; la politique, une bille qui tourne; la famille, l'ensemble des pontes; la patrie, le tripot... »

Une femme du monde à qui on proposait de présenter un brillant général, interrogea : « Est-il aimable? » Un auteur du dix-huitième siècle, Chevrier, affirme que beaucoup de belles joueuses de son temps se contentaient de demander : « Joue-t-il? » Homme d'esprit, de science, de talent, soit; mais s'il ne joue pas, il n'existe pas aux yeux de ces *lampes*, comme on appelait jadis celles qui faisaient du jour la nuit, de ces *snobinettes* comme disait Jules Lemaître. Après la publication de l'*Esprit des Lois*, Montesquieu étant devenu un homme à la mode dans les compagnies un peu sérieuses, une caillette questionnait naïvement : « A quoi cela est-il bon, un génie? »

Le frère de saint Louis jouait aux dés. Duguesclin dans sa prison y perdit tout ce qu'il possédait. Philibert de Chalon, prince d'Orange, perdit l'argent qui lui avait été confié par Charles-Quint pour la paye des soldats. Au temps de Charles VI, l'hôtel de Nesle, le premier tripot connu en France, était fréquenté par les particuliers les plus opulents.

Un des quatre fils Aymon, Renaut, jouant aux échecs avec Bertolais, neveu de Charlemagne, lui cherche querelle et le tue d'un coup d'échiquier; ainsi du moins parle la chanson de geste intitulée *Renaut de Montauban*.

Elles ne sont pas rares, au moyen âge, les histoires de

---

[1]. Alfred Marquiset, *Jeux et joueurs d'autrefois*, 1789-1838. Émile-Paul éditeur, 1917.

perdants qui, à coups d'échiquier, assomment leurs partenaires.

« Presque tous, grands et petits, nobles et marchands, dit l'Estoile, ne parlaient que de jouer des pistoles, avec tant de fureur, qu'il semblait que mille pistoles fussent moins que n'était un sou du temps de François Ier : et ce fut la cause de toutes les banqueroutes qu'on vit dans ce temps-là. »

« Le jeu, dit le jurisconsulte Potier, est un contrat; c'est l'*alea* consenti, ce sont deux fous en présence : tant pis pour le vaincu. »

Mme de Puisieux : « Le jeu est la passion des désœuvrés; il faut jouer comme on écoute un mauvais sermon, quand on ne peut pas faire autrement. »

Dans le livret de Meilhac, Halévy et Ph. Gille, le frère de Manon Lescaut, devenu le cousin Lescaut, chante ces versiculets :

> A quoi bon l'économie,
> Quand on a trois dés en main,
> Et qu'on connaît le chemin
> De l'hôtel de Transylvanie?

Quand le prince de Condé venait présider les états généraux de Bourgogne, c'était une chère pantagruélique, puis un jeu effréné qui scandalisait les bons Dijonnais; et cela se passait en pleine guerre de Sept ans.

Amour-propre excessif. — Un prodigue perd dix-huit cent mille francs dans un rubicon à six louis le point; un de ses amis ayant voulu l'empêcher d'aller jusqu'au bout, il répondit aussi crânement que follement : « J'aime mieux perdre en faisant ce que je veux, que gagner en faisant ce que vous voulez. »

Paschasius Justus, voyageant en Espagne au seizième siècle, faisait souvent de longues étapes sans trouver ni pain ni vin; mais il n'y avait si chétif village où il ne trouvât des cartes à jouer.

Et que dites-vous de cette imprécation dans Cervantès : « Si tu joues à la triomphe ou à la prime, ou si tu fais un cent de piquet, que les rois te fuient, et puisses-tu ne voir ni as ni sept dans ton jeu! »

Rotrou travaillait à la hâte pour avoir de quoi jouer. Ayant reçu quelque trois cents louis, il les sema dans un bûcher rempli de sarments, afin de ne pas tout perdre d'un coup. Vaine précaution! La nuit suivante, il secoua jusqu'au dernier fagot.

Aux Etats provinciaux, sous l'ancien régime, l'attrait du jeu contribuait grandement à attirer les Élus; la salle du jeu, à l'hôtel des Etats de Bretagne, avait reçu le nom significatif d'*Enfer*, nom qui fut appliqué ensuite à mainte maison de jeu. Les choses en vinrent à tel point, que le Parlement de Bretagne rendit un arrêt défendant à toute personne de jouer aux jeux de hasard, sous peine de mille livres d'amende (1778). Il interdisait aux maîtres cartiers de vendre des cartes.

Au dix-septième siècle, un joueur ordonna par son testament que, de sa peau, on recouvrît une table, un damier, un cornet, et que de ses os on fît des dés. Plus tard, le baron de Hom, mourant à l'hôpital, pauvre comme Job, proposait à son médecin de lui jouer son corps en cinq points secs.

D'Escrivaisnes, commis aux fermes sous Louis XV, mainte fois enrichi et ruiné au jeu, se mourait. Son confesseur l'exhortait au repentir : « Voyons, mon fils, que répondez-vous? — Banco! » fit d'Escrivaisnes. Et il rendit le dernier soupir.

Une épigramme qui n'a corrigé personne :

> On admire aujourd'hui la dame brelandière
> Qui des joueurs chez soi se fait cabaretière,
> Et souffre des affronts que ne souffrirait pas
> L'hôtesse d'une auberge à dix sous par repas.

Au dix-huitième siècle, le chevalier de la Morlière, chef et capitaine de cabale, joue parfois aux dés le succès d'une pièce; le café Procope était son quartier général.

Le président Boiveau, grand joueur devant Lucifer, ne rentre qu'à deux heures de l'après-midi, après avoir joué toute la nuit de Noël, et même la matinée. Et comme sa femme l'interroge, il confesse ingénument qu'il a perdu 1.500 pistoles. « Comment! Vous avez joué jusqu'à cette heure! Vous n'avez donc pas entendu la messe? Ah! malheureux, il ne faut pas vous étonner si vous avez perdu! — Ma mie, répond sentencieusement le président, celui qui a gagné ne l'a pas entendue non plus. »

Avec Joseph-Bernard Saurin et son *Beverley*, imité de l'anglais, nous entrons dans le drame ou le mélodrame; nous nous y plongeons tout à fait, jusques à nous noyer, dans le trop fameux mélodrame joué par Frédérick Lemaître, *Trente Ans ou la vie d'un joueur*. Aussi bien, les romans et pièces de théâtre qui peignent cette passion rempliraient une grande bibliothèque.

Les doléances d'un psychologue. — « On se montrait dernièrement au spectacle une loge de joueurs qui venaient, disait-on, d'abîmer plusieurs familles. Tout le monde en gémit : une grande assemblée n'est point gratuitement injuste et cruelle. Un homme de bien, profondément indigné, s'écria : « Je leur déclare, moi, que j'aimerais mieux vivre avec des bourreaux de profession que de vivre avec eux. » Cet homme n'avait pas tort. On citerait peut-être moins de joueurs sensibles que de bourreaux compatissants.

« Mettons au rang des sots quiconque risque le nécessaire pour acquérir le superflu. Remarquons que, toutes choses égales, il y a toujours au jeu plus de dommage à éprouver que de fruit à recueillir. Mon calcul est simple : si vous jouez, par exemple, la moitié de votre bien, ou vous gagnez, ou vous perdez; dans le premier cas votre capital n'augmente que d'un tiers; dans le second il décroît de moitié. La proportion deviendrait encore plus nuisible si l'on jouait *le tout* : le rapport de l'existence au néant ne souffre point de comparaisons.

« Le propre de la fureur du jeu étant de réunir la faiblesse, la folie et l'astuce, on trouve des joueurs qui appartiennent successivement aux trois classes précédentes, selon que les circonstances, le caprice et l'humeur en disposent...

« Donnez au chasseur le gibier qu'il poursuit, donnez au joueur l'argent qu'il veut gagner, sans que l'un ait fatigué son corps et l'autre tourmenté son âme, tous deux riront de votre folie : l'un voudra courir de nouveaux hasards, afin d'éprouver les agitations de l'incertitude ; l'autre lâchera le cerf dans la plaine, afin d'entendre l'aboi des chiens, afin d'avoir des périls et des fatigues à braver. » (DUSAULX.)

Dusaulx vit autour d'un tapis vert un joueur ruiné qui passait sa vie en ce lieu ; il confessa qu'il en était réduit à regarder. Les autres hommes, en comparaison des joueurs, lui semblaient être en léthargie. Au tripot il jouissait à sa manière : cette mise en scène, ces coups imprévus, la chance des uns, le malheur des autres, tout cela pour quelques instants le délivrait de ses deux furies : le regret du passé, la crainte de l'avenir. Dusaulx remarqua un autre *décavé* qui dérobait quelques écus au banquier, pendant que celui-ci payait ou ramassait : il fut surpris ; mais le banquier, plein de commisération, se contenta de dire : « Prenez donc garde ! Tout le monde vous voit ! — Laissez, fit le friponneau, laissez ; c'est mon affaire. »

« Les jeux de hasard, affirme Mercier, portent un préjudice réel à l'homme. Ils remplacent le travail, l'économie, l'amour des arts ; ils prosternent l'homme devant des êtres fantastiques, le sort, le hasard, le destin... On jouait chez les ambassadeurs ; c'étaient des maisons privilégiées, on n'y joue plus : depuis peu une ordonnance nouvelle a mis quelque digue à cette fureur ; mais elle a déjà repris son cours d'un autre côté... Un tripot est accordé par protection à une femme de qualité pour rétablir sa fortune ; tous frais faits, elle recueille quatre cents livres par séance, compte avec ses valets et partage avec ses protecteurs ; on use pour dix louis de cartes, la ferme s'en trouve bien, et l'on dit qu'il y a des choses qu'il faut tolérer. Les intéressés trouveraient un raisonnement contraire fort absurde. Bientôt on dira avec Mandeville, que le commerce languirait, que l'Etat s'appauvrirait, si les femmes s'avisaient d'être chastes, et les pères de famille économes. » (*Tableau de Paris,* tome II.)

Pendant qu'il étudiait le droit à Gray's Inn, William Cecil Burleigh, le futur lord grand trésorier d'Angleterre, perdit au jeu tous ses meubles et ses livres contre un de ses amis. Il fit un trou dans le mur qui séparait sa chambre de celle de son camarade, et, à minuit, il cria par cette ouverture, aux oreilles du joueur triomphant, tant de menaces de condamnation et tant d'appels à la repentance, que celui-ci trembla de peur toute la nuit dans son lit, et le lendemain rendit à deux genoux ses gains à Burleigh.

L'électeur Maximilien de Bavière portait la passion du jeu à l'extrême, rendant par là son amitié dangereuse pour ceux qu'il en honorait. D'un règlement de jeu, en date du 7 janvier 1701, entre Maximilien et son chambellan Barthélemy, il résulte qu'en quinze parties jouées au *trucq* (sorte de billard), le prince avait perdu 450.000 escalins, en monnaie actuelle 350.000 francs. A sa mort, les Etats de Bavière refusèrent de reconnaître ses dettes, — plus de 18 millions de francs, — et le chambellan perdit ainsi des sommes considérables.

Un décavé proposa de graver ces vers au-dessus de la porte du tripot de Frascati :

> Il est trois portes à cet antre :
> L'espoir, l'infamie et la mort;
> C'est par la première qu'on entre,
> C'est par les deux autres qu'on sort.

Devise d'une gravure du dix-huitième siècle représentant trois joueurs aux cartes, et trois autres personnages qui les regardent :

> Jeu, est-il jeu ? Ou sy c'est une rage ?
> Ouy, il est jeu pour l'homme sage,

> Mais pour ces fous qui jouent et prennent feu,
> Il est bien plus rage que jeu.

Une autre gravure du dix-septième siècle représente un galant dupé, perdant aux cartes, avec ce quatrain explicatif :

> Ce fat qui veut trancher de l'homme d'importance
> Se croit chéry bien tendrement.
> Mais n'aurait-il plus de finance,
> Très humble servante à l'amant.

Un trait de caractère :

« Vous vous trompez, observait un vieux galantin ; je perds constamment mon argent, et ne suis heureux qu'en le perdant. Vous allez me comprendre : je ne joue qu'avec les femmes. »

« C'est de vous, disait Massillon, s'adressant aux gens de cour, c'est de vous que passent jusque dans le peuple les modes immodestes, la vanité des parures, ces artifices qui déshonorent un visage où la pudeur seule devrait être peinte, la fureur des jeux, la facilité des mœurs, la licence des entretiens et la liberté des passions, et toute la corruption de nos siècles. »

« La maréchale de Mirepoix était la personne la plus naturellement gracieuse et la plus distinguée, noblement ; mais c'était la femme du monde la mieux calculée pour son profit ou son agrément personnel, où dominait toujours son besoin d'argent, et de beaucoup d'argent, — car elle aurait fait dévorer dix royaumes aux banquiers du passe-dix et du vingt et un. Elle n'avait jamais éprouvé ni même approuvé d'autre passion que celle du jeu. » (*Souvenirs de la marquise de Créquy.*)

« Si je disais que j'ai vu jouer en dormant, affirme un moraliste du dix-huitième siècle, on aurait de la peine à le comprendre : un joueur épuisé de fatigue, et ne pouvant toutefois se décider à quitter la partie, parce qu'il était en perte, conjura son adversaire de jouer pour lui de la main gauche, à quoi l'autre consentit. Mais le plus extraordinaire, c'est que la main gauche ruina la droite, tandis que le dormeur ronflait au bruit des dés. »

Après avoir fulminé contre les maisons de jeu de Londres, *antichambres de l'enfer*, après avoir maudit la mode de se ruiner pour vivre en bonne compagnie, Tilly conclut par cette tirade digne de Port-Royal, lui le type du joueur libertin : « Si j'étais roi, deux fléaux disparaîtraient de mes Etats : le jeu et la mendicité... On pourrait soutenir, en bonne logique et en bonne conscience, que le jeu est plus odieux que le vol ; celui-ci est qualifié et puni, l'autre est honoré : il ne vit que des larmes des vaincus, et la société lui décerne les honneurs du triomphe. »

Deux joueurs frénétiques sont aux prises. On vient leur dire : « La maison brûle ! — Tant pis pour elle ! » répondent-ils sans interrompre la partie. — On annonce à l'un d'eux : « Votre père est mort. — Ah ! Comment se porte-t-il ? Trèfle ! — Votre père est mort ! — Que dites-vous donc là ? Cœur et atout. — Il est mort. — Qui ça ? Pique. — Vous ne m'entendez donc pas ? — Si fait, si fait... Carreau, carreau ! — Et il vous a déshérité ! — Ah ! peste ! Au diable le donneur de nouvelles ! Il m'a fait perdre une partie sûre ! »

Entre cercleux. — « Depuis quelque temps ce pauvre Gontran est d'une tristesse navrante.

— Vous ne savez donc pas ce qui lui est arrivé ?

— Non. Est-ce que son enragé bac l'aurait encore décavé ?

— Ce n'est pas cela : il a perdu sa femme.

— Ah ! je le plains bien ! Ah ! il a perdu sa femme ! A quel jeu ? »

Au cercle, vers cinq heures du matin, un joueur décavé se frotte les yeux, puis demande un consommé.

« Avec un œuf ? interroge le maître d'hôtel.

— Un neuf ? J'en ai attendu un toute la nuit. »

Le malheureux répétait pour la dixième fois ce misérable calembour.

Au dix-huitième siècle, deux femmes de la cour se gourment en paroles autour du tapis vert.

« Que d'argent vous jouez, madame! Combien vos amants vous donnent-ils?

— Autant que vous donnez aux vôtres, madame. »

Un joueur rencontre un ami de collège qu'il n'a pas vu depuis des années.

« Comment, c'est toi?
— Oui.
— Ah! ah! Et que deviens-tu?
— Hélas! mon pauvre vieux, j'ai bien du chagrin.
— Bah!
— Depuis que je ne t'ai rencontré, j'ai perdu ma mère.
— Non?
— J'ai aussi perdu ma femme.
— Oh!
— J'ai perdu ma sœur.
— Quelle culotte! Seigneur! Quelle culotte! »

Dans les prisons on voit des condamnés qui, ayant perdu en quelques secondes le produit d'une semaine de travail, jouent par anticipation le gain de plusieurs mois; on a cité un forçat qui, abattu par la maladie, jouait sa pauvre ration de bouillon et de vin, au point de mourir d'inanition.

Un joueur, au milieu d'une partie désespérée qu'il tâchait de prolonger, s'écriait :

« Il ne me reste, pour sortir d'embarras, que la mort subite de mon adversaire. »

Peut-être le disait-il en souriant : il le disait du moins, et cette idée l'avait frappé.

Un autre, venant d'enterrer son frère auquel l'unissait la plus profonde tendresse, réalisa un gain considérable.

« Comment vous trouvez-vous à présent? lui demanda un ami. — Mieux, répondit-il, cela console. »

Un domestique vole son maître qui s'en aperçoit; le

voleur confesse, implore son pardon, il espérait ne faire qu'un emprunt.

« Ah! monsieur, si je n'avais pas fait la bêtise de jouer contre une série de douze coups!

— Comment, animal! double imbécile! Tu as trouvé douze coups, toi! Et tu t'entêtes contre la *perdante* au lieu de jouer les trois premiers coups plein, et la *gagnante* ensuite en faisant moitié à la masse! moitié à la masse! moitié à la masse! »

Le propriétaire s'effaçait devant le joueur.

Un négociant allemand, très joueur, s'aperçoit qu'on lui a volé dix mille francs, soupçonne un jeune commis, va droit à Wiesbaden, trouve son homme installé à la roulette devant un monceau d'or.

« Vous êtes un voleur! — Monsieur, répond l'employé, je suis coupable, mais ne me perdez pas! Voyez, je gagne 30.000 francs, et je vais vous rendre vos dix mille francs.

— Comment! me rendre mes dix mille francs! Mais nous sommes de moitié! »

Et il s'assied à côté de son *associé*, et se met à piquer la carte.

Que de fois n'a-t-on pas averti des pontes qu'ils avaient en face d'eux des filous! Plus d'un se contenta de répondre :

« Je mêlerai mieux mes cartes dorénavant. Où voulez-vous que je trouve quelqu'un toujours prêt à faire ma partie? »

La revanche. — Un spirituel chroniqueur, M. Gaston Jollivet, après avoir philosophé sur une terrible partie de cartes qui, dans un cercle de Vienne, coûta plus de deux millions au perdant, conclut par cette édifiante historiette :

Il y a quelque vingt ans, un commissaire des jeux, dans un cercle, s'aperçoit d'un vol à l'écarté, le signale à la victime, puis immédiatement court prévenir la police, en enfermant par mégarde le voleur et le volé dans la même pièce. Ce dernier, après s'être levé, avoir marché de long en large pendant quelques minutes en se tortillant la moustache, finalement s'arrête devant l'escroc :

« En attendant qu'on vienne, propose-t-il, si vous me donniez ma revanche ? »

Voltaire connut une vieille joueuse, infirme et pauvre, qui faisait du bouillon pour les joueurs, *afin d'avoir le privilège de les voir jouer.*

Mme de Moussy avait une telle rage des cartes, qu'elle découchait parfois deux ou trois nuits, payant la servante des maisons où elle fréquentait, pour partager son lit, et se trouver sous les armes dès le matin.

Nérine, voulant dégoûter Angélique de Valère, lui dit sagement :

> Quel charme qu'un époux qui, flattant sa manie,
> Fait vingt mauvais marchés tous les jours de sa vie,
> Prend pour argent comptant, d'un usurier fripon,
> Des singes, des pavés, un chantier, du charbon ;
> Qu'on voit à chaque instant prêt à faire querelle
> Aux bijoux de sa femme ou bien à sa vaisselle !...
> Tant que, dans sa fureur, n'ayant plus rien à vendre,
> Empruntant tous les jours, et ne pouvant plus rendre,
> Sa femme signe enfin, et voit, en moins d'un an,
> Ses terres en décret, et son lit à l'encan !...
> Eh bien, madame, soit, contentez votre ardeur.
> J'y consens, acceptez pour époux un joueur
> Qui, pour porter au jeu son tribut volontaire,
> Vous laissera manquer même du nécessaire,
> Toujours triste ou fougueux, pestant contre le jeu,
> Ou d'avoir perdu trop, ou bien gagné trop peu.
> (REGNARD.)

Même refrain dans le *Chevalier joueur* de du Fresny :

« NÉRINE. — Le bon mariage ! Quelle paix ! Quelle union ! Car vous ne vous rencontrerez jamais ensemble, et vous serez levée tous les jours avant qu'il vienne se coucher. Avec un homme réglé, vous mèneriez une vie unie, ennuyeuse, languissante : la vie d'un joueur est bien plus divertissante. Diversité dans l'humeur ; vous le verrez enragé, bourru dans l'adversité, brutal et méprisant dans la prospérité ; — diversité dans votre ménage : abondance, disette, tantôt en carrosse, tantôt à pied ; quitter le premier appartement pour loger au quatrième étage ; — diversité dans les ameublements : aujourd'hui le velours, demain la serge, et après-demain les quatre murailles. La diversité réjouit les femmes. »

Géronte gourmande son fils dans *le Joueur* :

> Vous êtes pilier né de tous les lansquenets
> Qui sont, pour la jeunesse, autant de trébuchets.
> Un bois plein de voleurs est un plus sûr passage.
> Dans ces lieux, jour et nuit, ce n'est que brigandage !
> Il faut opter des deux, être dupe ou fripon.

On vit des curés s'engager, s'ils perdaient, à dire des messes pour tel ou tel défunt ; des gens sans ressources jouer des *Pater* et des *Ave* que le perdant devait réciter au bénéfice du gagnant.

On cite des prêtres, des prélats qui jouèrent. Un évêque de Sialel, au neuvième siècle, était, d'après l'historien Le Beau, le courtisan le plus délié et le plus gros joueur du Bas-Empire. Au onzième siècle, un évêque de Florence, ayant joué dans une auberge, fut condamné par son supérieur ecclésiastique à réciter trois fois de suite le psautier, à laver les pieds de douze pauvres, et à leur compter un écu par tête. L'évêque Wicbaldus avait inventé un jeu appelé le Jeu d'évêque, où les vertus et les passions jouaient un rôle éminent. Le prélat espagnol Grego Covarruvias invoque l'autorité de saint Thomas d'Aquin pour soutenir qu'on n'est nullement obligé, en conscience, de restituer l'argent gagné au jeu de bonne guerre. Au dix-huitième siècle, Mgr de la Rivière, évêque peu résidant sans doute, fut brocardé de son vivant même par ses diocésains de Langres :

> Le bon prélat qui gît sous cette pierre
> Aima le jeu plus qu'homme de la terre.
> Quand il mourut, il n'avait pas un liard,
> Et, comme perdre était chez lui coutume,
> S'il a gagné paradis, on présume
> Que ce doit être un grand coup de hasard.

Conversation de joueurs. — Le philosophe Locke, se trouvant dans une société de joueurs de haut parage, prit ses tablettes et se mit à écrire; ce que remarquant enfin, un des joueurs l'interrogea :

« Mylord, répondit Locke, je m'efforce de profiter le plus possible dans cette compagnie formée des plus spirituels seigneurs de notre époque, et j'ai cru ne pouvoir mieux faire que de résumer sur mes tablettes vos conversations depuis une heure. » A peine eut-il lu vingt lignes, les joueurs sentirent la niaiserie de leurs discours, et, jetant les cartes, commencèrent à causer en gens d'esprit.

Ce n'est pas seulement dans les tripots, autorisés ou non, que le jeu exerce ses ravages, c'est aussi dans les salons des gens du monde, où, sous la Restauration, les tables de creps, de boston, d'écarté, d'impériale, réunissent plus d'amateurs que le quadrille, la valse ou la polka. « Après avoir regardé danser une contredanse, on se rend dans la salle de jeu. La foule entoure la table de creps ou d'écarté, il est impossible d'en approcher : on prie ceux qui sont le plus près de l'autel de placer l'argent, et ce n'est qu'en voyant un des adversaires abandonner la place que l'on sait si l'on a perdu ou gagné. Le jeu est aujourd'hui la passion générale; hommes ou femmes, jeunes ou vieux, pauvres ou riches, tout le monde joue; enfin les choses en sont venues au point que l'on ne va plus dans le monde pour jouir d'un cercle choisi, mais uniquement pour risquer une partie de son revenu sur une carte, sans songer aux obligations contractées la veille et aux besoins du lendemain... » Annuaire Lesur, 1821. Nos salons ressemblent à la Bourse, affirme Horace Raisson en 1829. — Et il va de soi que les critiques exagèrent.

Changement de mœurs vers la fin du dix-neuvième siècle, si l'on en croit Goncourt, qui d'ailleurs reproduit une opinion de Grosclaude, lettré plein d'esprit, d'érudition, et roi du calembour.

Journal des Goncourt, tome VIII. Jeudi 7 mai 1891 :

« Grosclaude parlait ce soir, curieusement, de la transformation du jeu, en la mort du noctambulisme. Il disait qu'il n'y avait plus de passionnés, d'*emballés*, qu'on jouait maintenant dans les cercles avant dîner, de cinq à sept heures, et après le spectacle, de minuit à deux heures, pas plus tard. Il ajoute que les joueurs d'aujourd'hui veulent avoir leur sang-froid, et, à ces parties, il oppose la partie de jeu d'un de ses jeunes amis d'autrefois, qui avait joué, d'une seule haleine, quarante-six heures de suite. »

Variétés de décavés. — Les psychologues du jeu n'ont pas manqué de cataloguer les diverses espèces de décavés, comme les pépiniéristes établissent les variétés de roses, de bégonias ou de chrysanthèmes. Elles sont d'ailleurs fort nombreuses, ces variétés, et ne cessent de s'accroître par les infinis entre-croisements des races, des caractères, et les caprices de la fortune : décavé vierge, décavé pastoral, décavé sentencieux, décavé romanesque, tragique, résigné, amer, décavé jérémie, logicien, pénitent, il y en a pour tous les goûts, pour tous les observateurs, sans parler du décavé pudique, qui, afin qu'on ne le voie pas rentrer à sept heures du matin, et afin d'avoir l'air de descendre s'il rencontre quelqu'un, monte son escalier à reculons.

Une belle réponse de décavé. — Un pauvre décavé venait régulièrement au dîner gratuit depuis six mois, arrivant un quart d'heure avant, choisissant une des meilleures places, et n'ouvrant la bouche que pour manger. A la fin on se lassa de l'héberger, et, un jour, le gérant s'approcha de lui, l'interrogea.

« Mais, monsieur, est-ce que vous avez reçu une carte d'invitation ?

— Parfaitement. »

Et de présenter une vieille carte sale et froissée.

« Mais monsieur, elle date de trois ans !

— Je le sais bien.

— Mais ces cartes ne sont pas permanentes.

— Vous croyez ?

— Je vous l'affirme.

— Monsieur, j'ai perdu ici six cent mille francs, dont on m'a volé la moitié; je les ai perdus parce qu'un jour vous m'avez invité à dîner. La perte est-elle permanente, oui ou non ? Si elle est permanente, les dîners doivent l'être aussi.

— Mais, monsieur...

— Parbleu! Rendez-moi mes six cent mille francs, et je m'en vais.

— Monsieur...

— Vous ne voulez pas me les rendre? Alors je reste, et f...-moi la paix. »

On ne lui dit plus jamais rien.

Le dévouement inutile. — Le comte de X... a pris sa femme pour confidente de ses continuelles et formidables culottes. Un soir, au lieu de le morigéner doucement, elle l'encourage à tenter la fortune.

« Je suis de moitié dans votre jeu, et je gagerais que le sort vous sourira.

— Pourquoi cela?

— J'ai mon idée. »

Le comte part pour le cercle, revient avant minuit, entièrement décavé, rencontre à sa porte un jeune cousin de sa femme, qui venait de prendre le thé avec elle.

« Eh bien, demande celle-ci, j'espère que vous aurez gagné cette fois.

— Non, perdu, de plus en plus perdu, dit le ponte d'un ton navré.

— Ah! s'écria la comtesse avec l'accent d'un découragement absolu, maintenant je ne sais plus que faire! »

Vers la fin de sa vie, une passionnée royaliste, la marquise de Lage, se fixe à Bade, pour ne pas vivre en France sous le règne de *l'infâme* (c'est ainsi qu'elle nommait Louis-Philippe). Elle fréquente assidûment la salle de jeu, où Benazet lui a réservé sa place au haut de la table, et permis d'amener sa petite chienne Falba.

Benjamin Constant fut toute sa vie un joueur passionné. Le jeu, qui, d'après son propre aveu, lui a déjà causé tant de peines, vient encore troubler sa vie (en 1787) et gâter tout ce que la bonté de son père a fait pour lui. Il retrouve à Paris une vieille Française, Mme de Bourbonne, « joueuse à l'excès, d'ailleurs bonne femme et assez originale : elle jouait en voiture, elle jouait au lit, elle jouait au bain, le matin, la nuit, le soir, toujours et partout quand elle le pouvait ». Elle avait tous les jours un *quinze*, B. Constant s'y empressa, perdit tout ce qu'il avait et ce qu'il n'avait pas ; tant et si bien qu'il songea à obtenir un prêt d'argent de Mme Saurin qui lui témoignait une grande amitié. Mais au moment de parler, sa timidité l'arrêta, et Mme Saurin, se trompant sur le motif, se voila le visage avec ses mains, afin de faciliter l'entreprise; elle avait été très belle, mais elle avait dépassé le terrible *six fois dix*, pour parler comme le marquis Honoré d'Urfé. Sans doute pensait-elle là-dessus à l'instar d'une autre belle dame du dix-huitième siècle qui, pour la question d'âge, passait de vingt-neuf à soixante, comme on fait au piquet. Coulmann, ami zélé et défenseur de Benjamin Constant, affirme que celui-ci écrivit sur des cartes de jeu une partie de son ouvrage sur la religion.

Coulmann, d'ailleurs, est obligé de confesser cette passion pour le jeu, qui conduisit ce célèbre écrivain à accepter des subventions plus ou moins considérables des gouvernements qu'il combattait : 200.000 francs en particulier de Louis-Philippe. Mais il plaide avec chaleur les circonstances atténuantes, qui certes ne manquent pas. Benjamin Constant semble moins excusable dans sa fameuse palinodie de 1815, et décidément il devient impossible d'admirer en lui

L'accord d'un beau talent et d'un beau caractère.

« Le marquis de Bonnet a dit de Mirabeau qu'il eût été le premier des hommes s'il avait pu vivre avec deux mille écus de rente. C'est ce besoin d'argent, sans cesse excité par la position d'une famille haut placée, par la fréquentation d'une société opulente, par les exigences de la popularité et de la célébrité, par les excès d'une générosité naturelle, bien plus encore que par des passions vulgaires, qui fut aussi, je le crois, la cause principale des faiblesses que nous avons à déplorer chez Benjamin Constant. Il jouait pour améliorer sa situation, pour combattre son grand ennemi, cet ennui dont il était poursuivi comme Chateaubriand, qui *bâillait,* dit-il, *sa vie.* Il avait, comme lui, épuisé les émotions. Pour l'indépendance et pour la dignité, il n'est pas de piège plus dangereux que les hasards du jeu, qui, un jour, poussent aux prodigalités, et créent le lendemain d'impérieuses et fatales nécessités. A ces nécessités obéit, déjà sous le Directoire, ce bien jeune encore et déjà fameux écrivain. C'est à cette époque que remonte une correspondance dont j'ai eu connaissance trente ans plus tard, et dont je n'ai pas osé demander l'origine, entre M. Constant et M. de Talleyrand. Ces deux grandes intelligences y dépensaient infiniment d'esprit dans des réclamations réciproques qui avaient pour objet des fonds prêtés ou donnés conditionnellement. »

Mme Benjamin Constant avait des travers d'un autre genre, moins graves certes, assez pénibles chez une femme du monde. Par exemple, elle poussait jusqu'à la manie le goût de l'inexactitude en toutes choses, même à ses propres dîners, et son mari, qui l'excusait toujours, peut-être parce qu'il avait bien des torts à se faire pardonner, disait joliment : « Ma femme a une admirable patience à faire attendre. » Et, sur Mme Constant, les échecs exerçaient une telle fascination, qu'ayant soixante personnes dans son salon, elle restait deux heures assise devant l'échiquier, sans pouvoir s'en détacher pour remplir ses devoirs de maîtresse de maison.

« Un joueur de baccara, écrit Bertezène, me consultait dernièrement :

« — Faut-il tirer à cinq?

« — Ah! lui dis-je, les tireurs à cinq! Ils finissent tous à l'hôpital.

« — Et les non-tireurs?

« — Ceux-ci, c'est différent... Ils meurent sur la paille! »

Edouard Benazet, directeur du trop fameux Kursaal de Bade, affectait « des allures de gentilhomme égaré dans une roulette plutôt par un coup du sort que par un goût personnel », ce qui ne l'empêcha point d'être vertement rabroué, dans sa propre villa, par Villemessant :

« Je viens, dit brusquement celui-ci, de faire un tour à la Conversation : votre guillotine fonctionne admirablement.

— Vous confondez Bade, la ville des élégances, avec Wiesbaden et Hombourg qui sont des enfers.

— Vous avez raison. Ainsi vous me montreriez deux pendus ; je distinguerais immédiatement le vôtre de celui de Hombourg. Le pendu de Bade est bien mieux vêtu que l'autre. »

Le jour de l'arrivée de Rossini à Bade, on désignait à un touriste l'auteur du *Barbier de Séville*. Le touriste, très distrait, se contenta de dire : « Montrez-moi donc l'Anglais qui a gagné quatre-vingt-dix mille francs. » Ne riez pas trop de ce touriste : il était dans la logique. Dans ces royaumes où règne le dieu Hasard, la gloire revient à ceux qui maîtrisent le hasard.

Une actrice célèbre, après avoir commencé par trente louis, au casino d'une ville *entretenue*, comme on appelle les stations qui vivent du jeu, finit par perdre 58.000 francs, et se console gaillardement en observant : « C'est là deux bons mois de congé. »

Un joueur converti : le docteur Véron. — Le docteur L. Véron, ancien directeur de l'Opéra, *qui fut joueur pendant trois mois,* consacre un excellent chapitre au jeu dans les *Mémoires d'un bourgeois de Paris* (tome Ier) :

« Je savais m'arrêter dans le gain, et souvent j'avais ainsi le chagrin de ne jouer qu'un quart d'heure par jour. Que le temps me pesait le reste de la journée! Le gain du jeu jette dans le cœur toutes sortes d'immoralités; et rien surtout n'abrutit plus l'esprit, rien n'y éteint plus vite le goût du travail, de l'étude; rien n'inspire un plus vif dédain de toute affaire, un plus profond mépris de tout devoir, que ces richesses d'un moment que la fortune vous prête pour se donner la joie de vous en dépouiller. »

Véron, une fois décavé, fut — rare phénomène — guéri par sa déveine, et revint au travail; mais cette fugue dans l'empire du hasard lui donna le goût d'en explorer les coins et les recoins.

« La passion du jeu est une des grandes passions du cœur humain, et toutes les grandes passions sont solitaires : ailleurs que dans les maisons de jeu, le joueur aime à vivre seul, avec ses rêves de fortune et ses désespoirs, comme l'amoureux avec son amour heureux ou trahi, comme l'ivrogne avec ses actes fantastiques, avec sa folie et son abrutissement, comme l'avare avec son trésor, avec ses contemplations et ses transes...

« Je rencontrais souvent, au 129, un homme de lettres poudré, avancé en âge, qui, sur les coups heureux, se réjouissait en parlant quelquefois latin. C'était un pauvre diable que la moindre perte mettait aux abois. Il me frappe un jour sur l'épaule, et me conduit dans une salle d'entrée : « Tenez, « dit-il, prenez ce *Perse* et ce *Juvénal*, et donnez-moi qua- « rante sous. » Je ne voulus point lui payer ces deux poètes latins moins de cinq francs! Sa joie était extrême; mais, au bout d'un quart d'heure, il revient à moi, porte la main à sa poche : « Tenez, me dit-il, cette fois prenez cette paire de « bas de soie noire, et donnez-moi ce que vous voudrez. » J'avais consenti à dépeupler sa bibliothèque; il ne pouvait me convenir de m'affubler des friperies de sa garde-robe.

« J'avais un jour quarante louis sur la noire au trente et quarante; j'y laisse cette somme pour la doubler. Un vieil habitué de la maison s'approche de moi : « Voulez-vous « gagner? me dit-il. J'ai une infirmité; promettez-moi dix « francs pour acheter un bandage. » Je gagnai, et il alla bien vite perdre son bandage à la roulette.

« Tous les joueurs de profession sont restés inconsolables de la fermeture des jeux. On proposait récemment, devant moi, un mariage à un jeune homme bien né, élégant, et qui, dans sa vie !de joueur, avait su étonner la galerie par des coups d'audace et par de gros bénéfices. « La dot, lui « disait-on, est de deux cent mille francs. — Ce ne serait, « répondit-il avec tristesse, un mariage possible que si les « maisons de jeu étaient rouvertes. »

« Je fus souvent le voisin, pendant mes séances de jeu, d'un jeune homme de bonne famille, d'une figure très agréable, bien élevé. Il jouait une marche qui fut longtemps heureuse, la *montante* et la *descendante*. Rencontrant récemment une femme qui avait été de ses amies, je lui demandai des nouvelles de mon camarade de jeu ; cette femme pâlit, des larmes coulèrent dans ses yeux, elle se pencha à mon oreille pour me dire : « Il a été pendu à Londres pour faux. »

« J'entends souvent dire que, si les jeux publics se rouvraient, on aurait moins à craindre des tripots clandestins. Ces tripots étaient tout aussi nombreux pendant la durée de la ferme des jeux, et la Ville dépensait pourtant de grosses sommes pour frais de surveillance. Une police spéciale contre les maisons de jeu non autorisés était sans cesse sur pied. »

On jouait au creps chez le célèbre docteur Véron. On y jouait aussi à des jeux plus dangereux : d'Arçay affirme qu'à la suite d'un dîner chez Véron, eut lieu un coup de lansquenet de 96.000 francs, entre Adolphe Thibaudeau et le comte Walewski.

L'opinion de Mme de Girardin. — « Le jeu aujourd'hui, écrit Mme de Girardin en 1844, est une spéculation froide et malveillante contre des caractères connus ; c'est l'exploitation déloyale de défauts traîtreusement observés dans des intimités hostiles, de qualités perfidement excitées dans le commerce d'une prétendue amitié... Dans les jeux publics et de hasard, on luttait contre une banque, c'est-à-dire contre un être abstrait et collectif, mystérieux comme le sphinx, impassible comme le destin. Le combat était sincère. Vous étiez heureux ou malheureux, toute la question était là. Maintenant on lutte contre des camarades de plaisirs, et quelquefois contre des amis; et les jeux que l'on joue sont des jeux de combinaisons. Il s'agit moins alors d'être heureux que d'être habile, et moins encore d'être habile que d'être effronté. Dans cette lutte, ce ne sont pas les cartes qui sont en présence, ce sont les caractères, et les plus délicats sont les plus malheureux. Si vous êtes physionomiste, ne pariez jamais toute une soirée pour certains profils. Voilà un noble front qui sera longtemps soucieux; avec ce sourire plein de franchise, on ne gagne jamais de grosses sommes. Voici au contraire, près de vous, un regard faux et malin avec lequel vous pouvez vous engager. Pariez pour lui hardiment : il saura bien, toujours et malgré tout, forcer le sort à lui devenir favorable. Son moyen est bien simple : quand il perd, il aime la nuit, il ne sait vivre que la nuit; ce sont, dit-il, les niais qui vivent le jour; il n'y a que les bourgeois et les sauvages qui adorent le soleil; ce qui lui plaît, à lui, c'est la clarté des lustres; il n'est buveur, amant, poète que la nuit; et tout en chantant la *belle nuit,* il vous force à boire et à jouer jusqu'au jour, c'est-à-dire jusqu'à ce qu'il ait regagné tout l'argent qu'il avait perdu... Quand il gagne, c'est autre chose : il est sombre et silencieux; il ne sait pourquoi, mais, depuis quelque temps, il est souvent et tout à coup saisi d'étourdissements qui l'inquiètent; il se promène dans le jardin, ou sur la terrasse... Nous ferions un volume si nous voulions raconter ici toutes les ruses de nos joueurs modernes; ce serait tout un traité de psychologie, de diplomatie et de politique, que Machiavel lui-même ne désavouerait pas... Hélas! c'est se ruiner à jamais en illusions que de s'enrichir de la sorte par ces honteuses martingales sur le cœur humain. »

Le joueur pousse l'horreur de la perte au point d'éviter avec soin de prononcer le mot; il *subit un écart,* il *est engagé,* il *a sauté;* cesse-t-il de perdre, il *est rentré.* De même, il n'obéit pas à une passion incoercible : il calcule, il spécule.

Musset, dans une *Bonne Fortune,* décrit cette *Maison de Conversation* de Bade, l'âme qui l'habite :

... Cette âme, c'est le jeu ; mettez bas le chapeau ;
Vous qui venez ici, mettez bas l'espérance...
Là, du soir au matin, roule le grand *peut-être*,
Le hasard, noir flambeau de ces siècles d'ennui,
Le seul qui dans le ciel flotte encore aujourd'hui...
Les croupiers nasillards chevrotent en cadence,
Au son des instruments, leurs mots mystérieux ;
Tout est joie et chansons ; la roulette commence :
Ils lui donnent le branle, ils la mettent en danse,
Et, ratissant gaiement l'or qui scintille aux yeux,
Ils jardinent ainsi sur un rythme joyeux.
L'abreuvoir est public, et qui veut vient y boire.
J'ai vu les paysans, fils de la Forêt Noire,
Leurs bâtons à la main, entrer dans ce réduit ;
Je les ai vus penchés sur la bille d'ivoire,
Ayant à travers champs couru toute la nuit,
Fuyards désespérés de quelque honnête lit ;
Je les ai vus debout, sous la lampe enfumée,
Avec leur veste rouge et leurs souliers boueux,
Tournant leurs grands chapeaux entre leurs doigts calleux,
Poser sous les râteaux la sueur d'une année,
Et là, muets d'horreur devant la Destinée,
Suivre des yeux leur pain qui courait devant eux...

N'oublions pas cette belle réponse d'un croupier de Monte-Carlo à une demande de conseil de M. Edmond Rostand :

« Que vous mettiez sur la Rouge ou la Noire, c'est toujours Blanc qui gagne (Blanc, fondateur et principal propriétaire du Cercle des Etrangers). »

Un ponte ayant gagné six millions à Monte-Carlo, Blanc remarqua avec profondeur :

« S'il reste, il les reperdra. »

Les confessions d'Auguste Villemot. — Joueur impénitent, Auguste Villemot a écrit avec verve et bonne grâce la chronique du jeu pendant les premières années du Second Empire. Sur ce sujet je sais peu de pages plus saisissantes que le récit d'une soirée consacrée à la bouillotte, au lansquenet, au baccara ; c'est pris sur le vif, on sent que l'historiographe raconte ce qu'il a vu, entendu, et sans doute subi. Je résume.

Tant qu'on n'est que trois, on consent à causer de ceci, de

cela, de la nouvelle du jour... Dès qu'on est quatre, une voix insinuante propose une petite bouillotte.

Bientôt il est minuit. On se trouve en *nombre*; alors la bouillotte est désertée, et on ouvre le lansquenet. A une heure du matin, le maître de la maison a prêté 1.800 francs. A deux heures, il emprunte 20 francs pour faire acheter des cigares...

Au début, tous les visages sont rayonnants; chacun a une petite *masse* devant soi, et compte se faire un Pactole des affluents étrangers. On joue le jeu à 2 fr. 50 la mise. Au bout d'un quart d'heure, la mise est poussée à 10 et 20 francs.

Alors, pendant plusieurs heures, on n'entend que ces mots qui se croisent, et dont l'invariable stupidité fait le charme :

« Il y a vingt francs. — Il y a quarante francs. — Il y a quatre louis. — Banco! — Dame et valet. — La dame est bonne. — Vingt francs pour le valet. — Deux louis pour la dame! — Oh! que de dix! — Valet! — Le valet était *impossible*; vous auriez dû vous retirer. — Que voulez-vous? Je suis en perte. — Vous avez bien joué, il ne faut jamais se retirer. — On peut toujours passer. — J'ai vu passer trente-deux fois. — A qui la main? — Faites les cartes. — Où est le talon? — Coupez, monsieur. — Voilà, monsieur, une coupe savante! — Dix francs. — Roi et roi. — Refait. — Merci, monsieur, pour votre coupe. — Quatre et six. — Six. — Je me suis trompé dans ma coupe. — Du tout, monsieur, c'est ma chance qui me poursuit : je ne passe jamais. — Mais voyez donc ce monsieur, il passe toujours. — Oui, mais il n'a pas d'*estomac*; il ne sait pas profiter de sa chance. — Sept et neuf. — Des neuf, il n'y en a plus. — Neuf! La carte improbable! — Je n'ai jamais pu gagner contre le dix. — Moi, ma carte fatale, c'est le quatre, l'*armoire à glace*. — Il y a trente-deux louis. — Plus souvent que je me frotterai à cette main-là... »

A trois heures on soupe;... à quatre heures il se fait un grand mouvement,... l'assemblée consultée a voté en majorité pour le baccara. Un des gros capitalistes se constitue banquier, il met en banque deux ou trois mille francs...

Il est six heures, le jour commence à paraître... L'or a disparu; on entre dans la phase des *fétiches,* les gagnants se sont éclipsés; il ne reste plus que les perdants autour du tapis, véritable radeau de la *Méduse,* où chacun de ces naufragés espère se *refaire* en mangeant son voisin.

Sur l'invitation expresse des joueurs, le maître de la maison apporte de la fausse monnaie, des jetons de bouillotte, blancs, bleus, verts, jaunes. On se partage ces richesses. Les jetons blancs vaudront cinq francs; les verts, dix francs; les jaunes, un louis, etc. Alors commence une mêlée furieuse, insensée... Bientôt les jetons ne suffisent plus : c'est le tour des bagues, des cure-dents, des porte-monnaies et des crayons en métal.

« La bague va pour cinq cents francs!

« Le cure-dents fait dix louis!

« Quinze louis au crayon! »

Puis c'est une comptabilité à l'infini. Celui-ci doit à celui-là, auquel il est dû d'autre part.

« Je vous passe trente louis sur Gargouillet?

— Bon!

— Je vous repasse les trente louis sur Gargouillet; nous sommes quittes.

— Mais non, vous me devez quarante louis.

— Ah! c'est juste : voilà un bouton de guêtre pour les dix louis, — dont quittance. »

Neuf heures du matin. On rejoue au lansquenet. Les *décavés* n'ont même plus la ressource des fétiches proscrits. De temps en temps ils s'aventurent à un banco sur parole. Mais cette longue lutte a émoussé toutes les délicatesses; le langage est âpre et brutal.

« Il y a cinq francs, dit un jeune homme en prenant la banque.

— Mettez, mettez au jeu! On est convenu de ne jouer qu'argent contre argent.

— Voyons, messieurs, je perds quatre mille francs, — tenez-moi cent sous. »

Silence général et pénible...

Enfin les deux derniers joueurs eux-mêmes se lèvent, sombres et silencieux, — vont au vestiaire, reviennent, inscrivent leur bilan sur un carnet, récoltent des adresses pour dégager leur parole. On boit un dernier verre de bordeaux, on s'accouple pour cheminer ensemble, et, tout en regagnant son domicile, on ne manque jamais de laisser échapper cet aveu tardif :

« Que c'est bête de passer la nuit ainsi ! Je vous demande si on ne serait pas mieux dans son lit ! »

Rassurez-vous ; — personne n'est corrigé, et on se retrouvera à huitaine.

En septembre 1855, Auguste Villemot fait entendre d'autres doléances. « Malgré tout, on peut dire que Bade vit par sa propre force et sans secours humains. L'administration de la *Conversation* ne se signale que par son absence. — M. Benazet, par une répugnance explicable, ne paraît jamais dans les salons ; il ne touche que du bout du doigt à tout ce monde de croupiers, et, plus dégoûté que Vespasien, il encaisse en soupirant les énormes produits du jeu. M. Duchemin, avec ses soixante-quinze ans, demeure l'administrateur général de la Conversation. C'est un homme vénérable et pavé de bonnes intentions ; — personne ne dit avec plus de grâce que lui à une femme en avançant la lèvre inférieure : « D'honneur, Madame, vous êtes la reine de la saison, et la fleur de la Conversation. » Mais ces galanteries ne s'étendent pas à la masse des touristes. La police du jeu est mal faite. — Des groupes de badauds stationnent toute la journée autour des tables, et y écrasent les joueurs de leur poids et de leurs émanations. Enfin, les lacunes du confortable sont telles, qu'on ne trouve même pas une table pour faire son courrier. Le cabinet de lecture est aussi tout à fait insuffisant pour sa destination... »

Les choses ont certes changé depuis 1855.

Les indiscrétions d'Horace de Vielcastel. — Vielcastel, décembre 1855 et décembre 1858, écrit : « Au Cercle Impérial, le prince Napoléon pousse le jeu d'une manière ridicule. Il a gagné, il y a trois jours, vingt mille francs au piquet au général de Cotte, en faisant vingt francs le point... Tous les deux mois la police saisit une maison de jeu clandestine dont elle confisque le mobilier, et la police se fait louer de sa vigilance par les journaux ; mais elle respecte un certain boiteux, nommé Hardouin, qui tient un tripot considérable place Vendôme. Elle laisse la marquise du Hallay installer un lansquenet effrayant dans ses salons, et fournir aux jeunes et vieux joueurs l'occasion de se ruiner. Elle ne dit rien à Mme d'Hauteville, maîtresse du riche marchand de diamants Moyennat, et pourtant tous les jours il y a chez cette vieille dévergondée une partie où il se perd des sommes fabuleuses...

« Les cercles ou clubs de Paris sont fort remués par les affaires de jeu. Quelques jeunes fous et quelques vieux fous ont perdu là dernièrement leur fortune ; quelques prudents flibustiers du tapis vert ne veulent pas payer leurs dettes de jeu. Achille Delamarre et Daru ruinés. Le duc de Gramont-Caderousse et le comte de Jobal à la portion congrue. — Les joueurs qui ne payent pas sont nombreux ; les clubs prennent des mesures pour les expulser. — Le vicomte de Lauriston, petit mauvais sujet, a plumé vigoureusement ce pigeon de Caderousse dont il s'était fait l'assidu. Après l'avoir dépouillé de quelques centaines de mille francs, il a, dit-on, accepté pour dernier payement dix-huit mille francs de rente viagère. » Un an avant, Auguste Villemot, avec plus de mesure, raconte, lui aussi, d'assez gros événements dans le monde des joueurs, ce qui permet de penser que Vielcastel n'a pas trop fardé la réalité. — 18 juin 1854 : « Il y a eu de fortes émotions depuis une quinzaine de jours dans le monde des joueurs. Une réunion dite la *Société du poignard*, et composée, d'ailleurs, des hommes les plus honorables, s'est dissoute après un grand tremblement de terre qui a mis dans la poche d'un seul des participants un bénéfice de onze cent mille francs... C'est aussi onze cent mille francs qu'a perdus M. H., un banquier qui a *le moyen*, contre un médecin M. A., qui porte le nom d'un autre banquier non moins célèbre, sans être aucunement son parent ni son allié. — M. A. a visité les Amériques espagnoles, où le jeu passionné et acharné est, pour ainsi dire, en permanence. Je ne sais pas si le jeu le conduira infailliblement au suicide, comme disent tous les pères de famille (qui ont, du reste, raison de le dire), mais ce qu'il y a de certain, c'est qu'il gagne en ce moment quelque chose comme cinq ou six millions. Une originalité de ce célèbre joueur, c'est qu'il a en quelque sorte restauré les jeux publics en taillant lui-même en société le trente et quarante. Récemment, un lion très connu à l'Opéra et ailleurs, ayant perdu dix mille francs au club, se transporte chez M. A. à deux heures du matin : « Je perds dix mille francs, taillez-moi une banque. — Soit, réplique M. A..., mais sur mon lit. » Au bout de deux tailles, le visiteur nocturne avait rattrapé ses dix mille francs, et regagna son logis. » (A. Villemot.)

Les fétiches. — Un jeune homme exhibe à son futur beau-père ses titres de fortune, sans oublier un certain nombre de cure-dents en écaille, lorgnons, canifs, trousseaux de clefs, et autres *fétiches* en usage dans le jeu sur parole ; et de nommer les personnes auxquelles il a gagné les sommes représentatives de ces objets. Le beau-père, avec envie : « Je vous les joue ! Voici un jeu d'écarté. — Mais quel est votre enjeu ? — La main de ma fille. — Pardon, mais vous me l'avez déjà accordée. » Le père de famille, après avoir réfléchi, avec explosion : « Mais j'ai deux filles ! Allons, quitte ou double ! »

A la veille de donner sa fille à un candidat, X... interroge la tante du jeune homme, qui, après de pompeux éloges, confesse cependant un défaut : « Lequel ? — Il ne sait pas jouer. — Eh bien, tant mieux ! — Oui, mais c'est qu'il joue tout de même. »

La vertu des eaux de Hombourg. — A Hombourg, un Anglais s'approche d'un groupe de joueurs qui causent avec animation de la rouge, de la noire et des refaits : « Il y a des

eaux ici ? interroge-t-il. — Des eaux ! Est-ce que je sais, moi ?
— Des eaux ! fait un autre, oui, je crois qu'il y a des eaux ! —
Et pourriez-vous me dire quelle est leur vertu ? — Leur
vertu, monsieur ! réplique un vieux décavé archirâpé, c'est de
vous guérir radicalement de la fortune la plus invétérée. »

Arthur de Boissieu, dans les *Lettres de Colombine* (1862), apporte aussi sa note élégante dans ce concert de critiques :

« On joue toujours : les uns gagnent plus qu'ils n'auraient pu perdre, les autres perdent autant qu'ils ont, et parfois plus qu'ils ne peuvent payer; de là des scandales qui s'ébruitent, — comme celui qui vient de se produire au cercle artistique de la rue de Choiseul, — des existences perdues, des réputations détruites, des ruines douloureuses... Il y en a qui font du jeu un métier, un art, ou une profession si l'on veut. Ils étudient le jeu dans les livres, mieux qu'ils n'ont fait le droit dans les Pandectes; ils attendent le joueur riche inexpérimenté, comme un voleur attend son homme au coin d'un bois; ils lui gagnent, le plus honnêtement du monde, le plus d'argent qu'ils peuvent, et, la chose faite, ils prennent leur chapeau et se dirigent vers la porte, faisant Charlemagne, un monarque qui est, parmi les souverains, ce qu'était Mercure parmi les dieux. »

Scholl, blessé en duel et gardant le lit, reçoit la visite d'Albert Wolff, qui lui dit : « Avez-vous besoin d'argent ? A tout hasard j'ai apporté cinq mille francs. — Non, merci. — Eh bien, gardez-les-moi... je serai peut-être bien aise de les retrouver un jour. » Wolff était un fervent de la dame de pique.

« Prévost-Paradol, remarque G. Larroumet, n'avait pas les deux qualités indispensables au joueur, la patience et le flair. »

Quant aux serments de ne plus jouer, autant en emporte le vent, neuf cent quatre-vingt-dix-neuf fois sur mille.

Le journal *le Matin* (31 mars 1913) raconte la triste aventure d'un officier joueur.

« LE MANS, 31 mars. — *Dépêche particulière du « Matin »*.
— Le lieutenant Jean-Marie-Léon Servanti, du 115ᵉ de ligne, en garnison à Mamers, qui comparaissait cet après-midi devant le conseil de guerre du 4ᵉ corps, est une victime du tapis vert.

« Grand, portant l'uniforme avec élégance, l'officier a déclaré au colonel Wack, commandant le 26ᵉ d'artillerie, qui préside les débats :

« — Je ne chercherai nullement à excuser ma faute, dont je comprends toute la gravité. Je tiens simplement à vous expliquer comment j'ai été amené à la commettre.

« L'inculpé fait ensuite, d'une voix claire, dont le timbre s'altère parfois d'un frémissement d'émotion, son propre *curriculum vitæ*. Ce sera du reste là tout l'interrogatoire.

« Après de brillantes études à Paris, le lieutenant Servanti, admis à Saint-Cyr, sortit de l'école avec le numéro 75. Incorporé comme sous-lieutenant à la fin de 1902 au 36ᵉ de ligne en garnison à Tours, il fut, jusqu'au 3 janvier 1903, d'une conduite exemplaire.

« — Malheureusement, dit-il, je rencontrai ce jour-là, au buffet de la gare, ce qu'on appelait la « bande joyeuse des jeunes officiers ». On me fit jouer au baccara, et je gagnai de 6.000 à 7.000 francs.

« Dès lors, Servanti fut perdu par la passion du jeu.

« En 1904, sa mère paye ses dettes à la condition qu'il quitte Tours. Il passe alors au 146ᵉ, à Toul. Il joue toujours et perd. Affolé, il fait une fugue à Paris dans l'espoir de se refaire, et perd encore.

« A Joinville, où il est détaché en avril 1907, nouvelles banques effrénées, nouveaux coups de la guigne. Servanti obtient encore cette fois de sa mère qu'elle désintéressera ses créanciers, et retourne à Toul. Mais Mᵐᵉ Servanti n'a payé que les dettes des fournisseurs, et non pas celles de jeu. Les plaintes des joueurs créanciers affluent au 146ᵉ, et le lieutenant est mis pour quinze jours aux arrêts de rigueur. Cela ne refrène pas sa fatale passion.

« En juillet 1909, il tombe malade, et en 1910 il est mis en non-activité pour infirmités temporaires. Il reste à Bordeaux, dans sa famille. Là, il consacre sa solde au jeu, et contracte de nouvelles dettes. En mai 1912, ayant été reconnu guéri, il est renvoyé à Mamers, au 115e.

« Dans sa nouvelle garnison, le lieutenant se donne tout entier, non plus au baccara, mais au poker. La guigne l'accablant toujours, il en arrive à ne plus payer ni son loyer, ni sa pension, ni ses fournisseurs.

« La situation devenant intenable, il demande à être envoyé au Maroc, mais il échoue dans sa tentative. Ayant obtenu une permission de cinq jours, il part pour Bordeaux, le 12 février dernier.

« — J'avais l'intention, dit-il, de supplier une fois de plus ma mère de me remettre à flot, mais je n'osai pas. N'ayant pas assez d'énergie pour prendre une décision, je voulus en emprunter à l'alcool. Enfermé dans ma chambre, j'y bus pendant quatre jours, quotidiennement, un litre d'eau de mélisse à 80°. Puis je demandai à mon colonel une prolongation de permission de trois jours, qui me fut accordée, et je continuai à boire jusqu'au 21 février.

« Le lieutenant déclare qu'il résolut alors de passer en Espagne, et de s'enfermer dans un couvent de Chartreux. Il part aussitôt pour Tarragone, mais les moines lui notifient que la maison ne reçoit pas d'étrangers. Ils l'invitent à se rendre à l'abbaye de Montalègre, près de Barcelone, où il sera bien accueilli.

« Il se dirige immédiatement sur Barcelone, où il erre toute la nuit du 24, n'ayant que vingt-deux sous en poche. De là, il gagne l'abbaye de Montalègre, où il passe trois jours. Il reçoit du prieur un subside de 100 francs et le bon conseil de retourner en France.

« L'officier écrit alors à son colonel qu'il va rejoindre son corps. Le 2 mars il était à Mamers.

« Après les dépositions plutôt favorables du colonel Gazan, commandant le 115e, du commandant Bourreau et du capitaine Borie, du même régiment, le commandant Alix, commissaire du gouvernement, réclame une condamnation sévère.

« Le défenseur, Mᵉ Bouvier, plaide l'acquittement.

« Les débats terminés, l'accusé déclare :

« — Je regrette une fois de plus ma faute grave, que je demande à expier là où je l'ai commise, c'est-à-dire dans l'armée.

« Par quatre voix contre trois, le conseil l'a acquitté. »

Le baron X. gourmande son neveu qui ponte ses derniers louis avec la frénésie du désespoir :

« Te voilà encore emballé, nigaud !

— Oui, mon oncle, je cours après mon argent. »

Alors, le baron, se décoiffant, et découvrant son crâne luisant :

« Tiens, regarde-moi... C'est absolument comme si je courais après mes cheveux. »

Est-ce au passif ou à l'actif du jeu qu'il faut mettre la partie que Victor Hugo imagine dans *Eviradnûs?*

Joss et Zéno, empereur d'Allemagne et roi de Pologne, jouent aux dés la marquise Mahaud et son marquisat.

As-tu des dés ?
— J'en ai
— Celui qui gagne prend
Le marquisat; celui qui perd a la marquise.
Finissons. Que le sort décide.
— Les dés roulent.
Quatre.
— Joss prend les dés.
— Six. Je gagne tout net :
J'ai trouvé la Lusace au fond de ce cornet.

Citons enfin quelques moralistes :

« J'aimais autrefois les jeux de hasard, dit Montaigne; je m'en suis défait pour cela seulement que, malgré ma bonne mine dans la perte, je ne laissais pas d'en avoir au dedans la piqûre. »

Ailleurs le même Montaigne se félicite d'avoir dédaigné les finesses et rouéries du jeu :

« Pourquoi n'aurais-je pas trompé aux écus, disait-il, si j'avais trompé aux épingles ? »

Une définition du jeu. — Desçuret : « Un acte qui procure le plaisir aux dépens d'autrui, un besoin habituel de livrer son bien aux chances du hasard, ou à des combinaisons incertaines dans lesquelles l'habileté a plus ou moins de part.

Albert Wolff : « Les cartes sont un vice aimable dont souffre une grande partie de l'humanité; dans la vie boulevardière, le cercle a sa raison d'être. »

« C'est à l'amusement qu'il faut toujours revenir, remarque Voltaire, c'est ce qui fait que les cartes emploient le loisir de la prétendue bonne compagnie d'un bout de l'Europe à l'autre; c'est ce qui fait vendre tant de romans. On ne peut guère rester sérieusement avec soi-même ;... c'est parce qu'on est frivole, que la plupart des gens ne se pendent pas... » Voltaire ici accepte le jeu; mais ailleurs il le conspue en l'honneur de la comédie de société. « Vaut-il mieux mêler des cartes ou ponter au pharaon? C'est l'occupation de ceux qui n'ont point d'âme; ceux qui en ont doivent se donner des plaisirs dignes d'eux. »

« ... Il n'y a jamais eu sur la terre aucun art, aucun amusement même, où le prix ne fût attaché à la difficulté. Ne cherchait-on pas dans la plus haute antiquité à rendre difficile l'explication de ces énigmes que les rois se proposaient les uns aux autres? N'y a-t-il pas eu de très grandes difficultés à vaincre dans tous les jeux de la Grèce, depuis le disque jusqu'à la course des chars? Que dis-je! Aujourd'hui, dans la molle oisiveté où tous les grands perdent leurs journées, depuis Pétersbourg jusqu'à Madrid, le seul attrait qui les pique dans leurs misérables jeux de cartes, n'est-ce pas la difficulté de la combinaison, sans quoi leur âme languirait assoupie? »

Balzac : « Il y a un fripon futur dans l'homme qui risque toute sa fortune sur une carte. »

Emile Gebhardt, dans la *Vieille Église*, raconte que Satan, partant en campagne avec son état-major, confia la garde de ses chaudières à un malheureux jongleur que l'amour du jeu avait perdu. Saint Pierre, averti de ce détail, vient rôder autour des portes infernales, cachant dans sa poche un jeu de cartes. Le jongleur imprudent ouvre la géhenne à l'apôtre, accepte une partie de piquet, commence par perdre sa guitare et sa chemise; après quoi saint Pierre propose comme enjeu les âmes de la cité dolente, les gagne toutes, et remonte allégrement au Paradis avec son précieux butin. Le diable, trouvant son bercail vide, éclate en fureur, d'un coup de pied lance le jongleur jusqu'au seuil du royaume des cieux, où le bon portier l'accueillit paternellement.

Un philosophe réprimande un de ses disciples qu'il trouve en train de jouer; celui-ci s'excusant de ce qu'il ne jouait qu'un très petit jeu :

« Comptes-tu pour rien l'habitude de jouer que te fait contracter ce petit jeu? » reprit le sage.

« La moralité du jeu est qu'il n'enrichit personne, mais qu'à tour de rôle, et par un enchaînement curieux de la fatalité, il ruine à la longue, et ceux qui en vivent, et ceux qui en meurent. » (ALBERT WOLFF.) — On voudrait que cette affirmation fût mathématiquement vraie; mais elle se trouve parfois, rarement sans doute, contredite par les faits.

CHAPITRE IX

POUR LE JEU

Instrument psychologique de premier ordre. Le *Mercure Galant*. Mot d'un homme d'Etat. Le jeu a ses héros, ses exemples de repentir. — Le scrupule du marquis de Bonnay. Traité du frère Johannès. Le jeu, grand démocrate, rapproche les distances. Le prince de Condé et Baron. — Le jeu offre aussi un excellent moyen de faire sa cour : Ruy Gomez et Philippe II, Henri IV et le duc de Savoie. — Le jeu abrite de singuliers commerces. Chateaubriand sur le goût de Talleyrand pour les cartes. — Moyen de mnémotechnie. — Un cercle artistique : assaut de galéjades pendant la partie de trente et un. — Le jeu charitable. — L'enjeu des âmes. — Une preuve de l'existence de Dieu par les dés. — Arguments incertains. — Le vrai joueur. — Les cartes héroïques et sceptiques. — Pourquoi les jeux publics sont préférables aux jeux particuliers. — Apologistes décidés : Henri de Fleurigny, Jules Noriac, Tristan Bernard. — Une réponse de Napoléon III. — Inanité des déclamations contre Monte-Carlo. — Les jeux de Bourse, les paris aux courses cent fois plus dangereux que les jeux de hasard.

Tout d'abord le jeu est un précieux instrument de psychologie, de révélation ; grâce à lui un bon observateur dissèque les esprits, les âmes, devient en quelque sorte leur chirurgien moral, leur juge d'instruction, les confesse, parfois malgré eux.

Dans son *Histoire des peuples septentrionaux*, Olaüs Magnus raconte qu'afin d'éprouver le caractère de ceux qui voulaient épouser leurs filles, les parents les obligeaient à jouer d'interminables parties d'échecs.

Le *Mercure Galant* (août 1725) est du même avis :

> —Pour connaître l'humeur d'un homme,
> On n'a qu'à le faire jouer.
> L'avare crie à s'enrouer
> Dès le moment qu'il perd la plus petite somme ;

> Le libéral, au gain faiblement attaché,
> Des coups les plus cruels ne paraît pas touché;
> Le tracassier toujours conteste;
> Le têtu ne veut rien céder;
> Bref, on a beau vouloir se posséder,
> Le naturel au jeu toujours se manifeste...

Et l'on a cité souvent le mot d'un homme d'Etat : « Je ne joue jamais, parce que je ne veux pas donner la clef de mon âme. »

Il est évident que les dieux grecs dans l'Olympe sacrifiaient à cette passion. N'avaient-ils pas tous les défauts, les faiblesses et les vertus des simples mortels? Du moins Dusaulx rappelle que Mercure, jouant contre la Lune, lui gagna chaque soixante-dix-septième partie du temps où elle éclaire l'horizon, et réunit ces parties, dont il fit cinq jours ajoutés à l'année.

Le jeu a ses héros.

Julius Canus, ayant déplu à Caligula, est condamné à mort; pendant les dix jours que la loi prescrivait entre la condamnation et le supplice, il conserve le plus grand sang-froid, si bien que le centurion qui vient le chercher le trouve jouant avec un ami aux dames. Comme il faisait le compte des deux jeux, son ami, tout ému, lui en demanda le pourquoi : « Je ne veux pas que vous puissiez vous vanter de m'avoir gagné. » Et se tournant vers le centurion : « Vous êtes témoin que je le gagne d'une dame. » Puis il quitte tranquillement sa demeure pour marcher au supplice.

Le jeu a aussi ses exemples de repentir : peu nombreux, d'autant plus intéressants. Certains joueurs se firent moines, d'autres se tuèrent pour éviter le déshonneur, et ne pas consommer la ruine de leurs familles. Un joueur poussait son cheval entre deux précipices; on l'avertit de sa témérité :

« Oh! dit-il, il faut bien faire quelque chose pour ses enfants. »

Au-dessus de ces repentirs un peu fastueux, il faut placer ceux qui, sans recourir aux moyens extrêmes, renoncent à cette passion, cessent de jouer, continuent de vivre dans le monde en remplissant tous leurs devoirs, et persévèrent jusqu'au bout.

Un scrupule, assez rare, de délicatesse : « C'est en 1792 que le marquis de Bonnay cessa de jouer. Avant la Révolution, il avait surtout joué à la cour, où il avait très fréquemment l'honneur de faire la partie de la reine et de Mme de Polignac. La chance au jeu le favorisait presque constamment; aussi, quand il vit que, ruiné par les événements politiques, ses gains à la bouillotte ou au reversis pourraient lui faire un mauvais renom, le marquis préféra vivre dans la gêne, et ne tint plus les cartes que pour la partie de boston des douairières. En 1820, j'ai entendu le duc de Richelieu répéter ce qu'avait déjà dit devant moi le duc de Gramont en 1815, que « ç'avaient été là des craintes chimériques : « l'honorabilité et la loyauté légendaires du marquis eussent « seules suffi à repousser toute insinuation... » (*Souvenirs du chevalier de Cussy.*)

En 1377, Frère Johannès, Allemand de naissance, écrit un traité de morale contenant des observations sur les jeux de cartes qu'il approuve, pourvu qu'ils soient pratiqués « courtoisement et sans argent ». A ces conditions, il estime que dans le jeu est la morale en action des vertus et des vices, qu'il est nécessaire pour le soulagement mental, et constitue une saine diversion au travail excessif du cerveau, qu'il est utile pour les personnes oisives.

Dans la note purement optimiste, Regnard fait ainsi parler son joueur :

VALÈRE.

Il n'est point dans le monde un état plus aimable
Que celui d'un joueur; sa vie est agréable;
Ses jours sont enchaînés par des plaisirs nouveaux;
Comédie, opéra, bonne chère, cadeaux :
Il traîne en tous les lieux la joie et l'abondance;
On voit régner sur lui l'air de magnificence;
Tabatières, bijoux, sa poche est un trésor;
Sous ses heureuses mains le cuivre devient or.

HECTOR.

Et l'or devient à rien...

VALÈRE.

Le jeu rassemble tout; il unit à la fois
Le turbulent marquis, le paisible bourgeois ;
La femme du banquier, dorée et triomphante,
Coupe orgueilleusement la duchesse indigente.
Là, sans distinction, on voit aller de pair
Le laquais d'un commis avec un duc et pair;
Et, quoi qu'un sort jaloux nous ait fait d'injustices,
De sa naissance ainsi l'on venge les caprices.

Le jeu en effet est un grand démocrate, un maître pratique d'égalité. Mme de Sainte-Amaranthe remarquait :

« Le jeu rapproche les distances; tout homme qui met au jeu prend, au-dessus d'un duc et pair, le rang que sa carte lui donne. »

Le prince de Condé admettait parfois à sa partie l'acteur Baron qui, un jour, s'émancipa au point de s'écrier :

« Masse à Condé !

— Tope à Britannicus ! » repartit le prince.

Jeu de diplomatie. — Le jeu, qui, en certains cas, est un admirable instrument de flirt, peut aussi offrir un excellent moyen de faire sa cour : « Le plus grand sujet, dit Brantôme, que Philippe II prit d'aimer Ruy Gomez, fut que, jouant un jour, en Flandre, à la prime avec deux autres, il s'agissait d'un grand reste qui montait à vingt mille écus, et que le roi d'Espagne, venant à la rencontrer, fut très aise; car qui ce soit, et même un grand seigneur, fût-il libéral et magnifique, est avare au jeu. Soudain, le roi s'écriant qu'il avait prime, Ruy Gomez, qui avait cinquante-cinq, pour ne pas troubler la joie de son maître, après avoir montré son jeu à ses voisins, jeta les cartes et les mêla parmi les autres, disant seulement : « Je le quitte. » Le lendemain, le tiers et le quart, et me semble que le duc de Féria y était, apprirent au roi le trait de Ruy Gomez, lui ayant dit qu'il n'avait pas voulu le priver du contentement qu'il avait eu de rencontrer prime, et que, en nulle façon, il n'aurait pu consentir à lui donner fâcherie, surtout à tel maître, en telle chose; le roi lui en sut si bon gré qu'il l'en récompensa au triple, et depuis l'en aima plus qu'il n'avait fait. »

De même l'aïeul de l'abbé de Choisy se laissait gagner aux échecs par le marquis d'O. qui le prit sous sa protection; il plut ensuite à Henri III, qui l'admit aussi à ses jeux et divertissements, le fit surintendant des finances et conseiller d'Etat. — Un Espagnol, jouant aux échecs avec Philippe II, se montre moins bon courtisan, et gagne constamment; mais il comprend sa faute, et, en rentrant à son logis, dit à ses enfants : « J'ai humilié le roi, nous n'avons donc plus à demeurer à la cour, car le roi est offensé de voir que je suis plus habile que lui. »

Le cardinal d'Este, jouant contre le cardinal de Médicis son convive, crut qu'il était de sa magnificence de lui laisser gagner un coup de dix mille écus, ne voulant pas, disait-il, lui faire payer son écot, ni le renvoyer mécontent.

Henri IV aimait à gagner, et le duc de Savoie sut flatter cette faiblesse en renonçant à une grosse somme.

Il semble bien que le talent de Chamillard au jeu de billard, et son attention à se laisser gagner par Louis XIV, n'aient pas été étrangers à sa fortune.

Voici une défense du jeu qui ne manque pas de piquant; c'est un écrivain, sous le Directoire, qui la risque : « Défendre le jeu, ce serait défendre de manger ou de dormir. Rien de plus commode pour les grâces que le jeu. Elles reçoivent de leurs amants, robes, dentelles, bijoux; elles ont gagné au trente et un. Les maris n'ont rien à dire. Un jeune Adonis est attaché au char d'une divinité qu'il mène. On voit qu'il joue, le trente-et un gagne sa réputation, et tout va bien. Un riche héritier emprunte à gros intérêts, va briller à Tivoli, Bourbon, Idalie, Mousseaux, Frascati, Bagatelle. Le père ne s'en inquiète nullement, il admire le bonheur de son fils et l'utilité du trente et un... » Et Geoffroy conclura bientôt : « Tout Paris n'est plus qu'un peuple de joueurs. »

Chateaubriand, qui exécrait Talleyrand, cherche des motifs de haute stratégie psychologique à son goût pour le jeu : « Sachant ce qui lui manquait, il se dérobait à quiconque le pouvait connaître : son étude constante était de ne pas se laisser mesurer ; il faisait retraite à propos dans le silence ; il se cachait dans les trois heures muettes qu'il donnait au whist. On s'émerveillait qu'une telle capacité pût descendre aux amusements du vulgaire : qui sait si cette capacité ne partageait pas des empires en arrangeant dans sa main les quatre valets ? Pendant ces moments d'escamotage, il rédigeait intérieurement un mot à effet, dont l'inspiration lui venait d'une brochure du matin ou d'une conversation du soir... » Et Chateaubriand constate qu'en 1814, Talleyrand, composant le gouvernement provisoire à sa guise, y plaça les partenaires de son whist.

« Oh ! la futilité de nos élégantes, prononçait, fort sérieusement, le vicomte Esprit-Boniface de Castellane, joueur célèbre au temps de l'Empire. *Il n'y en a pas deux sur cent capables de jouer seulement pendant une nuit entière !* » Le bel argument pour prouver la futilité des belles Madames d'alors !

Il paraît que les cartes furent parfois un moyen de pieuse mnémotechnie, si j'en crois certaines anecdotes, comme celle du soldat anglais qui, à l'église, considérait avec beaucoup de gravité un jeu de cartes. Conduit devant le juge et interrogé, il lui tint à peu près ce langage : « Daignez entendre mon excuse. Toute ma fortune consiste dans les cinq sous par jour que je touche comme soldat. Faute d'argent, je me trouvais sans livre de prières, et j'ai cru pouvoir y suppléer au moyen de ce vieux jeu de cartes que le hasard a fait tomber entre mes mains. » Présentant alors un as au juge : « Cette *carte*, continuait-il, me rappelle un Dieu, seul créateur et conservateur de toutes choses ; le *deux* symbolise pour moi l'Annonciation de la Sainte Vierge par l'ange Gabriel ; le *trois,* le mystère de la Trinité ; un *quatre,* les Evangélistes ; un *cinq,* les cinq vierges sages et les cinq vierges folles; le *six*, l'ouvrage de la création; le *sept*, le repos de l'Eternel, exemple dont nous devons nous inspirer pour le prier ce jour-là avec plus de recueillement; le *huit* et le *neuf* me peignent la guérison des neuf lépreux, dont un seul rendit grâces au Seigneur; le *dix* me remet en mémoire les dix commandements de Dieu. Quant au *valet*, je n'en ai cure, c'est un maraud; mais la *dame* figure la reine de Saba; le *roi*, celui du ciel et de la terre. Enfin, comptant le nombre de points de mon jeu, je trouve les 365 jours de l'année ordinaire; si bien qu'il me sert à la fois de livre de prières et d'almanach. »

L'ingénieux soldat fut acquitté. L'anecdote a été démarquée, et l'on a attribué cette réponse à des moines, à des officiers français.

Le jeu foyer de gaieté. — Au Cercle artistique qui précéda l'Union artistique, les membres du comité avaient introduit dans le règlement cette clause prévoyante : *Les enjeux ne devront pas dépasser cinquante centimes.* Quelques artistes mondains occupaient la table de whist; d'autres habitués au *Misti* du café se groupaient autour d'une table de *trente et un*, qu'on appelait la table du *Mistron*. Cette partie qui se jouait entre artistes, hommes d'esprit, fantaisistes pleins de verve, avait, remarque Charles Yriarte, qui faisait partie du cercle, un cachet tout particulier; c'était un feu roulant de saillies, de galéjades, de coq-à-l'âne, d'interjections bizarres.

Le valet de trèfle devenait *Athanase*.

« Un *Lindor parmi mes paillasses!* s'écriait le peintre P.

— Trente et un! s'exclamait le compositeur G.

— Elle est bonne, répondait une voix, je n'ai que dix. »

A ce mot *Elle est bonne!* une voix sourde ajoutait : « Bonne d'enfant — tassin — bal — daquin — campoix — verts — moulu — panar — ricot — quelicot, cupidon — zelle — de moulin à vent, » etc. Si, pendant ce temps-là, une voix partie de la salle de billard faisait entendre le cri : « Nous sommes manche à manche! » On ne manquait jamais d'ajouter : « Manche à balai — comme un pou — parapet

— en l'air — d'opéra — bouffon — de Pindare — chitecture — halle au blé, » etc.

Apologie du *Trente et Un* par Louis Bourlier :

> Pâlissez, biribi, passe-dix et comète,
> Reversis, lansquenet, et vous, mouche, et vous, béte,
> Pâlissez, creps et craps, et whist et pharaon,
> A l'aspect du trente un baissez tous pavillon!
> Vive ce jeu divin! Il échauffe, il enflamme,
> Il met en mouvement tous les ressorts de l'âme;
> Pour chasser l'humeur noire, un adroit médecin
> Le pourrait ordonner au malade chagrin...
> Fermez les jeux publics, on n'en jouera pas moins.

« Les grands joueurs sont en général des hommes à caractère et à grandes passions, c'est-à-dire qu'ils ont le sang vif, la tête sulfureuse, l'âme brûlante, l'imagination exaltée, la sensibilité profonde. Les états qui laissent le plus de loisirs, et entraînent le plus vers la sensibilité, sont ceux qui en fournissent le plus grand nombre. C'est parmi les ecclésiastiques que j'ai contracté le goût du jeu; c'est parmi les militaires que je l'ai vu régner avec le plus d'éclat. En jouant aux jeux de hasard, ils ne sortent pour ainsi dire ni de leurs professions, ni de leurs habitudes. » (J. LABBÉE.)

Le jeu charitable. — Léo Lespès, qui eut son heure de popularité dans la presse, raconte l'histoire d'une *Dame aux Camélias* morte si pauvre, qu'elle ne laissait pas de quoi lui acheter même un suaire. Ses camarades, assez désargentées elles-mêmes, eurent l'idée de faire servir le jeu à lui ménager un enterrement décent; leurs amis reçurent un billet ainsi conçu : « Vous êtes prié de vouloir bien honorer de votre présence la soirée qui aura lieu chez Mlle Amanda, rue Bréda, n°... au cinquième, la porte à gauche. Le produit de la cagnotte est destiné au service et à l'enterrement de Mlle Louise..., décédée ce matin, à l'âge de 25 ans. — On jouera le Chemin de fer. » L'idée eut un plein succès; la police ignora tout, la somme récoltée paya largement les frais, la défunte eut à son convoi une foule nombreuse, et le curé ne se douta jamais que c'était la dame de pique qui avait réglé le service funéraire. A quelque chose le tripot est parfois bon.

L'enjeu des âmes. — Quelques lignes de Charles Baudelaire, imaginant un souper paradisiaque avec Sa Majesté Lucifer (*Petits Poèmes en prose*) :

« Cependant le jeu, ce plaisir surhumain, avait coupé à divers intervalles nos fréquentes libations, et je dois dire que j'avais joué et perdu mon âme, en partie liée, avec une insouciance et une légèreté héroïques. L'âme est une chose si impalpable, si souvent inutile, et quelquefois si gênante, que je n'éprouvai, quant à cette perte, qu'un peu moins d'émotion que si j'avais égaré, dans une promenade, ma carte de visite. Cette fois, Sa Majesté se montre *bon diable,* et dit à son convive : « Afin de compenser la perte
« irrémédiable que vous avez faite de votre âme, je vous
« donne l'enjeu que vous auriez gagné si le sort avait été
« pour vous, c'est-à-dire la possibilité de soulager et de vain-
« cre, pendant toute votre vie, cette bizarre affection de
« l'ennui, qui est la source de toutes vos maladies et de tous
« vos misérables progrès... » Et le soir, Baudelaire, faisant sa prière, répète dans un demi-sommeil : « Mon Dieu ! Seigneur Dieu ! faites que le diable me tienne sa parole ! »

Une preuve originale de l'existence de Dieu par les dés :
« Je suppose, Messieurs, répondait l'abbé Galiani aux familiers du baron d'Holbach, celui d'entre vous qui est le plus convaincu que le monde est l'ouvrage du hasard, jouant aux trois dés, je ne dis pas dans un tripot, mais dans la meilleure maison de Paris, et son antagoniste amenant une fois, deux fois, quatre fois, enfin constamment, rafle de six. Pour peu que le jeu dure, mon ami Diderot, qui perdrait ainsi son argent, dira sans hésiter, sans en douter un seul moment : « Les dés sont pipés, je suis dans un coupe-
« gorge. » Ah ! philosophe ! Comment ? Parce que dix ou

douze coups de dés sont sortis du cornet de manière à vous faire perdre six francs, vous croyez fermement que c'est en conséquence d'une manœuvre adroite, d'une combinaison artificieuse, d'une friponnerie bien tissue. Et, en voyant dans cet univers un nombre si prodigieux de combinaisons mille et mille fois plus difficiles, et plus compliquées, et plus soutenues, et plus utiles, etc., vous ne soupçonnez pas que les dés de la nature sont aussi pipés, et qu'il y a là-haut un grand fripon qui se fait un jeu de vous attraper! Si tout était régi par le hasard, il n'y aurait pas d'injustice dans le monde. Rien n'est si juste que le hasard, c'est sa nature même d'être juste. Il tombe, à droite, à gauche, toujours neutre, toujours indifférent, toujours égal, toujours compensé; mais c'est que les dés sont pipés, et voilà le diable... »

Maintenant, est-ce un argument favorable au jeu, cette table de marbre, trouvée à Rome, déchiffrée par Saumaise, et portant ces mots : « Jésus-Christ fait gagner et assiste ceux qui jouent ici aux dés, et qui y ont écrit son nom? » Est-ce un argument, cette image de la Madone, avec la veilleuse pieusement entretenue, qu'on remarquait jadis, qu'on remarque peut-être encore dans beaucoup de tripots italiens? Il est permis d'en douter.

Le vrai joueur. — « Le vrai joueur, écrit Villemessant vers 1875, a sa journée aussi bien réglée qu'un notaire peut avoir la sienne.

« Ne s'occupant pas de ceux qui jouent à toute heure, avant et après leur dîner, il vient régulièrement prendre son repas au cercle. Il a parfaitement raison, car on y dîne fort bien... Après son dîner, il va faire une promenade hygiénique, fumer son cigare, puis il entre dans un théâtre, soit à l'Opéra, soit aux Italiens.

« Pendant ce temps-là les joueurs ordinaires se sont échauffés au cercle; ceux qui ont gagné sont partis, car c'est un défaut des joueurs d'être pressés de se retirer quand ils gagnent, et de s'entêter au jeu quand ils perdent ; il ne reste donc plus que des gens en déveine et cherchant à regagner ce qu'ils ont perdu.

« C'est alors que notre joueur arrive, frais, dispos. D'un coup d'œil il a jugé la partie ; il sait tout de suite s'il doit sortir peu ou beaucoup d'argent.

« Il e . bien rare que la chance ne soit pas favorable à ceux qui l'étudient avec autant de soin, et la preuve, c'est qu'on donne à ceux qui font comme mon héros le nom significatif de *râteau* du cercle ; comme on le sait honnête et pourvu d'argent, on est toujours désireux de jouer avec lui...

« Celui-là est le joueur par excellence, car il a su faire de son cercle, ruineux pour les autres, quelque chose comme une ferme ou une closerie qui lui rapporte tant, bon an mal an, sans avoir à craindre la grêle, la gelée, la maladie de la vigne et la mauvaise foi des paysans. »

Joueur corrigé et désolé. — Voici un joueur navré de s'être corrigé, Villemessant, absorbé par son *Figaro* au point de ne plus aimer la dame de pique, tout en déplorant sa sagesse comme ces vieux Céladons devenus rebelles aux lois de l'amour. De Monaco il écrivait à une de ses filles : « Ma chère enfant, ton pauvre père est désespéré ; que va-t-il devenir ? Voilà que ses défauts l'abandonnent ; je vois bien que je dois penser à quitter ce monde ; je ne joue plus ! Je n'ai rien à faire, j'ai de l'argent dans mes poches, tout le monde joue depuis midi jusqu'à minuit, je me suis juré de ne pas jouer, je pars demain, et je me suis tenu mon serment. Tu le vois, ton père est perdu, à jamais perdu !... »

Et j'avoue que je ne suis pas bien sûr de mon fait en plaçant dans ce chapitre ces deux pages de Villemessant.

Les cartes héroïques et sceptiques. — Un dimanche de 1880, à New-York, en pleine après-midi, dans la cinquième avenue, l'avenue des Milliardaires, un jeune homme de vingt ans a accompli un acte qui, paraît-il, démontre la plus grande bravoure, quand on connait les idées des Américains d'alors sur la sanctification du dimanche, idées qui peut-être ne sont pas complètement modifiées. Il s'est promené au milieu de la foule sortant du prêche, tenant à la main, déployé en éventail, un jeu de cartes. Et beaucoup s'étonnèrent qu'il eût accompli cette profanation sans être roué de coups.

En 1882, Aurélien Scholl dit vertement leur fait aux prétendus moralistes, aux envieux et aux Tartuffes qui condamnent les jeux de Monaco, et ferment les yeux sur des entreprises bien autrement dangereuses... « L'inconvénient de toucher à un sujet de ce genre, c'est que, dans l'attaque, on passe pour un exploiteur; dans la défense, pour un stipendié. Il y a pourtant une vérité au milieu, et je ne pense pas que la recherche de la vérité soit interdite... Je n'aime ni ne défends le jeu, la loterie ou toute autre invention destinée à rogner la fortune des particuliers; mais le jeu existe et s'étale dans toute son insolence, à Nice plus qu'à Monaco, et à Paris plus qu'à Nice. Le Cercle de la Méditerranée voit souvent un banco de cent mille francs; on y arrête chaque année un certain nombre de grecs (qui sont souvent Espagnols, Polonais ou Français). Le Cercle de Cannes n'est pas plus favorisé que les cercles de Nice.

« Le trente et quarante et la roulette sont les seuls jeux auxquels il soit impossible de tricher; il y a un maximum qui ne permet pas au particulier de se ruiner en deux ou trois coups, comme à Paris, comme à Nice, ou comme à Saint-Pétersbourg.

« La banque de Monaco ferme à onze heures, tandis que les cercles et tripots sont ouverts toute la nuit; en outre, on ne peut y jouer sur parole; or le coup sur parole est le va-tout des désespérés. C'est le coup du suicide...

« La banque supprimée..., on ira perdre, dans les cercles et dans les tripots, plus rapidement et dans de plus mauvaises conditions, ce qu'on apportait sur le tapis de la maison de jeu, — et cela sans profit pour l'art, comme à Monaco, sans profit pour les établissements de charité, pour les pauvres...

« Est-ce là un plaidoyer en faveur du jeu? Non, certes. Supprimez la loterie en Allemagne et en Italie, fermez les cercles dans lesquels d'honnêtes gens se sont ruinés, dans lesquels des tricheurs de profession auront été pris la main dans le sac, et vous ne trouverez personne pour demander qu'il soit fait une exception. Mais quand le jeu est partout, aux courses tous les jours, dans deux mille tripots à Paris ; quand, à chaque émission, avant même qu'une opération ait été faite, les adroits financiers s'appliquent, sous prétexte de primes, un ou plusieurs millions de bénéfice, on peut s'étonner de voir toutes les sévérités réservées pour l'établissement où le jeu existe sous sa forme la plus inoffensive, dans des conditions bien plus avantageuses pour l'amateur ou pour le naïf, que celles de la cagnotte de n'importe quel cercle... »

Et donc Auguste Villemot semble être dans le vrai, lorsqu'il écrit : « Les jeux publics ont sur le jeu particulier cet avantage que, la banque étant un être impersonnel, vous n'avez pas, quand vous gagnez, le remords d'avoir dépouillé un ami ; — quand vous perdez, vous n'avez à accuser personne que vous-même, et vous n'avez pas le déplaisir de voir l'homme qui vous a gagné mille francs la veille, acheter un pantalon neuf ! »

Apologistes du jeu. — Henri de Fleurigny (*la Pierre*) met dans la bouche d'un de ses personnages l'éloge sans réserve du jeu : « Pour moi, je trouve qu'une table de jeu est la figuration minuscule d'une tranche de la société. Tous les appétits, toutes les illusions, toutes les colères, tous les vices, toutes les hontes y ont leurs représentants, et cela non pas à cause du jeu en lui-même, mais à cause de l'intensité qu'y prennent les actions humaines, plus lentes à se manifester dans d'autres circonstances... Les moralistes ont tort. Le jeu, sous toutes ses formes, est le mobile dominant dans toutes les actions d'ici-bas ; je dirai même que, du jour de sa naissance au jour de sa mort, l'homme joue sans cesse une partie dont l'enjeu diffère suivant les besoins, dont la physionomie varie suivant les tripots, mais une partie toujours, puisque l'issue de tout effort, de toute tentative, de tout travail, de tout sacrifice, reste douteuse et soumise à l'aléa du destin... Entre un monsieur qui achète cent mille francs un fonds d'épicerie, avec la chance de doubler son argent s'il réussit, ou de le perdre s'il périclite, — et un autre monsieur qui aventure ses cent mille francs à la roulette en s'exposant aux mêmes éventualités, il n'y a au fond aucune différence, si ce n'est que, néfaste ou favorable, le résultat sera plus vite atteint dans le second cas... Il a, ce jeu tant décrié, un mérite suprême, c'est d'entretenir au cœur de chacun l'espoir, cette illusion qui est une force, l'espoir, cette force qui est une illusion... On devrait prôner, autoriser de toute façon pour les riches cette passion qui déplace les fortunes, et fait éclater les coffres-forts où s'entassaient les avarices ; on devrait l'encourager, même chez les humbles, ce culte de l'aléa, qui laisse miroiter une lueur dans les ténèbres où se lamentent les plus découragés... » Partant de là, Nevrosus préconise le rétablissement des anciennes loteries, qui entretiennent les espoirs consolateurs, infinis, et remplacent, tant bien que mal, l'idéal religieux.

« Je pense qu'il est plus moral d'établir un impôt sur le vice que d'en mettre un sur la vertu...

« Cette pudeur à l'égard des jeux publics, qui rapporteraient gros à l'Etat, semble assez puérile quand on voit le jeu installé partout.

« On joue sur le turf.

« On joue dans les cercles.

« On joue dans les cafés.

« On joue dans les fêtes de village.

« On joue sur les places, dans les rues.

« Là et là, pas le moindre contrôle.

« Aux courses, pertes considérables, ainsi que dans les

cercles. Dans les cafés, tout le monde sait que quelques grecs seuls ne perdent point.

« Dans les fêtes publiques, sous prétexte de jeu du lapin ou des couteaux, des industriels ignobles dévalisent l'ouvrier.

« Dans les rues, c'est mieux encore, on joue *le truc.* » (JULES NORIAC, *Paris tel qu'il est.*)

« Rien n'émancipe un homme autant que le jeu, affirme Tristan Bernard. Comme, dès que l'on a un peu joué, on se sent moins esclave de l'argent! On perd cette parcimonie timide qui nous paralyse, qui nous fait gâcher tant de temps en hésitations, cette peur enfantine de laisser tomber quelques sous, de payer un objet trop cher... On se dit désormais que le temps qu'on use à marchander est trop peu payé par le rabais qu'on obtient. L'habitude du jeu fait de nous des hommes d'affaires courageux. S'il n'y avait pas de joueurs, que l'humanité serait basse et stagnante! »

Une dame déclamait contre le tabac devant Napoléon III, et le suppliait de prendre des mesures contre une manie devenue un vice national : « Vice, soit, Madame, répondit le prince, mais trouvez-moi une vertu qui rapporte cent vingt millions par an au Trésor. » La réponse s'applique à merveille aux jeux de cartes.

Les jeux de Monte-Carlo. — Quant aux déclamations de certains moralistes et écrivains contre Monte-Carlo, elles me semblent absolument ridicules. Ce petit Etat n'a-t-il pas résolu le plus difficile des problèmes : taxer les riches, les prodigues, et, au moyen de leur superflu, supprimer les impôts? En vérité, les Monégasques n'ont-ils pas le budget idéal, celui qui ne coûte rien aux contribuables? Je crois pouvoir me permettre ce compliment : je n'ai jamais risqué cinq francs à un jeu de hasard quelconque, et n'ai jamais joué le bridge à plus d'un centime le point.

Jeux de cartes et jeux de bourse. — Ne nous payons pas de mots : les jeux de Bourse sont dix fois, les jeux ou paris aux courses sont cent fois plus dangereux pour le peuple que les jeux de hasard. Qui donc cependant oserait les supprimer? Que de travailleurs, ouvriers, petits employés longtemps honnêtes, le jeu des courses n'accule-t-il pas à la ruine, au déshonneur, à la prison! Cette sirène moderne va les chercher au café, chez le coiffeur, elle endort les scrupules de la conscience... jusqu'au fatal réveil. Quand elle le tient, l'homme est perdu; vainement il se débat, comme Laocoon et ses fils enlacés par les serpents. Les millions que produit ce jeu décevant vont aux sociétés d'élevage, aux adductions d'eaux dans les communes; si on le supprimait, on n'aurait plus ces millions, et les agences clandestines, les donneurs de paris verraient augmenter d'autant leurs bénéfices. L'argent du baccara n'a pas plus d'odeur que l'argent des courses. Il est tout aussi immoral de mettre cent sous ou cent francs sur un cheval que sur une carte. Les cartes jouent ici le rôle de boucs émissaires, ou, si l'on veut, le rôle de l'âne dans la fable des *Animaux malades de la peste*. Il faut cependant avoir le courage de dire, de répéter, que tout le monde de la Bourse, courtiers, agents de change, remisiers, clients, etc., se compose de joueurs qui spéculent sur la politique, la finance, le commerce; qu'enfin il existe une différence capitale entre le joueur de cartes et le joueur de Bourse : celui-ci risque souvent l'argent des autres, celui-là ne compromet que le sien.

CHAPITRE X

LA TRICHERIE AU JEU

La forme la plus odieuse et la moins dangereuse du vol pour le coupable. — Sobriquets des tripots : leur nombre effrayant. — Anecdotes. Chaque escroc de jeu doublé d'un prestidigitateur : variétés infinies de cette pègre. Ecoles et professeurs de tricherie. Art de se grimer. Escroqueries classiques. *Donner à manger à la pie.* Garcia à la Havane. Mots de ralliement du *syndicat philosophique.* Poussette. Coup du billet neuf. Télégraphe sous-marin. Le rouleau du général. — Cynisme des tricheurs et indolence des *pigeons.* Les faux jetons, les plaques, leur origine. — Les séquences. Dans la plupart des casinos le contrôle est illusoire, la répression impossible. L'art de décacheter et recacheter les jeux neufs. — Le *Cercueil des malins* et le *Tombeau des grecs.* — Les femmes qui trichent. — Comment se garer ? — Les croupiers, leurs bénéfices. Garçons de jeux : *la pipe passe.* Axiome mathématique. Conséquences fatales de la fermeture des jeux publics. — Argot des philosophes. Les musiciens. — Jeux populaires : Quatre-vingt-dix, Birlibibi, Baraque, Klondike, Plus d'atouts.

Le voleur au jeu est, de tous les escrocs, celui qui a le moins à craindre de la justice des hommes ; quatre-vingt-dix-neuf fois sur cent il échappe au châtiment. Pris en flagrant délit, il s'en tire presque toujours en se voyant interdire l'accès du cercle, et recommence de plus belle ailleurs ! Qu'il aille se faire pendre ailleurs ! Ainsi raisonne le comité qui craint, bien à tort, pour la bonne renommée du cercle, et, en fait, demeure moralement responsable des nouvelles friponneries que va commettre le coquin impuni. Le principal motif de cette faiblesse si fâcheuse, c'est que les pontes ne se soucient nullement de comparaître comme témoins devant un tribunal, partant de confesser plus ou moins publiquement leur penchant pour le jeu. L'escroc de cercle a donc tous les avantages d'un privilégié, lui qui devrait subir un châtiment plus sévère que ses confrères des autres spécialités du vol : il pourrait répondre à ceux qui réclament, vainement, une réforme morale, comme ce grand seigneur de l'ancien régime : « Les abus! C'est ce qu'il y avait de mieux! »

Constatons d'abord qu'il se glisse parfois des tricheurs, en petit nombre d'ailleurs, dans les cercles les plus fermés, que ces messieurs foisonnent dans les casinos, dans les innombrables cercles de pacotille qui fonctionnent en marge et en dépit de la loi, ceux qu'on surnomme *Claquedents, Assommoirs de carton, Iles-des-Pins, Péloponèses, Bonnets-verts, Ecorchoirs, Papas neufs, Nouméa, Bourreurs*, la *Filature*, les *Grand-Bagne, Chenapans-Clubs*, le *Bouillon, Alphonse-Clubs*. Sachons encore qu'il n'existe pas moins de 4.600 cercles en France, et la grande majorité sont des tripots, des coupe-gorges, où le ponte passionné, chair à canon du jeu, se voit bientôt dévoré.

Un de mes amis, membre d'un cercle fort *select*, m'a conté que le comité, ayant des doutes sur un des membres, fit venir un professeur de jeu que le comité présenta comme grand seigneur étranger. Celui-ci se laissa gagner, et, quand le membre suspect eut quitté la partie, il motiva ainsi son observation : « Oui, sans doute, M. X... triche, et d'une manière presque enfantine. Je vais décomposer son procédé. » Il le fit, et ajouta : « Maintenant, je veux vous montrer comment s'y prennent les gens habiles. Vous êtes dix, Messieurs; je vais jouer successivement avec chacun de vous une partie d'écarté, et je gagnerai les dix parties, en trichant chaque fois d'une manière différente. » Et la chose se passa comme il avait prophétisé.

Or, les filous de profession ont pénétré tous les arcanes de leur métier, ils sont des prestidigitateurs pour le mauvais motif. Cette pègre a ses associations ou Sainte Alliance, sa tactique, sa stratégie, ses généraux et ses simples soldats, ses syndiqués et ses solitaires, ses *victimes*, ses *affranchis*, ses *joueurs au flanc;* elle représente le vol subtil et courtois, constitue une variété de l'anarchie. Il y a le grec du grand monde, le grec de la classe moyenne, le grec du tripot, le grec libre, officieux, qui fait partie de l'état-major d'un casino. Heureusement la secte a aussi ses défaillances, ses jalousies, ses chantages, ses délateurs, sa concurrence, et tous, sans exception, professent l'axiome de la Belle Hélène faisant la morale à Calchas : « Tricher n'est rien ; ce qui est dégoûtant, c'est de se faire pincer. »

Ses membres ont reçu une foule de noms qui répondent à des rôles tantôt différents, tantôt similaires : comparses, allumeurs ou combinards, indicateurs, allumeuses qui font l'office de chanterelles, spadassins qui le prennent de haut, et menacent au premier malentendu de dégainer, physionomistes chargés de découvrir les gêneurs, rabatteurs, recruteurs, racoleurs, embaucheurs, bouledogues, assommeurs, charrieurs et charrieuses, braconniers, pontes voltigeurs, passeurs, brodeurs, porteurs, harnacheurs, goureurs, lourdiers, tapeurs, piqueurs, tapissiers, jardiniers, assesseurs, bourreurs, panamas, raides, brémeurs, paveurs, ramasseurs d'isolés ou étouffeurs de traînards, relanceurs de pleins, trimbaleurs de pigeons, égratigneurs, systémiers, promeneurs et promeneuses. Bref, autour d'une grande maison de jeu, grouille une tourbe d'irréguliers, grecs, demi-grecs ou trois quarts de grec, parasites de la roulette, qui ont ce caractère commun, que leur avidité n'a d'égale que leur horreur du travail sérieux; comme leurs confrères les escarpes et cambrioleurs, tricher pour eux c'est travailler.

Le racoleur, cet irrégulier du jeu, ne se nomme plus ainsi; on l'appelle à présent *jardinier*, parce qu'il fait *lever* le client, qu'on nomme *navet* au lieu de pigeon.

Il y a des écoles, des professeurs de tricherie : aux nouveaux venus, on apprend l'art *de faire de la philosophie*, de se déguiser; tout grec qui se respecte a un état civil de rechange, sait se grimer mieux qu'un acteur. Rappelons sommairement quelques procédés de ces messieurs; ceux d'aujourd'hui, par la fertilité de leurs inventions, la souplesse de leurs incarnations, feraient rougir de honte leurs prédécesseurs, s'ils revenaient ici-bas pour admirer de telles fourberies. Savoir prendre au jeu ses avantages, comme disait Mazarin, rectifier habilement les règles de la maturité des chances, c'est un talent qui ne cesse de se perfectionner[1].

Villemessant et ses amis : Dennery, Mirès, Roger de Beauvoir, Balathier, Goudchaux, le marquis de Foudras, Siraudin, etc., avaient l'habitude de courir un peu partout où l'on jouait ; ils rencontraient de pauvres diables de joueurs qui, bien qu'honnêtes, avaient longtemps vécu aux dépens des demi-tripots. Une sévère expérience leur avait appris à se contenter de légers bénéfices. Elle leur avait appris aussi à démêler, ou même à déjouer les ruses des tricheurs. Villemessant les faisait causer, et, moyennant quelque sportule, ils lui révélaient les mystérieux déduits de la haute pègre : il rapporte de curieux détails dans ses *Mémoires*.

Les joueurs chevronnés racontent aux jeunes un certain nombre d'escroqueries qui ont réussi à Bade, Wiesbaden, Hombourg, Spa ou ailleurs, mais qui, à force d'avoir servi, sont éventées : la *dot de ma fille*, le *coup du double frédéric*, de *la tabatière*, de *la puce*, du *faux pendu*, du *faux complice*, du *faux commissaire de police*, le *gilet entonnoir*, la *salade à la parisienne*. Et les chasseurs en combinent toujours de nouvelles, pour faire tomber dans leurs toiles le gibier.

1. Hogier-Grison, *le Monde où l'on triche*. — A. Cavaillé, *les Filouteries du jeu*. — L'abbé Prévost, *Manon Lescaut*. — Carle des Perrières, *Paris qui joue et Paris qui triche*. — J. Ardisson, *Mes Mémoires*, 1894. — Comte d'Alton-Shée, *Mes Mémoires* (1826-1848). — Louis Puibaraud, *les Malfaiteurs de profession*, 1893. — Robert Houdin, *l'Art de gagner à tous les jeux*. — Maurice Talmeyr, *Sur le banc*, 3e série. — Léo Lespès, *les Quatre Coins de Paris*, 1863, pages 106 à 128. — P. Clément, *la Police sous Louis XIV*. — A. G. Claveau, *la Police de Paris et ses abus*. — *Les Maisons de jeu; Fraudes et tricheries*, 1901. — Privat d'Anglemont, *Paris-Anecdote*, p. 95. — P. Rousseau, *Histoire des grecs, ou de ceux qui corrigent la fortune au jeu*, 1757, la Haye. — Alfred de Caston, *les Tricheurs, Scènes de jeu*.

« De toutes les productions curieuses qu'on doit aux maisons de jeu, la plus singulière est certainement le professeur de jeu. C'est généralement un vieux joueur qui a laissé tout son argent sur le tapis vert, qui n'a pu se rapatrier, et qui est resté dans la ville de jeu, pour y gagner sa vie aux dépens des gens naïfs, comme ce riche ruiné qui ne pouvait quitter les grilles du restaurant Véfour où il avait jadis fait de si bons dîners. Ces industriels... sont généralement des filous, quand ce ne sont pas de simples fous. — Le positif, pour le professeur, est de donner *à manger à la pie*.

Donner à manger à la pie signifie *en grec* mettre de l'argent de côté. On peut, paraît-il, donner à manger à la pie, étouffer, tout en restant le plus honnête homme du monde.

Garcia, arrivant à la Havane, avait fait opérer par un complice une razzia de toutes les cartes que la ville possédait; son bateau amenait avec lui un chargement énorme de cartes à jouer. Les Havanais s'y précipitèrent; mais tous ces jeux, établis sur un modèle unique, avaient des marques connues du seul Garcia, qui réalisa trois cent mille francs de bénéfices en un mois. Ce beau trait de piraterie internationale suscita une sorte de délire d'enthousiasme dans le monde des *philosophes* : tous jurèrent de marcher sur les traces de ce génial Garcia; mais aux grands vaisseaux les grandes mers.

Ismu est le mot de ralliement des filous de tripots. Les quatre lettres du mot indiquent les diverses couleurs des cartes : I, le cœur; S, le trèfle; M, le pique; U, le carreau. Un escroc veut-il révéler à son compère la couleur du jeu de l'adversaire, il lance une phrase débutant par l'une des quatre lettres du mot. Par exemple, s'il doit annoncer du trèfle, il dira : « *Savez-vous où Jean ira aux eaux cet été?* »

Atou est un autre mot de ralliement bien connu de Messieurs les grecs, hellénistes, philosophes de tout poil : *A* signifie cœur; *T*, carreau; *O*, pique; *U*, trèfle; le compère installé à côté du pigeon emploiera la formule révélatrice du jeu de celui-ci :

Exemples :

« Allez, mes enfants, il faut gagner celle-là!

« Tenons-nous bien! ce sont des malins!

« On n'a jamais pu savoir qui mangera le lard.

« Un verre de sirop, garçon, s'il vous plaît. »

Et le complice connaît ainsi la couleur de son adversaire.

Voici d'autres manèges du *Syndicat philosophique*, *de la Confédération générale du travail subtil* :

1. La *Poussette* : l'enfance de l'art, et cependant il n'est pas si commode, ce geste qui consiste, quand on a vu le coup gagné par le tableau, à pousser sa pièce en plein sur le tapis, alors qu'à cheval sur la raie jaune, elle marquait seulement moitié. Cela se passe sous l'œil des voisins et ne tarde pas à se découvrir : c'est, selon le mot d'un connaisseur, un vol sans avenir.

2. Discourir sur les coups passés pour détourner l'attention.

3. Perdre pour son compte quand on tient les cartes, tout en donnant les belles cartes au larron associé.

4. *Faire sauter la coupe*, autrement dit faire passer invisiblement le paquet inférieur sur le supérieur : pour fausser la coupe, le tricheur emploie à tour de rôle le *saut de coupe*, le *passe-coupe*, l'*enjambage*, le *pont*, la *carte large*. Robert Houdin explique ces opérations délicates dans *l'Art de gagner à tous les jeux*.

5. *Filer la carte*, ou changer une carte pour une autre.

6. L'*Enlevage* : enlever sous les yeux de l'adversaire une ou plusieurs cartes, et les remettre dans le jeu sans être découvert.

7. Le *Posage* : déposer les cartes subtilisées, au moment favorable, dans un ordre tel qu'elles reviendront fatalement au grec.

8. La *Carte à l'œil* : prendre connaissance d'une carte utile.

9. Substitution des jeux : avoir sous son habit, au dos du pantalon, une ou plusieurs poches, dites *finettes*, dans lesquelles sont placés les jeux préparés; les poches parfois se trouvent par devant sur le gilet, et se nomment *costières*;

provoquer une conversation animée afin de distraire l'attention des voisins.

10. La *Boîte à la manche,* boîte de fer-blanc attachée au bras sous la manche, qui contient les cartes préparées, et, au moyen d'une détente, fait sortir celles-ci, tandis qu'une pince saisit le jeu régulier, et le précipite dans la boîte.

11. Les *faux mélanges,* qui ont pour objet d'enlever au hasard les combinaisons des cartes; quatre principales sortes : le mélange classificateur, le mélange partiel, l'éventail ou mélange à la parisienne, la queue d'aronde ou mélange à la grecque. Les cartes biseautées ou altérées, cartes plus larges d'un bout que de l'autre.

12. Les cartes teintées, frottées par exemple avec un chiffon légèrement imprégné de mine de plomb.

13. Cartes *adhérentes* ou *glissantes,* lustrées à la gomme; *cartes hors d'équerre, pointées, morfilées, ondulées, tarotées, marquées :* certains philosophes ont une étonnante délicatesse de toucher, qu'ils entretiennent en portant des gants lorsqu'ils ne jouent pas; d'aucuns même se frottent le bout des doigts sur de la pierre ponce, ou les trempent dans certains acides, afin d'accroître cette sensibilité de l'épiderme.

14. Le *Chapelet,* procédé mnémonique pour tricher au jeu, ordre de cartes rangées selon certains mots d'une phrase que l'on retient par cœur; un jeu à chapelet se combine naturellement avec les faux mélanges.

15. *Dépôt de portée :* l'escroc, au moment où il tient la main au lansquenet, pose sur le jeu une dizaine de cartes devant lui assurer plusieurs refaits.

Tour du nettoyage. — Le banquier fume un superbe havane; la cendre tombe devant lui, il appelle le garçon et lui commande d'essuyer sa place. Celui-ci prend une brosse, délicatement place les cartes un peu plus loin sur la table, frotte consciencieusement et remet les cartes au banquier. La partie reprend, le banquier abat neuf trois fois de suite et fait Charlemagne, ayant triplé sa banque : le valet de pied a tout simplement ajouté un petit paquet préparé sur les cartes, tandis qu'il faisait le geste de les déplacer.

Un coup plus fantaisiste :
L'éternel Prudhomme entre dans une salle de jeu; un ami le retient par les basques de sa redingote :
« Attention, il y a des grecs céans.
— Oh! sois tranquille, on n'a pas oublié ses classiques. »
Alors, dans le plus pur hellène : « *Kaïrété, o andrès Athénaïoi!* » (Salut! citoyens d'Athènes.)
Tableau.

« Monsieur, vous trichez.
— Eh quoi! vous osez accuser un homme qui est au service du roi de...
— Non, c'est le roi qui est au vôtre. »

Au piquet :
« Je marque cinquante-huit points.
— Non, quarante-huit points.
— Ah! oui, je me trompais!
— Non, ce n'est pas vous que vous trompiez! »

Une vieille dame à son vieux partenaire au bésigue :
« Ne trichons pas, mon cher... Ce n'est pas la peine, puisque nous ne jouons pas d'argent. »

Le coup du billet neuf. — Certain hidalgo arrivait à la partie avec un billet de mille francs tout neuf, plié en quatre, et le mettait sur le tapis. Le coup était-il perdu, au moment où le croupier raflait le tableau avec sa palette, notre homme s'écriait : « Attendez! un billet neuf! Jamais de la vie! » Et il substituait une plaque de mille francs. — Gagnait-il, le maître fripon arrêtait court le croupier, prêt à lui envoyer une plaque de mille. « Non, non, dépliez les billets, s'il vous plaît! » On dépliait, on en trouvait trois. Mais ce truc-là ne servait à son inventeur que deux fois par semaine, car il ne voulait pas exciter les soupçons : aujourd'hui les billets doivent être posés sur la table tout dépliés.

Le *télégraphe sous-marin* : une pression plus ou moins légère du pied peut signifier un roi, une dame, un pique, jouez trèfle; le complice qui bouge quand son camarade doit tenir, et s'en va quand il ne doit pas le faire; le petit vieillard à la canne en bec de corbin; le vol à la bonbonnière; la toux qui pousse à propos le billet à cheval; le double louis d'or auquel est collé un crin vert d'une extrême ténuité; les numéros impairs de la roulette adroitement rétrécis, grâce à la complaisance d'un employé qui ferme les yeux : ceux qui jouent avec de faux doubles louis; la machine infernale qu'on fait partir sous la table : au milieu du trouble et de l'effroi, les chevaliers du tapis vert s'emparaient de l'or et des billets étalés sur la table; le général qui pontait avec un rouleau cacheté ayant les apparences d'un rouleau de 50 louis; perdait-il, le banquier recevait en échange un billet de mille francs; gagnait-il, le rouleau, sur sa demande, était ouvert, et l'on y trouvait 15 à 20 billets de mille francs mêlés à quelques pièces d'or. Après cette expérience, on n'autorisa plus que les masses à découvert et les mises limitées.

La *Minerve*, tricherie profitable, mais très dangereuse, qu'il faut effectuer sous l'œil de la galerie, du banquier, des croupiers. Avoir, quand le banquier donne trois cartes, une quatrième carte, d'ordinaire un quatre ou un cinq, qu'on cache dans le creux de la main gauche, et qui s'adapte à toutes les combinaisons : messieurs les philosophes y recourent dans les parties de l'aurore, où la fatigue et le sommeil diminuent la surveillance des Argus.

Et la *Carte collée*, et le *Change*, et les *Coups montés*, et le *Miroir*, les *Roulettes* machinées dans les cercles clandestins, et le *Banco à cheval*, et la *Cueillette des olives*, et le coup des *Abeilles travailleuses*, et la Tabatière d'or qui servit au Piémontais dans les coups décisifs pour reconnaitre les cartes qu'il distribuait à coup sûr; et le *Coup de retraite*, et les *Coups en duplicata*, et la *Bague à marquer* la *masse qui tombe*; le *Paroli sur place*, qui consiste à payer une masse avant les autres, et à la payer de nouveau quand tout le tableau est réglé ; naturellement, le ponte larron et le croupier larron partagent dans la coulisse ; le *Miroir en paysan*, le *Miroir à la Roumaine*, *à la Marseillaise*, l'*Emplâtre de jarret*, *Battre en infirme*, le *coup de la Brosse*, le *coup de la Pêche*, *Faire un revers*, *Appliquer une collante*, la *Télégraphie à la fumée*, *Servir un biscuit*, le *Change à la feuille de chou*, le *coup du Grec malgré lui*, *Poser un cataplasme*, le *Coup du poitrinaire*, le *Ponte aphone*, *Jouer du piano*, la *Poussette du semeur*, le *Brodauchage*, *Relever à la Parisienne*, le *Dédoublage*, *Servir le potage*, le *Bourrage à la muette*, *Faire un bonnard en dehors, en tête-à-tête*, la *partie de Sangliers* ou de *Solitaires*, les *Rois au repos*, tous ces tours se sont pratiqués, se pratiquent et se pratiqueront longtemps encore, le cynisme des tricheurs étant encore dépassé par la tranquille indolence des pontes naïfs.

Que de façons subtiles de tailler contre ceux-ci !

Tailler en *arc-en-ciel* : lancer aux deux tableaux les cartes en leur faisant décrire une trajectoire très prononcée.

Tailler *en emboîtant* les cartes dans la main, et les servir en les prenant à pleine main par un angle d'en haut.

Tailler *en aveugle*, avec des lunettes à verres foncés, qui permettent de mieux voir, sans être observé, les gestes du télégraphiste, et de distinguer des marques presque imperceptibles faites aux cartes.

Le Roi de l'éventail : cela consiste à placer un roi sous le jeu. Quand le pigeon a coupé, le grec met le second paquet, où se trouve le roi, au-dessus du premier paquet, mais en éventail, de sorte qu'il déborde de quelques lignes. Puis, au moment de retourner, le grec saisit le roi sous le paquet, et l'étale en s'écriant : « Le Roi ! Qu'il soit le bienvenu ! »

Sauver l'abatage : mettre l'enjeu trop tard, lorsque le point n'est pas encore annoncé, mais quand le banquier a déjà dit : « J'en donne. » Le banquier n'y prend pas garde, et cela peut durer très longtemps.

Jouer le point de vue : suivre du coin de l'œil les cartes des banquiers qui donnent très haut; si l'on aperçoit un neuf, ajouter le plus possible.

Les faux jetons. — Un grand seigneur apporta au Jockey-Club des jetons marqués à ses initiales, exactement semblables à ceux du club, et il se mit à jouer avec ses jetons personnels. La chose fit grand bruit, le personnage eut des imitateurs; les jetons étant numérotés, on s'aperçut vite de la supercherie, mais plus d'un cercle remboursa sans souffler mot. Les plaques et jetons représentent, comme on sait, l'argent dans beaucoup d'endroits, sous ce prétexte hypocrite que le métal sent mauvais dans un salon[1]. Aussi bien l'origine des jetons est très ancienne : « En 1568, dit Bassompierre, on jouait à Fontainebleau le jeu le plus terrible dont on eût jamais entendu parler : il ne se passait point de journées sans qu'il n'y eût au moins vingt-cinq mille pistoles de perte ou de gain. Ces pistoles, qui s'en allaient si vite, étaient nommées *Quinterotes,* à cause d'un certain *Quinterot* qui avait ramené des chevaux d'Angleterre. Il y avait des signes de diverses valeurs : quelques-unes étaient de cinq cents pistoles; de sorte qu'à l'aide de ces marques on pouvait tenir dans sa main des sommes exorbitantes. » ... Nous avons aussi des signes de convention, observe Dusaulx, à l'aide desquels nous jouons secrètement nos contrats, nos maisons, nos terres. En Russie, on joue ses *esclaves* : il n'est pas rare, soit à Pétersbourg, soit à Moscou, de voir de pauvres familles appartenir successivement à dix maîtres en un seul jour. » Les boyards ne jouaient pas leurs esclaves, mais leurs serfs, et dans le langage habituel on jouait, on vendait *des âmes.* Ce mot revient souvent dans les œuvres des romanciers et auteurs dramatiques russes. Albert Wolff parle de jetons de nacre de cinq cents louis employés par certains grands joueurs du Second Empire. Quelles sirènes pour engour-

---

1. Le jeton joue le rôle d'un billet de banque payable à la caisse.

dir la conscience, et conduire aux abîmes en dissimulant la valeur de l'enjeu !

Aurélien Scholl[1], qui n'est pas tendre pour les gens du monde (qu'aurait-il pu dire des autres, s'il les avait fréquentés?), conte ceci : « Tel grand seigneur, qui avait fabriqué des faux jetons de cercles, en a été quitte pour un exil de quelques années. Ses amis lui avaient conseillé d'aller combattre pour l'indépendance de la Grèce : il a dédaigné ce mode de réhabilitation. Un autre trichait au jeu depuis plusieurs années ; pris en flagrant délit, il s'est écrié : « Pas de bruit, messieurs, je vais donner ma démission de membre du cercle. » Combien en a-t-on envoyé se faire pendre ailleurs, qui sont revenus par le train suivant! »

Le neuf de campagne : tirant de sa poche un neuf et un valet de pique, les dissimulant dans sa main gauche, le ponte, au moment où le banquier donne les cartes, s'en empare comme c'est son droit, les fait disparaître, et leur substitue les deux siennes, qu'il abat sur le tapis d'un air radieux : « Voyez, quand on ne regarde pas mon point, je suis toujours sûr de passer au moins un coup. Mais, si on me tourmente pour le voir, cela me porte la guigne. J'ai baccara. » Bien entendu, le neuf de campagne ne se pratique que sur les coups très chers, et il faut s'être procuré des cartes pareilles à celles dont on use au cercle, ayant le tarot spécial.

La *séquence* est un arrangement de cartes disposées à l'avance dans un ordre que ne peuvent modifier ni la coupe ni un mélange, et qui assure au banquier qui joue avec les jeux ainsi cuisinés, le gain de presque tous les coups de la taille. Jadis on se contentait de glisser une portée dans les jeux, c'est-à-dire une vingtaine de cartes préparées, grâce auxquelles on s'offrait sans peine trois abatages consécutifs. Pour la séquence, on s'assure la complicité d'un garçon de jeu, ou même du caissier des prêts : le garçon de jeu prend

---

1. *Mémoires du Trottoir; Paris en Caleçon; Poivre et Sel; l'Orgie du grand monde,* etc.

trois paquets, les décachète, les recachète selon la formule après les avoir arrangés en *séquence,* de telle sorte que le banquier gagne tous les coups, sauf ceux qu'il perd de loin en loin pour amorcer les gogos. Inutile d'ajouter que le croupier, autre complice, décachète gravement les jeux, a l'air de les mêler, se garde de déplacer une seule carte; et il en va de même pour la coupe.

Cela finit par se savoir, — tout se sait, — mais, grâce à la déplorable habitude qu'on a de fermer les yeux, par crainte du scandale, dans beaucoup de cercles les aigrefins en sont quittes pour disparaître et exercer ailleurs leurs talents. « Un tel est dans l'industrie, affirmait un optimiste. — Vous pourriez même, reprit son voisin, ajouter qu'il en est chevalier! » On peut croire que ces gens-là ne s'obstinent pas à *fatiguer,* à *tourmenter* les cartes, mais ils taillent comme on les leur apporte, et s'en trouvent bien.

Les initiés ont baptisé les séquences de surnoms pittoresques :

La Foudroyante ou 705;
L'Implacable;
La Séquence de Marseille;
La 234;
La 101;
Séquences de chemins de fer;
Séquences contre le banquier.

Il est arrivé parfois que des initiés, déçus ou mécontents du banquier, voyant commencer une séquence, se sont écriés : « Tiens, *c'est l'Implacable!* » et ils se sont amusés à annoncer d'avance toutes les cartes qui allaient défiler. On juge de l'embarras des coupables!

Bref, assurent les hommes compétents, dans les neuf dixièmes des casinos, le contrôle est illusoire, la répression impossible, le commissaire de police impuissant, le procureur de la République paralysé par les patrons des directeurs, à qui les frais obligatoires imposent les plus dangereuses tentations. Au bout de quelques mois, on a oublié, on n'observe plus décrets et circulaires.

« J'appris plus tard, dit Ardisson, comment on s'y prend pour décacheter puis recacheter les jeux neufs : on expose l'une des extrémités d'un jeu de cartes à la vapeur d'une bouillotte d'eau chaude. La petite bande de papier de soie, qui sert de marque et de contrôle à la régie, se détache alors aussi facilement qu'un timbre-poste humecté, l'enveloppe s'ouvre d'elle-même à cet endroit; on en retire les cartes avec soin, puis, après les avoir classées dans un ordre déterminé, on les remet dans leur enveloppe et on recolle la bande. Il est impossible alors, même aux yeux les plus exercés, de pouvoir reconnaître si un jeu a été déjà ouvert. »

Monte-Carlo, un des très rares établissements où les employés ne trichent pas, a été baptisé par les filous eux-mêmes : le *tombeau des grecs* et le *cercueil des malins*. Quelle exagération! Les *philosophes* trouvent le moyen d'exercer, même à Monte-Carlo, leur petite industrie; seulement ils sont mieux surveillés que partout ailleurs, et cherchent d'abord des dupes parmi les pigeons. C'est par les gens qui les entourent, que les joueurs ont à craindre d'être volés. Un de mes amis met cinq louis sur la rouge; celle-ci gagne; au moment où il va retirer ses dix louis, une joueuse s'en empare, disant hautement : « C'est ma mise. » Mon ami répond poliment : « Je ne crois pas, Madame. » Elle s'emporte, il n'insiste pas. Un inspecteur qui avait vu le coup pose sa main sur celle de la dame : « Madame, rendez à Monsieur cet argent, il ne vous appartient pas; rendez-le immédiatement, ou je vous fais sortir et interdire l'entrée du cercle. » Elle obéit aussitôt.

Les femmes qui trichent. — « Les femmes ne se font aucun scrupule, je parle en général, affirme Montigny, de tricher au jeu. Comme elles sentent bien plus vivement que nous, elles sont aussi bien plus sensibles à la perte; toutes la supportent difficilement, et se contraignent avec peine. J'ai entendu dire très sérieusement par de belles dames aux joueurs qui ne les ménageaient pas : « Eh quoi! vous me gagnez? En vérité, cela est peu galant. » (*Le Provincial à Paris*, 1825.) J'ai entendu mieux, des femmes adresser le même reproche à des hommes qui refusaient de jouer, alléguant leur horreur de toute espèce de jeu, ou leur ignorance absolue. Et qu'est-ce que cela prouve? Ne sont-ce pas les hommes qui ont toujours perdu les grandes parties jusqu'à présent, les parties de ruine et de désespoir? Pareillement certains moralistes déblatèrent contre la tendance des femmes au bavardage. Mais qui donc a imaginé le régime parlementaire, les réunions publiques, les conférences et les clubs?

George Sand (*Histoire de ma vie*, tome II) nous sert la même antienne que Montigny :

« J'ai fait depuis une remarque qui m'a paru triste : c'est que la plupart des femmes trichent au jeu, et sont malhonnêtes en affaires d'intérêt. Je l'ai constaté chez des femmes riches, pieuses et considérées. Il faut le dire, puisque cela est, et que signaler un mal c'est le combattre. Cet instinct de duplicité, qu'on peut observer même chez les jeunes filles qui jouent sans que la partie soit intéressée, tient-il à un besoin inné de tromper, ou à l'âpreté d'une volonté nerveuse qui veut se soustraire à la loi du hasard? Cela ne vient-il pas plutôt de ce que leur éducation morale est incomplète?... » George Sand n'aimait pas les cartes, qui lui rappellent d'ennuyeux souvenirs de jeunesse; une de ses amies, qui partage cette aversion, lui écrit : « J'ai été, il y a quelques jours, à ce qu'on appelle ici *un tantarare*. C'est une société composée de personnes âgées qui jouent au boston dans un salon fort peu éclairé. Quelques jeunes personnes, qui ont suivi leurs mères, bâillent ou en meurent d'envie... »

Les femmes trichent au jeu, soit. Mais qui donc le leur a appris? Depuis que le monde est monde, ne sont-ce pas des représentants du sexe fort qui ont imaginé, pratiqué, réussi les grandes tricheries, les tricheries enregistrées par les historiens de la société? En fait, les femmes *trichotent*, les hommes trichent; il y a entre les tricheries des premières et celles des seconds la même différence qu'entre une colline et l'Himalaya.

Précautions à prendre. — Comment se garer des tricheurs? Rien de plus malaisé; et toutefois, en prenant certaines précautions, on peut, dans quelque mesure, conjurer le danger, peut-être même déconcerter l'adversaire peu scrupuleux, en tout cas diminuer la perte. Garder son sang-froid, étudier la partie, remarquer les pontes qui gagnent et jouer leur veine, faire une descendante dans les coups de perte, une montante dans les coups de gain, ne jamais emprunter à la caisse du cercle, ne pas rester plus de deux heures dans une salle de jeu, s'isoler au milieu de la foule; surveiller les cartes en dépôt, le mélange sérieux ou la salade complète, battre toujours les cartes, même si un autre ponte les a déjà battues, exiger que le banquier taille toujours au marbre, que toute masse annoncée soit éclairée, que les masses soient enlevées aussitôt que payées; ne pas perdre de vue le croupier, ne pas se plaindre au commissaire de police, mais au procureur de la République ou au chef du service des jeux à la Sûreté générale; se méfier du banquier qui demande des cartes neuves, des gens trop liants, des femmes qui servent de rabatteuses, de ceux qui cherchent à détourner votre attention; ne pas jouer dans les casinos où les croupiers ne sont pas en habit ou en redingote sans poche, où l'on se sert de cartes d'une seule couleur, — voilà en somme les moyens les plus efficaces. Jouer l'écarté avec trois jeux, chacun se trouvant mêler le jeu qui doit servir à la donne de l'adversaire : c'est le jeu qui se prête le plus aux combinaisons *philosophiques*. Pour éviter certaines séquences, se servir de cartes panachées ou même à trois couleurs, rouge, jaune et bleue. Avoir toujours présentes à la pensée les maximes d'un tricheur transcendant, le célèbre Ardisson : « Tout mouvement du croupier est destiné à masquer un vol; — les cartes *suspectées*, trop battues, ne sont pas favorables; — j'ai vu des Marseillais modestes, je n'ai pas vu de joueurs gagnants; — on laisse de l'argent dans les cercles, on n'en emporte pas. »

Les Croupiers. — Les gens qui gagnent le plus et sans risque, ce sont les croupiers. Il en est, dont la conscience est morte, qui ont plusieurs manières d'escroquer les banquiers : les uns se spécialisent, les autres cumulent. D'aucuns ne se contentent pas de s'associer avec des pontes et de les payer deux fois, ils volent aussi sur le change; ainsi, quand les compères demandent le change d'une plaque de cinquante louis, ils comptent très vite les jetons, et donnent trois ou cinq cents francs de trop. Celui qui pratique le *vol à la poche*, après avoir payé le tableau de droite, conserve dans sa main un ou deux jetons de cent francs qu'il laisse subtilement tomber dans une poche béante[1].

On a beau leur interdire les poches, fouiller après leur tour de service ces Bayards de la palette, rien ne les empêche d'étouffer plaques, jetons, monnaie fiduciaire qui devrait être rigoureusement interdite. Ont-ils été condamnés déjà, ils connaissent vingt procédés pour se procurer un casier judiciaire. Se font-ils pincer en flagrant délit, le tenancier joue la comédie de l'honnête homme trompé, chasse ignominieusement les complices auxquels il donne la main dans la coulisse. On cite deux croupiers qui, en une seule saison, en Belgique, ont jadis récolté, grâce à cette gymnastique lucrative, deux cent mille francs chacun; et il n'est pas rare, qu'après quelques années, un croupier philosophe se retire des affaires avec vingt à trente mille livres de rentes. Les grands cercles de Paris n'ont pas de croupier, et s'en trouvent bien.

Albert Wolff trace (en 1885) le portrait du croupier nouveau modèle : « Il est un grand seigneur; il a hôtel, écurie, collections de tableaux, plusieurs immeubles dans Paris, une jolie maison de campagne; il est de toutes les premières représentations, de toutes les courses, de toutes les fêtes; rien n'est trop cher pour le croupier d'une de nos grandes usines de baccara, car l'argent lui vient plus facilement qu'aux autres... Dans les cercles fermés, et qui se régissent eux-mêmes, aucun croupier ne s'est jamais assis à une table

1. Le croupier *kangourou* a une pochette fixée sur le ventre, un entonnoir, grâce auquel les jetons vont s'entasser dans le fond des bottes.

de baccara. Il pousse donc exclusivement dans les cercles où l'on entre comme dans du beurre, sur la présentation de deux membres qui y sont entrés on ne sait comment... Autour du croupier qui s'enrichit, grouille toute une société triste à voir : gens sans profession autre que le cercle, qui sont à tu et à toi avec les croupiers, sè font payer à dîner par eux, montent dans leur voiture, prennent place dans les avant-scènes derrière le croupier et sa maîtresse, qui est toujours jeune et jolie, car son amant ne regarde pas à la dépense ; il vit sur le pied de cent mille francs par an, a son congé comme les grands artistes, et va pendant l'été tailler des banques dans les casinos, d'où il revient ordinairement dépouillé par de plus forts que lui... Comment il finit? Le châtiment est inhérent à sa profession. On ne voit pas toute sa vie les plaques de mille francs tomber sur le tapis vert sans être possédé par le démon du jeu. On ne reçoit pas à brûle-pourpoint et en plein visage les flatteries de la plus basse bohème, sans que la folie des grandeurs envahisse le cerveau. Alors le croupier, las de partager avec l'administration, se fait patron ; il prend un casino à son compte, et, comme il faut soutenir la maison quand même, alors que, faute de joueurs, elle chôme, le patron taille des banques et se ruine comme le commun des mortels... Car la moralité du jeu est qu'il n'enrichit personne, mais çu'à tour de rôle, et par un enchaînement curieux de la fatalité, il ruine à la longue et ceux qui en vivent et ceux qui en meurent. »

Voire, disait Rabelais. Il y a aussi des croupiers qui ont le banditisme prévoyant, et savent jouir avec habileté d'une malhonnête aisance.

Veut-on connaître les bénéfices des croupiers, bénéfices dus à la seule générosité des joueurs, pour 1911? A Enghien-les-Bains, 1.700.000 francs de pourboires, cent croupiers : 17.000 francs pour chacun ; à Vichy, 700.000 francs, 50 croupiers ou changeurs : 14.000 francs pour chacun ; 650.000 francs à Aix-les-Bains, 42 croupiers : 15.476 francs pour chacun ; à Biarritz 525.000 francs, 40 employés : 13.125 francs pour chacun ; à Dieppe, 215.000 francs 15 employés : 14.333 francs pour chacun, etc. Et sans doute ces messieurs dissimulent une partie des pourboires qu'on leur donne, ne fût-ce que pour diminuer les prélèvements que certains tenanciers prétendent exercer sur ces gratifications.

Les garçons de jeu ont cent manières ingénieuses de voler le banquier et les pontes : par exemple ils se mouchent fréquemment, ce qui leur permet d'escamoter un ou deux louis dans leur mouchoir. Le mot a même passé en proverbe ; on dit d'un garçon qui dérobe un louis : *Le garçon s'est mouché d'un louis*. De même pour ceux qu'on autorise à fumer dans certains tripots ; une longue pipe dissimule un louis ; elle ne tire jamais bien, on la passe à un compère, et les initiés du truc murmurent en souriant : *La pipe passe*.

Et le faux louis, qui n'est qu'une pièce de vingt sous dorée côté de la face, vous devinez sans peine qu'il devient, entre des mains habiles, un moyen de s'assurer des rentes, la *matérielle*, comme on dit dans ce monde-là.

Dans le train de Calais à Paris, deux *philosophes* jouent à l'écarté : « C'est drôle, remarque l'un d'eux, voilà bien longtemps que je n'ai pas vu un roi. — C'est tout simple, reprend l'autre : depuis que le roi de cœur s'est caché dans votre manche, les trois autres se sont glissés dans mes bottes. »

Dans une station thermale où pullulent les grecs, un Parisien s'était promis de dire son fait à l'un deux. Son ami s'étant assis en face d'un individu dont la veine semblait plus que suspecte à la galerie : « Etes-vous un honnête homme, vous ? demande-t-il à cet ami. — Mais je m'en flatte, répond l'autre en souriant. — Alors, je parie pour monsieur. »

Dans un autre casino, un touriste quitte la salle de jeu en déclarant : « C'est une duperie de jouer ici ; il est évident qu'il y a des grecs. — Si encore on les connaissait, murmure un autre pigeon, on parierait pour eux ! »

Une querelle éclate entre deux Alphonses de la dame de

pique dans un casino; la discussion, d'abord très vive, finit par s'apaiser, et un baigneur, qui écoute les brelandiers, surprend ces paroles pleines de sous-entendus : « C'est convenu,... jamais quand nous jouerons l'un contre l'autre! »

Ne parlons pas à la légère, ne confondons pas les *tricheurs* avec les *trichés*, ayons au moins la pudeur d'hésiter, comme cette jolie tête de linotte qui me disait un soir :

« Un tel! Il y a sur lui une histoire de jeu.

— Impossible. Laquelle?

— Oui, une histoire de jeu. Mais je ne me rappelle pas bien si c'est lui qui a volé ou qui a été volé. »

Axiome mathématique : « Les casinos, les claque-dents enrichissent les gérants, tenanciers, croupiers, caissiers, et ruinent fatalement les pontes. »

Second axiome à l'usage des honnêtes gens qui taillent une banque : « Ne souffrir personne derrière soi, car on taille des poteaux télégraphiques avec toutes espèces de bois. »

Tripots clandestins. — La fermeture des jeux publics a fatalement pour conséquence l'ouverture de nombreux tripots clandestins, tenus d'ordinaire par des femmes, princesses de contrebande, baronnes pour rire, comtesses en ruolz, duchesses en plaqué,

> Qui, sans le lansquenet et son produit caché,
> De leur faible vertu feraient fort bon marché,

ayant aussi pour collaborateurs

> Des marquis de hasard faits par le lansquenet.

L'argot du jeu. — Le jeu a son argot, dont j'ai déjà noté quelques échantillons. En voici d'autres : *aller changer de cravate, prendre du lest* (chercher de l'argent); *jouer un système; une bûche; paroliser; coup de pistolet* (marche soudaine); *faire couper dans la paille; être à la coule; flancheur, suiffard, graisseur* (filou); *jouer la fille de l'air* (décamper); *fader* (partager).

Quelques spécimens d'argot des philosophes : *aller à la recherche*, tâter un jeu pour savoir s'il est biseauté ou non; faire *tirer la langue à la carte* qui est en dessous, filer la carte; — *donner à manger à la pie*, mettre de l'argent de côté; — le *coup de la carte*, le *coup de la tabatière*, le *coup de la puce*, procédés plus ou moins délicats des professeurs de jeu pour donner à manger à la pie; — les ramasseurs de *traînards* ou *fiancés des masses*, ceux qui subtilisent les masses oubliées par les gagnants; — *un saucisson*, l'enjeu du gain, cartes préparées.

Le côté pittoresque dans les tripots est fourni par les *musiciens* : ceux qui perdent, se plaignent, font de la musique de salon, d'opéra-comique, de grand opéra, selon qu'ils tempêtent plus ou moins bruyamment.

Jeux populaires. — Les *jeux populaires* tendent presque tous à dépouiller le pigeon par des moyens rapides, et réussissent d'autant mieux, que l'homme du peuple est infiniment plus crédule, plus naïf, plus épris de rêves chimériques, que l'homme du monde. Parmi ceux qui ont fait ou font le plus de victimes, nommons : le *Plus d'atouts*, le *Bonneteau*, le *Jeu des trois brêmes ou des trois cartes*, le *Calot*, la *Ratière*, la *Cheminée*, le *Moulin* dit *le mal de ventre* ou *Malot*, le *Sept ou le Trac*, la *Consolation*, la *Peur bourguignotte*, l'*As de cœur*, la *Glissade*, la *Fleur*, la *Graisse*, le *Zanzibar*, la *Passe anglaise*, la *Drogue*, le *Quatre-vingt-dix*, le *Birlibibi*, la *Baraque*. Chaque année en voit naître de nouveaux.

Si vous vous êtes promené dans une fête de village, vous avez vu jouer au *Quatre-vingt-dix*. Ce jeu est une espèce de loto, et l'un des spectateurs se charge de remplir l'office du destin : il plonge la main dans un sac et en retire le numéro qui doit faire un heureux. On y gagne ordinairement de la porcelaine. Vous y voyez des déjeuners, des vases superbes, de belles pendules, etc. Le quatre-vingt-dix a droit à une pièce au choix du gagnant, mais ce gagnant est presque toujours un ami sûr, un *compère*, qui emporte son gain, fait le tour de la tente, et remet l'objet gagné à son premier et seul propriétaire, le banquiste. Quelquefois celui-ci offre à son compère, devant tout le monde, de le reprendre pour cent cinquante ou deux cents francs. Le compère n'a garde de refuser, et on lui compte la somme. Le public, alléché par un tel gain, passe sa soirée à tirer des numéros, et s'en retourne chez lui, emportant des coquetiers, deux ou trois verres communs et des tasses dépareillées. Le tour est fait, le *Combrousier* (particulier) a été mis dedans. Privat d'Anglemont, qui conte ce procédé, ajoute qu'une de ces banquistes finit par posséder deux maisons sur le pavé de Paris; elle commençait par offrir au maire de la localité un don de cent ou deux cents francs pour les pauvres de la commune, et le bon public d'affluer.

Le *Birlibibi* n'exige pour tout matériel que trois cartes et une petite table recouverte d'un tapis. Les trois cartes à moitié pliées sur la longueur, en forme de toit; l'acrobate en prenant deux d'une main, la troisième de l'autre main, montre au public la face des cartes et dit : « Vous voyez la dame de carreau, suivez-la bien des yeux. Je dépose les trois cartes sur le tapis, et je parie vingt sous, avec n'importe lequel d'entre vous, qu'il ne désignera pas la dame de carreau; les badauds acceptent, et perdent neuf fois sur dix, l'escamoteur ayant habilement remplacé la dame par la carte de derrière, ou par celle qu'il tient dans la main gauche. Cavaillé raconte à ce propos qu'un grand *philosophe*, voulant se délasser de son *travail*, se rendit à une foire des environs de Paris, et s'arrêta devant un virtuose du birlibibi. Il eut tôt deviné la ficelle, et, haussant les épaules, il allait continuer sa promenade, lorsque l'industriel, l'interpellant sur un ton goguenard, lui offrit de parier :

« Je parie cent sous, répondit gaiement le distingué helléniste. »

Il perdit la première partie, mais, ayant demandé à contempler cette mystérieuse dame de carreau, il la marqua d'un signe imperceptible pour tout autre que lui, et gagna ensuite tous les coups, si bien que le petit filou, comprenant qu'il avait affaire à un maître, allait plier bagage; mais alors le grand filou, débonnaire une fois par hasard, lui rendit l'argent, non sans lui avoir servi cette morale, qu'un malin trouve toujours plus malin que lui. Et la galerie d'applaudir. — Bien entendu le grec du *Birlibibi* a presque toujours un compère chargé d'amorcer les badauds, et de surveiller les allées et venues des gendarmes.

Le jeu de la *Baraque*, très meurtrier pour les joueurs, interdit à plusieurs reprises par la Sûreté générale, consiste en une boule de caoutchouc durci lancée par le croupier sur une table de bois très poli où sont espacées des cavités. Suivant que la boule tombe dans telle ou telle cavité, on payait de une à quinze fois la mise. Bien entendu, grâce à certains arrangements, la balle va le plus souvent dans les cases où l'on ne paye qu'une ou deux fois la mise.

Quant au *Klondike*, il constitue une véritable mine d'or pour les tenanciers, leur offrant l'avantage énorme que la boule n'est plus lancée par un croupier qui peut amener des répétitions de numéros, mais par un système automatique.

Le *Plus d'atouts* se joue avec un jeu de piquet, chaque joueur recevant douze cartes distribuées par deux ou par trois. La vingt-cinquième carte, retournée, détermine la valeur de l'atout; chaque joueur étale son jeu sur le tapis, et celui qui a le plus d'atouts a gagné. Tous les atouts sont de valeur égale. Ce jeu, qui semble d'une simplicité enfantine, favorise à merveille la filouterie, ainsi que vous pourrez vous en convaincre, lecteur, en lisant, comme je l'ai fait, les livres sur la matière, et en consultant le chef de la brigade des jeux à la préfecture de police.

CHAPITRE XI

TRICHERIES ET TRICHEURS CÉLÈBRES

Pimentel rembarré par Sully. Le cardinal Riario. Tactique et stratégie des *Cordons bleus de l'Ordre*. Les comédies de Dancourt. Forme irrésistible de la tricherie. — Jugement de Sancho Pança. Les escrocs à la cour de Louis XIV; stériles efforts contre eux, le mauvais exemple venant de la cour; témoignages de la Palatine, de Saint-Simon, de Mme de Motteville. — Mazarin et le chevalier de Gramont; procédés de celui-ci. Friponneries du grand maître de la garde-robe. Le *paroli* du chevalier de la Ferté. — Couplet de Toutabas. Le duc de Villeroy sur saint François de Sales. — L'aventurier Apoulos. — Le jeu de Louis XV; escrocs de bonne compagnie. Rouleau suspect. Des Grieux initié par le frère de Manon Lescaut. — Exploiteurs de viande chaude. — Une partie d'écarté en plein tribunal. Le jeu dans les villes d'eaux au dix-huitième siècle. — *Mémoires* de Casanova. — L'hôtel du Petit Radziwill. — Lord Yarmouth et le prince régent d'Angl. re. — Le jeu de Napoléon Bonaparte. D'Alton-Shée victime de Rosemberg. Le marmiton de la comtesse Kisselef. Une soirée chez la Barucci au temps du Second Empire. — Révélations d'un ancien préfet de police. — Bandes cosmopolites d'escrocs. — Leçon de tenue à Khalil-Bey.

Un Italien, joueur très heureux, se recommande, auprès de Sully, de l'honneur qu'il a de jouer souvent avec le roi : « Comment! ventre de ma vie! éclate le ministre, vous êtes donc, à ce que je vois, ce gros piffre d'Italien qui gagne tous les jours l'argent du roi! Pardieu, vous êtes mal tombé, car je n'aime ni ne veux ici de telles gens! » Et comme Pimentel protestait : « Allez, allez, continua Sully en le congédiant, vous ne me persuaderez pas avec votre baragouin! » On prétendit que Pimentel avait fait enlever tous les dés dans les boutiques des marchands, et en avait substitué de pipés : ainsi Garcia n'aurait rien inventé, mais il aurait seulement pastiché.

Emile Gebhardt remarque qu'au temps des Borgia, en particulier, les princes de l'Eglise, gorgés de bénéfices et rompus à la simonie, demandaient encore au jeu des ressources peu canoniques. Ils jouaient donc, mais en redressant d'une main douce les écarts de la fortune. Une nuit, le cardinal Riario avait gagné 14.000 ducats d'or à Franceschetto; celui-ci se plaignit à son père, qui condamna à restitution le trop heureux joueur; mais les ducats étaient déjà dépensés.

P. Rousseau, dans son humoristique *Histoire des grecs*, (1757), dévoile la tactique et la stratégie d'un certain nombre de *Cordons bleus de l'ordre*, avec leurs hauts faits, les luttes contre la police, les guerres intestines, les mésaventures, les complices mondains et antimondains, les vices qui empêchent de quitter à temps le métier de fripon pour faire celui d'honnête homme, sans oublier un projet d'hôpital pour les grecs invalides, un projet de Constitution pour les joueurs, les écoles de duperie qui enfantent de si brillants sujets en province et surtout à Paris, cette Athènes, cette Jérusalem, cette Mecque des *philosophes,* sans oublier les jeux les plus favorables à leur industrie.

« L'art de corriger la fortune, explique l'auteur, a ses départements généraux et ses branches particulières.

« Il y a plusieurs classes de grecs :

« 1º Ceux qui le sont sans le savoir.

« 2º Ceux qui se soupçonnent eux-mêmes de l'être.

« 3º Ceux qui en font profession ouverte.

« Toutes ces classes ont ensuite leurs divisions et leurs subdivisions particulières.

« Toute la différence qui se trouve entre ces prétendus honnêtes joueurs et les fripons, c'est que les uns volent en détail et les autres en gros...

« Un joueur d'avantage disait un jour que les honnêtes gens lui avaient appris eux-mêmes à devenir fripon. « En jouant « avec moi, ajoutait-il, je leur voyais prendre tant de petits « avantages, que j'en conclus que je ne serais pas plus désho-« noré qu'eux en en prenant de grands... »

« Je ne dis point absolument qu'il n'y ait aucun honnête joueur ; je dis seulement qu'il y en a fort peu. Pour être persuadé de ceci, il ne faut que faire l'analyse de cette passion ; il est certain qu'elle met en mouvement toutes les autres. Tous les joueurs en général aiment les femmes, la dépense, la parure et la table. Les revers que la fortune leur fait souvent éprouver ne diminuent pas ces passions ; au contraire, ils en augmentent l'activité ; et pour lors la probité la plus épurée est bien faible contre tant de désirs... »

D'après Rousseau, le corps général de la Grèce se trouvait, de son temps, divisé en vingt-cinq branches : les anciens Grecs, les nouveaux Grecs, les Grecs supérieurs les Grecs inférieurs, les Grecs connus, les Grecs inconnus, les Grecs à nom, les Grecs sans nom, les grands Grecs, les petits Grecs, les Grecquillons, les Grecs à talents, les Grecs sans talents, les Grecs d'esprit, les Grecs à imagination, les Grecs beaux génies, les Grecs voyageurs, les Grecs sédentaires, les Grecs cérémonieux, les Grecs révérencieux, les Grecs querelleurs, les Grecs pacifiques, les Grecs duellistes, les Grecs poltrons, les Grecs reconnus et avoués.

Pour quelques-uns seulement, jouer et gagner est toujours la même chose. Et ici le diable n'a pas seulement pour avocat la misère.

Comédies de Dancourt. — Dancourt, dans la *Désolation des Joueuses* (1687) et la *Déroute du Pharaon* (1718), présente des joueurs et maîtres escrocs consternés par la nouvelle (prématurée) que la bassette, le lansquenet et le pharaon sont supprimés par ordonnance. Oter aux uns leur délice quotidien, aux autres leur gagne-pain, quelle horreur ! Aussi quel concert de protestations ! Ce fragment de scène est assez plaisant :

« ERASTE. — Une dame recevait-elle un bijou considérable de quelque amant, le mari n'avait rien à dire : la femme l'avait gagné au lansquenet.

« LA COMTESSE. — Il a raison, cela était fort commode.

« ERASTE. — Un fils de famille empruntait à grosses usures, faisait une dépense enragée; le père ne s'embarrassait pas de cela. Il admirait le bonheur de son fils et l'utilité du lansquenet.

« L'Intendante. — Cela est vrai, Madame, il y a mille gens intéressés dans cette affaire, et il faut se représenter toutes ces choses-là.

« Eraste. — Moi qui vous parle, je suis à présent l'homme du monde le plus embarrassé.

« Clitandre. — Comment donc? Que vous importe, à vous, que le lansquenet soit défendu? Vous ne jouiez quasi point, non plus que Dorante.

« Eraste. — Cela est vrai, mais on croyait que je jouais du moins, et le lansquenet me servait à ménager la réputation de vingt femmes que je considère; et, quelque dépense que je fisse, j'en faisais honneur au lansquenet.

« La Comtesse. — Eh bien, voilà vingt femmes perdues de réputation, Madame; on n'a point pensé à tout cela assurément.

« Dorimène. — Bon, Madame, ce n'est rien encore que tout ce qu'il dit là; mais tous les jeunes gens de Paris que voilà désœuvrés à l'heure qu'il est, qui ne savent où donner de la tête!

« Lisette. — Pour moi, je tremble des occupations qu'ils se vont faire. »

Je recommande aussi aux curieux les scènes où les tricheurs se démasquent et se gourment.

La forme irrésistible de la tricherie. Un despote asiatique interpelle son partenaire : « Jouez cœur, ou je vous coupe la tête! »

Jugement de Sancho Pança. — Sancho Pança, gouverneur de Barataria, est appelé à juger la querelle suivante entre deux piliers de tripots :

« Votre Grâce saura que ce gentilhòmme vient à l'instant de gagner, dans cette maison qui est là, en face, plus de mille réaux, et Dieu sait comment. Or, me trouvant présent, j'ai décidé plus d'un coup, douteux en ma conscience, contre tout ce que me dictait ma conscience. Il est parti avec son gain, et quand j'attendais qu'il me donnât au moins un écu de gratification, comme il est d'usage avec les gens de ma qualité qui assistons aux parties pour passer le temps bien ou mal, soutenir des injustices et empêcher des querelles,... le drôle, qui est plus voleur que Cacus et plus escroc qu'Andradilla, n'a pas voulu me donner plus de quatre réaux...

— Que dites-vous à cela? demanda Sancho.

— Tout ce qu'a dit mon adversaire, répondit l'autre, est la vérité. Si je n'ai pas voulu lui donner plus de quatre réaux, c'est que je les lui donne bien souvent, et ceux qui désirent une gratification des joueurs doivent être polis, et prendre gaiement ce qu'on leur donne, à moins de savoir d'une manière certaine que ce sont des escrocs, et que ce qu'ils gagnent est mal gagné. Au reste, la meilleure preuve que je suis un honnête homme, et non un voleur, comme il le prétend, c'est que je n'ai rien voulu lui donner, et que toujours les escrocs payent tribut aux gens de la galerie qui les connaissent... »

Et, après que Sancho a rendu sa sentence, le greffier conclut par cette affirmation révélatrice de certaines mœurs sociales en Espagne : « Dans les maisons des gentilshommes et des grands seigneurs, les escrocs célèbres n'osent point user de leurs tours d'adresse. Et puisque ce vice du jeu est devenu un exercice commun, mieux vaut encore qu'on joue dans les maisons des gens de qualité que dans celle de quelque misérable artisan, où l'on vous prend un malheureux de minuit au matin pour l'écorcher tout vif. »

Un Gascon ruiné jouait gros jeu sur parole, et perdait; comme une dame le plaignait, il dit tranquillement : « Ce n'est pas moi qu'il faut plaindre, ce sont ceux à qui je dois qui perdent. »

Insensiblement la dextérité des joueurs fut, sous l'ancien régime, considérée comme un talent, et leur servit souvent d'excuse. Du temps de Henri II, on se gaussa du seigneur d'Alluye de ce qu'il s'était laissé gagner par M. de Villeclair, joueur très suspect, une superbe chaîne d'or, don du duc de Savoie. En raillant les dupes, on fit pulluler les fripons. Il y a longtemps déjà, un humoriste remarquait :

> La volerie est telle,
> Que si l'on faisait l'histoire des larrons,
> On écrirait l'histoire universelle.

Louis XIV entreprend de lutter contre le fléau toujours grandissant; réduit à deux le nombre des jeux qu'un gentilhomme peut établir chez lui, menace de punir le duc de Ventadour qui persiste à faire jouer un *hoca* ruineux. Le dévoué la Reynie, lieutenant de police, frappe les petits, dénonce les grands. Vains efforts : le mauvais exemple vient de la cour, où les jeux de hasard ne cessent de sévir. Médecin, guéris-toi toi-même, pourraient répondre les gens de qualité; encore est-ce une question de savoir si la réforme de la cour eût guéri les pécheurs. « La danse est maintenant passée de mode, écrit la princesse palatine (1696). Ici, en France, aussitôt qu'on est réuni, on ne fait que jouer au lansquenet; les jeunes gens ne veulent plus danser. On joue des sommes effrayantes, et les joueurs sont comme des insensés. L'un hurle, l'autre frappe si fort la table du poing, que toute la salle en retentit; le troisième blasphème d'une façon qui fait dresser les cheveux; tous paraissent hors d'eux-mêmes, et sont effrayants à voir. »

« Personne, dit Saint-Simon, n'était plus au goût du roi que le duc de C..., et n'avait usurpé plus d'autorité dans le monde. Il était très splendide en tout, grand joueur, et ne se piquant pas d'une fidélité très exacte. *Plusieurs grands seigneurs en usaient de même et en riaient.* » Les joueuses dévotes de la cour établissaient un compromis entre leurs scrupules et leur indélicatesse. Elles étaient convenues d'une formule par laquelle, en se quittant, elles se faisaient un don réciproque de ce qui n'aurait pas été gagné d'une façon tout à fait canonique pendant la partie.

Mᵐᵉ de Motteville nous apprend que Mazarin, malade, presque mourant, se distrayait en pesant des pistoles, pour glisser au jeu le lendemain celles qui n'avaient pas le poids.

Hamilton remarque aussi que le premier ministre aimait le jeu, ne jouait que pour s'enrichir, et trompait tant qu'il pouvait. Gramont, qui lui plaisait, eut bientôt percé à jour la mauvaise foi du cardinal, et ne manqua pas de mettre en usage les talents que la nature lui avait donnés, non seulement pour s'en défendre, mais pour l'attaquer. Et le cardinal fut bel et bien plumé par le chevalier. D'ailleurs Gramont avait des moyens à lui, toujours spirituels, de rappeler leur dette aux joueurs qui trop longtemps oubliaient de l'acquitter. Quant à sa chance trop persistante, Saint-Evremond en apporte un témoignage involontaire par ces conseils qui sentent plus la morale mondaine que celle de Port-Royal : « Vous faites les délices d'une cour toute jeune, toute vive et toute galante (la cour d'Angleterre). Pas une partie que le roi ne vous y mette : vous jouez du matin jusqu'au soir, ou, pour mieux dire, du soir au matin, sans savoir ce que c'est que de perdre. Loin de laisser ici l'argent que vous y avez apporté, comme vous faites ailleurs, vous l'avez doublé, triplé, multiplié presque au delà de vos souhaits, malgré cette dépense exorbitante que vous faites insensiblement. Voilà sans doute la plus heureuse situation au monde. Tenez-vous-y, chevalier, et n'allez pas gâter vos affaires par le renouvellement de vos vieux péchés. Fuyez l'amour en cherchant les autres plaisirs : il ne vous a pas été favorable jusqu'à présent, vous savez ce que la galanterie vous coûte. Jouez fort et ferme, et réjouissez la cour par votre agrément; divertissez le roi par votre esprit et vos récits singuliers... On s'ennuiera plus tôt de ne plus vous voir à la cour de France, que vous ne vous lasserez de celle-ci; mais, quoi qu'il en soit, faites provision d'argent. Quand on en a beaucoup, on se console de son exil... »

Un jour, Turenne voulut faire jouer Gramont; d'abord celui-ci se déroba, alléguant qu'il avait appris de son précepteur que, quand on allait chez ses amis, il n'était pas prudent d'y laisser son argent ni d'emporter le leur. Turenne insista, on convint que chaque officier jouerait un cheval, Gramont gagna quinze ou seize chevaux en badinant. Voilà la consternation peinte sur tous les visages ; le chevalier les calma un peu en disant qu'il ne voulait pas les voir s'en retourner à pied : il suffirait de lui envoyer demain les chevaux gagnés, à l'exception d'un seul qu'il donnait pour les cartes.

Encore un trait plaisant. L'argent que Gramont gagnait *avec des dés de mauvaise foi,* il le prodiguait le plus galamment du monde, déterrant les malheureux pour les secourir, les officiers qui perdaient leurs équipages ou leur argent au jeu, les soldats estropiés dans la tranchée : et sa manière d'obliger surpassait encore ses bienfaits. Tout cela le rendait fort populaire. Et toutefois on est tenté de conclure avec Lescure qu'il fut à la fois le plus aimable et le moins estimable des hommes, et que la morale de la cour avait des complaisances étranges ; faire des largesses avec de l'argent volé ne dénote ni une belle âme ni un beau caractère. L'admiration du beau-frère Hamilton, l'indulgence du roi pour son bouffon, ne me satisfont guère, et comment ne pas approuver Saint-Simon quand il dit : « C'était un homme de beaucoup d'esprit, mais de cet esprit de plaisanterie, de reparties, de prouesse et de justesse à trouver le mauvais, le ridicule, le faible de chacun, de le peindre en deux coups de langue irréparables et ineffaçables, d'une hardiesse à le faire en public, et plutôt devant le roi qu'ailleurs, sans que mérite, grandeurs, faveurs et places en pussent garantir hommes et femmes quelconques. A ce métier, il amusait et instruisait le roi de mille choses cruelles, avec lequel il s'était acquis la liberté de tout dire, jusque de ses ministres. C'était un chien enragé à qui rien n'échappait. Sa poltronnerie connue le mettait au-dessous de toutes suites de ses morsures ; avec cela escroc avec impudence, et fripon au jeu à visage découvert. Avec tous les vices, sans mélange d'aucune espèce de vertus, il avait débellé la cour, et la tenait en respect et en crainte. Aussi se sentit-elle délivrée d'un fléau que le roi favorisa et distingua toute sa vie. »

Quel ancêtre pour Messieurs les grecs! D'ailleurs, à chaque époque de l'histoire, certaines personnes, par l'esprit, l'audace et la chance, ont su abriter leurs défauts derrière cette triple cuirasse, enjôler l'opinion publique, ensorceler la société, l'empêcher d'écouter les rares clairvoyants que ces sortilèges ne trompent pas. Et malheureusement les grands escrocs de la politique, de la finance, coûtent cent fois plus cher que les plus habiles escrocs des cartes.

Hamilton raconte le plus tranquillement du monde avec quel cynisme son beau-frère fait des dupes en Piémont, en Angleterre, en France. Il n'est pas le seul, hélas! Rien de plus fréquent que ces piperies, ces fraudes, même à Versailles, sous les yeux du roi. Pour un Dangeau qui fait loyalement fortune au jeu, combien d'escrocs de haute volée! Tel ce seigneur qui, surpris en flagrant délit par Boisseuil, en demandait raison, et comme celui-ci reprenait : « Je n'ai pas de raison à vous faire, vous êtes un fripon. — C'est possible, répondit l'autre, mais je n'aime pas qu'on me le dise. » Tant et si bien qu'il aurait fallu souvent recourir au prévôt de l'Hôtel, chargé de juger les délits qui se commettaient à la cour. « A cette heure, remarque Tallemant des Réaux, tout le monde apprend à piper, sous prétexte que ce n'est que pour se défendre des pipeurs; tous les grands seigneurs s'en escriment, ils disent que c'est pour s'empêcher d'être trompés. » Le duc d'Antin, le duc de Créqui, sont plus que soupçonnés d'aider la fortune; le prince de Conti en accusa le grand prieur de Vendôme chez Monseigneur, à Meudon, et cela fit un esclandre effroyable. La hardiesse de certaine grande dame à voler au jeu était inconcevable, et cela ouvertement. On l'y surprenait, « elle chantait pouille et empochait », et cela en plein Marly.

Le marquis de Seissac, grand maître de la garde-robe, gagne 500.000 écus au roi en deux mois, et l'on se méfiait beaucoup de son adresse au jeu. Un jour qu'il était de la partie du roi (je résume Saint-Simon), Louvois vint prendre des ordres pour une affaire urgente. Louis XIV sortit, confia un instant ses cartes au maréchal de Lorges, qui prit Seissac sur le fait dans un fort gros coup, et avertit Sa Majesté le soir même. On arrêta sans bruit le garçon qui tenait le panier des cartes, et le cartier; les cartes se trouvèrent pipées, le cartier confessa qu'il les avait préparées, et qu'il était complice. Seissac en fut quitte pour vendre sa charge et s'en aller chez lui, obtint la permission de passer en Angleterre, « où il gagna extrêmement », s'établit ensuite à Paris, où il tint grand jeu chez lui. Monsieur, frère du roi, « à qui tout était bon pour le jeu, et Monseigneur demandèrent qu'il pût jouer avec eux à Paris, Saint-Cloud et Meudon, et se le firent enfin accorder pour jouer à Versailles, et de là à Marly, où, sur le pied de joueur, il était à la fin de presque tous les voyages ».

L'abbé de Choisy raconte que le chevalier de la Ferté, jouant au pharaon sur sa bonne mine devant une table garnie de louis d'or, hasarda mille louis qu'il gagna; qu'ayant fait ensuite paroli et perdu, il se retira sans en demander davantage, en disant : « Parbleu! voilà un coup impayable! » et ne paya point[1].

Lors de la fameuse fête de Vaux, Fouquet poussa la magnificence jusqu'à faire placer dans la chambre de chaque courtisan une bourse pleine d'or pour subvenir au jeu du roi : l'insolence d'un tel luxe ne déplut point à la plupart. En revanche, Gourville, dans ses *Mémoires*, laisse entendre que le surintendant aimait fort le gain, et qu'on invitait avec lui ses dupes favorites, d'Hervart et la Basinière, lorsqu'il venait dîner chez Bicouart.

Ecoutez, dans le *Joueur*, le professeur maître fripon Toutabas :

> ... Et c'est de là que vient la beauté de mon art :
> En suivant mes leçons, on court peu ce hasard.
> Je sais, quand il le faut, par un peu d'artifice,

---

1. Faire paroli, tenir le paroli : risquer la somme double de celle qu'on a jouée la première fois; d'où l'expression : faire paroli à quelqu'un, lui rendre le paroli, qui signifie : renchérir sur ce qu'il a dit ou fait.

> D'un sort injurieux corriger la malice ;
> Je sais, dans un trictrac, quand il faut un sonnez,
> Glisser des dés heureux, ou chargés, ou pipés ;
> Et quand mon plein est fait, gardant mes avantages,
> J'en substitue aussi d'autres prudents et sages,
> Qui, n'offrant à mon gré que des as à tous coups,
> Me font en un instant enfiler douze trous.

Le duc de Villeroy, apprenant la canonisation de saint François de Sales, qu'il avait beaucoup connu, remarqua : « J'ai été ravi d'apprendre que M. de Sales est saint ; il aimait à dire des gaudrioles et trichait au jeu ; à part cela, c'était un parfait gentilhomme. » L'archevêque d'Aix opina dans le même sens : « Tant mieux, c'était un galant homme, quoiqu'il trichât au piquet. » Comme on s'étonnait de ce propos : « Bah ! riposta l'archevêque, il donnait pour raison que ce qu'il gagnait était pour les pauvres ! »

Vers la fin du règne de Louis XIV, un aventurier grec du nom d'Apoulos fut admis à la cour, réalisa de grands bénéfices, fut suspecté, pris en flagrant délit, condamné à vingt ans de galères : d'où le surnom d'Apoulos, de Grec, aux gens qui corrigent ainsi la fortune.

Mais voici mieux. Sous Louis XV, un grec, vêtu d'un costume tout flambant neuf, se met un jour en faction aux abords du Louvre, saute derrière le carrosse du maréchal duc de Richelieu, au moment où les laquais l'ont quitté pour se trouver au perron avant leur maître. Le suisse laisse tout entrer, notre homme s'esquive adroitement, paye d'audace avec l'huissier qui le prend pour un nouveau maréchal de France, s'attable au jeu, gagne de grosses sommes, non sans adresser des sourires, des saluts aux personnes qui vont et viennent. « Ah ! ah ! disent les autres pontes rassérénés, il connaît du monde. — Bon, s'écrie soudain le maître filou, voilà la marquise qui me fait signe de l'aller retrouver. » Il quitte la table, emportant 63.000 livres, et quand on flaira la mystification, il était déjà loin. Tout de même l'aventure semble un peu suspecte.

Deux dictons des filous sous Louis XIV : « Plus on travaille le terrain à Paris, et plus il rend... Il y a plus de dupes dans cette capitale que dans tout le reste du royaume. »

« A la campagne, conte Mme de Staal-Delaunay, la duchesse de la Ferté poussait la familiarité si loin, qu'elle assemblait non seulement ses domestiques, mais tous les gens qui fournissaient sa maison, boucher, boulanger, etc., et jouait avec eux une espèce de lansquenet. Elle me disait à l'oreille : « Je les triche, mais c'est qu'ils me volent... »

Louis XV aime à gagner au jeu : aux voyages de Marly, il joue plus en particulier qu'en roi. Grand connaisseur en fait d'espèces, il les flaire avec une rare sagacité, et rejette aussitôt un rouleau de cinquante louis où se trouve une pièce fausse ou une pièce en moins. Ce n'est pas la seule ruse des escrocs de bonne compagnie, trop nombreux, hélas! à la cour de Louis XV comme à la cour de Louis XIV. « Le 15 mai 1771, écrit le duc de Croy, le roi jouait un gros pharaon, ce qui est d'un mauvais exemple. On y vola deux mille louis dans la poche de M. de Soubise, et au duc d'Havré une superbe boîte avec le portrait du roi. »

Mme de Bawr rapporte que M. de Chalabre tenait la banque chez Marie-Antoinette quand on jouait le pharaon. Un soir qu'il ramassait l'argent perdu par les joueurs, il reconnut, en soulevant un rouleau de cinquante louis posé sur la table par un jeune homme, qu'il était faux. La reine le voit avec étonnement mettre le rouleau dans sa poche, attend que tout le monde se soit retiré, et lui fait signe de rester.

« Monsieur de Chalabre, interroge-t-elle, je désirerais savoir pourquoi vous avez ôté du jeu un rouleau de cinquante louis.

— Puisque Votre Majesté m'a vu, je me vois forcé de lui dire que ce rouleau était faux.

— Faux! » s'écrie la reine.

M. de Chalabre prend le rouleau, déchire le papier, qui recouvrait un morceau de plomb habilement taillé!

« Avez-vous pu remarquer celui qui l'a posé sur la table? » continue Marie-Antoinette.

M. de Chalabre répondant avec un embarras marqué, la reine insiste : « Je veux le savoir.

— Eh bien, madame, c'est le jeune comte de ***. »

Le père du coupable était alors ambassadeur près d'une cour étrangère. La reine commande au banquier le silence, et le congédie. A l'appartement suivant, le comte se présenta; mais, quand il s'approcha du pharaon, la reine lui dit en souriant :

« Monsieur le comte, j'ai promis à votre père de vous prendre sous ma tutelle pendant son absence; notre jeu est trop cher pour un jeune homme, et vous ne jouerez plus le pharaon à la cour. »

Le comte rougit beaucoup, s'inclina et s'éclipsa. On aimerait à croire qu'une leçon si délicatement administrée amena chez le pécheur le remords et la contrition parfaite.

Le frère de Manon Lescaut initie des Grieux aux procédés d'une bande de maîtres filous, auxquels le nouvel adepte commence par offrir un souper : « ... On prétendit qu'il y avait beaucoup à espérer de moi, parce qu'ayant quelque chose dans la physionomie qui sentait l'honnête homme, personne ne se défierait de mes artifices. Enfin on rendit grâces à M. Lescaut d'avoir procuré à l'Ordre un novice de mon mérite, et l'on chargea un des chevaliers de me donner pendant quelques jours les instructions nécessaires. Le principal théâtre de mes exploits devait être l'Hôtel de Transylvanie, où il y avait une table de pharaon dans une salle, et divers autres jeux de cartes et de dés dans la galerie. Cette académie se tenait au profit de M. le prince de R., qui demeurait alors à Clugny, et la plupart de ses officiers étaient de notre société. Le dirai-je à ma honte? Je profitai en peu de temps des leçons de mon maître. J'acquis surtout beaucoup d'habileté à faire une volte-face, à filer la carte; et, m'aidant fort bien d'une longue paire de manchettes, j'escamotais assez légèrement pour tromper les yeux les plus habiles, et ruiner sans affectation quantité d'honnêtes joueurs. Cette adresse extraordinaire hâta si fort les progrès de ma fortune, que je me trouvai en peu de jours des sommes considérables, outre celles que je partageais de bonne foi avec mes associés... »

Un étranger jouait sur le jeu d'une femme qui réclama le payement d'une *carte perdante*; on voulut aussi payer l'autre, par égard pour cette femme. L'étranger dit au banquier : « Il peut se faire que madame ait gagné, mais, moi, je suis bien sûr d'avoir perdu. » Dans la même note, un ami de Hogier Grison était sollicité de placer de l'argent dans un cercle qui se montait par actions. On lui présentait l'affaire comme superbe, et, de prime abord, il consentit.

« Pourvu que mon argent me rapporte cinq pour cent là comme ailleurs, c'est tout ce qu'il me faut.

— Cinq pour cent, lui répliqua-t-on, mais c'est vingt, trente, quarante pour cent qu'il vous rapportera. »

Et on lui explique complaisamment de quelle façon on entendait faire marcher le cercle, comment on y attirerait les joueurs, et comment la *cagnotte* s'engraisserait à leurs dépens.

« Ah! vraiment? c'est comme cela, s'écrie-t-il, mais je n'en veux pas pour rien, de vos actions. Pour qui me prenez-vous donc? Mais c'est un métier de souteneur que vous me proposez là! Vous êtes tout simplement des *exploiteurs de viande chaude.* »

Robert Houdin, convoqué comme expert dans un procès de tricherie à l'écarté, dévoile au tribunal les petites ruses des escrocs de cette spécialité. Au milieu de sa démonstration, le défenseur l'interrompt; il s'ensuit un petit duel de paroles entre celui-ci, Robert Houdin et l'avocat général, très amoureux de la dame de pique. Pour s'éclairer, le président fait une proposition originale à Robert Houdin : « Veuillez faire une partie d'écarté avec M. l'avocat général, qui aura l'obligeance de se prêter à l'épreuve. » On rit, on accepte; Robert Houdin, sous les yeux de la galerie très attentive, et sans qu'elle s'en doute, exécute son saut de coupe au moment où l'on est *quatre à quatre.* « Gagné, clamet-il en retournant le roi. — Ma revanche ! » s'écrie l'avocat général, emporté par sa passionnette. Et ce fut un rire général. L'historiette m'a été rapportée par un spirituel magistrat, fin lettré et causeur charmant, M. d'Arcosse, conseiller à la cour d'appel de Paris.

« Si des filous, dit Jean-Jacques Rousseau, attaquaient mon *Emile* au jeu, je le livrerais pour en faire leur dupe; je le laisserais encenser, plumer, dévaliser; et quand, l'ayant mis à sec, ils finiraient par se moquer de lui, je les remercierais encore, en sa présence, des leçons qu'ils auraient bien voulu lui donner. » Jean-Jacques ignore le cœur des filous, comme il ignore la politique : les filous ne raillent point leurs dupes.

On joue beaucoup à partir du dix-huitième siècle dans les villes d'eaux, et voici les jeux les plus courus : piquet, pharaon, billard, quilles, loterie, lansquenet, trente et quarante, creps, trictrac, petits-paquets, quinze, brelan, quadrille, hombre, comète, banque, manille, reversis, homme d'Auvergne, culbas, roulette, biribi. On cite des parties de piquet de douze mille francs. Aix-la-Chapelle, Schwalsbach, sont les précurseurs de Monaco; on y joue les jeux interdits ailleurs. Les villes d'eaux sont le paradis des filous, qui s'en donnent à cœur joie. Les rentes des grecs en cette saison leur semblaient si infaillibles, qu'ils ajournaient alors le payement de leurs dettes. « Je vous payerai, promettaient-ils à leurs créanciers, à la saison de Bagnères, de Vals, d'Aix-la-Chapelle, de Balaruc, de Barèges, de Cotrais (Cauterets) », de la même façon qu'un marchand dirait à ses fournisseurs : « Je solderai avec vous en payement des saints de Pâques ou des Rois. »

Casanova de Seingalt, le spirituel aventurier cosmopolite dont le prince de Ligne aimait tant les cyniques Mémoires, raconte ses multiples et étonnantes aventures avec des joueurs, fripons ou non, entre autres une partie qui dura quarante-deux heures de suite entre son adversaire et lui, et qu'il finit par gagner; une autre où, à Stuttgart, il fut grugé, enivré avec des vins drogués, dépouillé de ses bijoux par trois officiers escrocs, qui lui réclamaient cent mille francs gagnés pendant la nuit; ne pouvant obtenir justice du prince ni de ses juges, privé de sa liberté, il parvient à s'évader de façon fort pittoresque. C'est d'ailleurs un joueur enragé; il joue partout, dans toutes les situations, et le pharaon a sa préférence. Voici de sa façon une petite aventure, moins longue que les autres :

« La compagnie assemblée attendait le duc. Ils étaient douze sociétaires, et chacun à son tour faisait le banquier : ils prétendaient que cela égalisait le jeu; mais je riais de leur prétention, car rien n'est plus difficile à établir que l'égalité entre les joueurs. Le duc de Matalone se met à sa place, tire sa bourse et son portefeuille, et met à la banque deux mille ducats, demandant pardon à la société s'il doublait la somme en faveur de l'étranger; car la banque n'était jamais que de mille ducats.

« — Je risque donc, dis-je, deux mille ducats aussi, et pas davantage, car on dit à Venise qu'un joueur prudent ne doit pas risquer plus qu'il ne peut gagner. Ainsi chacune de mes marques vaudra deux ducats.

« En disant cela, je tirai de ma poche dix billets de cent ducats, et les remis au banquier qui m'avait gagné la veille.

« Le jeu commence, et, jouant sur une seule carte et avec beaucoup de prudence, en moins de trois heures ma corbeille est vide. Je cessai de jouer, quoique j'eusse encore vingt-cinq mille ducats; mais j'avais dit que je ne jouerais pas davantage : j'eus honte de me dédire.

« J'ai toujours été très sensible à la perte, mais toujours maître de moi-même : personne n'a jamais pu s'apercevoir de mon chagrin, précisément parce que ma gaieté naturelle, excitée par l'art, semblait se doubler pour masquer tout autre sentiment. Cela m'a toujours valu les suffrages de toutes les sociétés où je me suis trouvé, et m'a rendu les ressources plus faciles. »

Il ne paraît pas que Casanova ait lui-même triché, mais il a fréquenté beaucoup de tricheurs; en revanche, sa délicatesse semble plus que suspecte lorsqu'il exploite la crédulité des fervents de l'occultisme : et c'est tout au plus s'il ne se fait pas gloire de sa dextérité. Il en vint à aimer le jeu au point de confesser : « Vivre et jouer étaient deux choses identiques ; cette passion était enracinée en moi. »

L'hôtel du Petit-Radziwill eut aussi sa longue période de célébrité interlope, vers la fin du dix-huitième siècle, alors que le Palais-Royal était le sanctuaire et l'égout de Paris,... la grande hôtellerie des passions humaines. « L'hypocrisie est un hommage que le vice rend à la vertu, » a dit la Rochefoucauld. « Or l'hôtel et le passage Radziwill étaient essentiellement hypocrites, remarque M. Georges Cain. Toutes les chambres de ses neuf étages semblaient vouées à d'innocentes industries, à d'honorables métiers ; des enseignes recommandables se balançaient au-dessus de portes perdues dans un dédale de recoins, de couloirs, de corridors, où elles semblaient attester la présence de limonadiers, d'épiciers, de fruitiers, de bijoutiers, de marchands de tabac, de marchands de tableaux, d'écrivains publics. Il y avait même des fleuristes, des modistes, des lingères, et, parmi les multiples industries que recélait l'hôtel Radziwill, ces aimables corps d'état n'étaient pas les moins achalandés. En réalité, tous ces pseudo-industriels tenaient des maisons de jeux. » La Banque de France acquit enfin l'immeuble, et tout rentra dans l'ordre.

Lord Yarmouth jouait grandement, noblement, avec autant de sang-froid que d'habileté. Très lié avec le prince régent d'Angleterre (celui qui fut Georges IV), il faisait d'ordinaire sa partie de piquet, et s'étonnait de perdre toujours, bien qu'il fût sensiblement plus fort. A force d'observer, il finit par deviner. Le prince régent avait mis à la mode des habits bleus ornés de boutons d'acier poli, presque aussi grands qu'un écu de cinq francs. Par respect pour l'étiquette, les familiers du prince gardaient leur habit boutonné, tandis que son Altesse ne fermait pas le sien ; de la sorte celui qui jouait avec Elle avait sur la poitrine sept ou huit petits miroirs d'acier qui réfléchissaient à miracle ses cartes. Aussitôt que lord Yarmouth eut flairé ce *piège du hasard* qui lui coûtait déjà plusieurs milliers de guinées, il déboutonna sans hésiter son habit, et, d'un ton tranquille, répondant au regard étonné du prince : « Monseigneur, dit-il, il fait trop chaud ici pour moi. »

La duchesse d'Abrantès raconte un séjour à la Malmaison sous le Consulat. La compagnie jouait beaucoup au reversis. « Il se trouvait toujours que le Premier Consul avait tous les cœurs dans ses levées, et, lorsqu'on voulait forcer le quinola, il ne se trouvait pas un seul cœur dans le jeu des autres. Alors il enlevait en triomphe le panier des remises, en disant : « Je tiens les bêtes, toutes les bêtes ! « Qui veut acheter toutes les bêtes de la maison? » Une autre fois il jouait aux échecs. Comme il n'était pas bien fort, il employait le même moyen qu'au reversis. Jamais la partie ne pouvait finir, parce qu'il se trouvait toujours deux fous blancs ou deux fous noirs. Il en riait tout le premier, mais il était évidemment fâché qu'on y mît trop d'importance. Et, au fait, ne jouant pas d'argent, il y avait plus à en plaisanter qu'à se fâcher. »

« L'Empereur ne commençait pas adroitement une partie d'échecs. Dès le début, il perdait souvent pièces et pions, *désavantage dont n'osaient profiter ses adversaires*. Ce n'était qu'au milieu de la partie que la bonne inspiration arrivait. La mêlée des pièces illuminait son intelligence, il voyait au delà de trois à quatre coups, et mettait en œuvre de belles et savantes combinaisons. » (*Mém. du duc de Bassano.*)

Le comte d'Alton-Shée perd une grosse somme contre un grec de haute volée et ses complices : « Un soir, dit notre pigeon, j'allai porter à Rosemberg les trente-six mille francs; on y jouait au whist, et, parmi les victimes, je vis le marquis Félix de Lavalette et le comte Léon, un des hommes qui ressemblent le plus à Napoléon Ier. Ce dernier, moins résigné, après une grosse perte, provoqua le principal gagnant, un ancien aide de camp de Wellington, et le tua. Rosemberg, ayant voulu venger la mort du capitaine,... le murmure de l'opinion indignée le força de quitter Paris. » Or, ce Rosemberg fréquentait chez le ministre de Prusse, à Florence, menait grand train, faisant courir, entretenant des actrices célèbres, donnant des dîners très achalandés, et il avait tué en duel une de ses victimes. Avis aux naïfs qui admettent des étrangers dans leur intimité, sans qu'ils aient montré patte blanche, sans s'assurer qu'ils sont accrédités auprès de l'ambassadeur du pays dont ils se réclament : et encore cette précaution ne suffit pas toujours; les diplomates ne sont nullement infaillibles.

Une joueuse célèbre, la comtesse Kisselef, qui avait toute permission à Hombourg, prétendait confectionner mieux qu'aucun Vatel le *jambon à la polonaise*. Comme elle ne quittait pas la roulette, un aide de cuisine lui apportait, toute chaude, une casserole d'argent remplie de beurre fondu, où la comtesse versait elle-même, en un savant dosage, les ingrédients de la sauce. Le marmiton posait la casserole sur le monceau de louis étalés devant la dame, et on remarqua qu'il avait soin, aussitôt après l'opération, d'agiter doucement la casserole, et de la retirer en posant le fond sur une serviette. Mais un jour il laissa tomber la serviette, et avec celle-ci cinq ou six louis qui roulèrent sur le parquet. Etonnement général : un agent de police, appelé, découvrit le mystère; le marmiton ne manquait jamais d'enduire de glu le dessous de la casserole, et cette glu lui permettait d'emporter chaque jour quelques louis.

Chez les demoiselles de moyenne vertu, la jeunesse dorée ne montre pas toujours envers les escrocs l'absurde mansuétude dont on use dans les cercles. Pendant une fête donnée par la Barucci, courtisane célèbre au temps du Second Empire, Garcia et son complice Calzado, directeur du Théâtre-Italien, gagnaient des sommes énormes au comte de Miranda. Les coups, sans doute des séquences, finirent par paraître suspects aux autres invités, qui se concertèrent et surveillèrent les maîtres fripons. On découvrit que des cartes neuves avaient été mêlées aux jeux qui servaient depuis le commencement de la soirée. Gramont-Caderousse interpella brusquement Garcia : « Vous avez ajouté des cartes ! Vous avez triché ! » Un autre posa son chapeau sur les jeux suspects, tous sommèrent Garcia et Calzado de se laisser fouiller, et de restituer les sommes escroquées. Les drôles protestèrent, se défendirent, tout en jonchant le parquet de billets de banque qu'ils essayaient de dissimuler; enfin presque tout fut rapporté à Miranda, qui porta plainte. On juge du retentissement de l'affaire. Elle vint au Palais de Justice le 20 mars 1863, et le Tout-Paris mondain de l'époque, Jockey-Club en tête, assistait à l'audience. Gramont-Caderousse, Feuillade-Chauvin, le comte d'Ignauville, le vicomte de Brimont, le comte Gaston de Poix, le comte de Noblet, le marquis de Vivens, la Barucci, déposèrent successivement, et, après un sévère réquisitoire de l'avocat général, Garcia, qui s'était enfui, fut condamné par défaut à cinq ans, Calzado à treize mois de prison.

J'ai fait une remarque à propos des scandales si souvent impunis : le public s'intéresse plus aux dupeurs, escrocs, grecs, philosophes, qu'aux dupés, jobards, gogos, pigeons de tout poil et de tout plumage. Et le même phénomène se reproduit dans les tricheries colossales des sociétés françaises véreuses, qui ont surgi de toutes parts depuis cinquante ou soixante ans. Et le *pourquoi du pourquoi* n'est pas facile à discerner.

Résumons ici l'opinion de M. Louis Andrieux dans ses *Souvenirs d'un préfet de police,* qui sont à la fois pleins d'esprit et de raison, d'aperçus ingénieux et suggestifs.

Le préfet de police autorise les cercles, les surveille et en ordonne la fermeture s'il y a lieu.

Le préfet de police est censé n'autoriser que des associations de personnes ayant pour but de se rencontrer, de prendre leurs repas et de lire les journaux en commun, accessoirement de se livrer, pour leur amusement, à des jeux dits de société. — Mais, à côté de ces associations, il existe à Paris de véritables maisons de jeu, ouvertes par des spéculateurs qui déguisent mal leur entreprise sous les apparences d'une réunion de gens du monde ou de commerçants.

Les industriels qui veulent avoir une maison de jeu s'adressent à quelques complaisants, derrière lesquels ils s'abritent et qui apparaissent comme les véritables fondateurs du cercle. Le préfet voit apparaître dans son cabinet les messagers les plus divers. C'est une femme aimable que son rang dans le monde défend contre la supposition injurieuse d'un mobile intéressé. C'est un conseiller municipal qui n'obéit qu'à ses sentiments démocratiques et à son dévouement à la cause du progrès; c'est un collègue, c'est un député qui, avec d'autres représentants du peuple, a creusé l'idée féconde de réunir en un cercle, avec les membres du parlement, les hommes intelligents qui sauront deviner et apprécier les avantages de certaines fréquentations. Les fonctionnaires, les agents de change, les coulissiers, les spéculateurs voudront tous être du *Cercle du Parlement;* si on leur objecte qu'ils patronnent une maison de jeu, la jolie femme a des étonnements naïfs, le conseiller municipal des protestations indignées. La vérité, c'est que ces intermédiaires, qui viennent essayer sur l'esprit du préfet l'empire de séductions si diverses, ont reçu la promesse de quelques billets de mille francs et d'une part dans les bénéfices.

Parfois aussi le solliciteur est le futur président du cercle. Il apporte dans l'association sa réputation d'honnête homme, son ruban de la Légion d'honneur, le souvenir de ses anciennes fonctions. Cet apport n'est pas toujours évalué à un taux bien élevé; on a vu d'honnêtes gens, à la recherche d'une position sociale, accepter les lourdes responsabilités de la présidence, moyennant une modeste rétribution mensuelle, avec la faculté de prendre gratuitement leurs repas à la table du cercle, et d'amener des invités.

« Les individus qui trichent au jeu forment une légion... J'ai eu entre les mains une liste de quinze cents grecs... On se rappelle un honorable sénateur — les sénateurs et les députés sont toujours honorables — qui doublait ses vingt-cinq francs par jour en pratiquant la *poussette*. Comme les femmes galantes, les grecs sont nés vertueux :

Qui sait à quel fardeau la pauvre âme succombe ?

« Dans leur monde, il leur est beaucoup pardonné, quand ils ont beaucoup perdu... Je ne saurais dire tous les signes particuliers auxquels on peut reconnaître ces chevaliers de l'Hellade. Mais je mets mes lecteurs en garde contre tout individu qui, dans les cercles, se dit l'ami du préfet de police.

« Si les cercles les plus honnêtes ne réussissent pas toujours à se défendre contre les joueurs trop habiles..., les cercles « ouverts » sont pour les grecs la véritable patrie.

« Le jeu, comme la débauche, a ses maisons de tolérance; mais, pour que le public ne s'abusât pas sur l'effet de la surveillance administrative, il faudrait, sur les uns comme sur les autres, écrire en gros caractères : S. G. D. G. »

Et il convient d'ajouter que tous ces protecteurs ou présidents de cercles véreux sont eux-mêmes complices des industriels qui les fondent, des grecs qui les infestent, et, qu'en bonne justice, ils devraient être considérés comme des gens tarés, condamnés avec les coupables apparents, lorsqu'un scandale se produit.

Les grecs ont suivi le mouvement irrésistible qui pousse les sociétés financières et autres à ne plus se cantonner dans un seul pays, à prendre des allures cosmopolites, universelles. Le monde entier devient de plus en plus leur théâtre, leur champ d'exploitation, de combat, et leur proie. En 1914, la Sûreté générale finit par arrêter une bande de maîtres chanteurs, rabatteurs et escrocs de jeu (*made in Germany*) qui opérait en Italie, en Angleterre, en Amérique et en France, avait pour spécialité de duper de jeunes Allemands riches et voyageurs. Leur chef, Johannes Hermann Kehr, âgé de vingt-cinq ans, les dépouillait au jeu de cartes connu sous le nom de *Meine Tante, Deine Tante*; il avait toujours dans ses poches des chèques en blanc des divers établissements de crédit fréquentés par les Allemands en voyage. Il jouait aussi le rôle du mari courroucé surprenant sa femme en *flagrants délices;* le métier lui rapportait, bon an, mal an, plus de cent mille francs; et il confessa, non sans une pointe de fatuité, avoir ainsi récolté plus de 500.000 francs en cinq ans. Ses complices et lui menaient riche et joyeuse vie, circulant de Londres à Nice, de San-Remo à Paris, de Paris à Buenos-Ayres, toujours à l'affût de l'occasion, cette première dame d'honneur de la fortune, changeant continuellement de noms, d'état civil, jouant à merveille des rôles très divers, réussissant à dépister nos Sherlock Holmes et nos Chantecoqs les plus expérimentés, aussi habiles à se grimer qu'un vieil acteur. Aussi bien chacun sait que les meilleurs comédiens ne sont pas sur les planches, et les professionnels baissent pavillon devant les Talma, les Rachel, les Got, les Bressant de la politique, de la diplomatie et des salons.

Il y a une étiquette des rites du jeu; ils commandent d'éviter tout ce qui peut éveiller la méfiance. Le comte Treilhard donna une excellente leçon de tenue à Khalil-Bey, cet ambassadeur de Turquie sous Napoléon III, qui eut quelque notoriété tandis qu'il croquait ses millions à Paris. Il était, au baccara, possédé de la singulière manie de compter à chaque instant l'argent de la cagnotte, qui naturellement appartient en commun à tous les joueurs. Ces attouchements inquiétaient le comte Treilhard, qui finit par traduire spirituellement son impression : « Mon cher Khalil-Bey, ne touchez donc pas à la cagnotte; je ne me méfie pas de vous, mais il est *sans exemple* qu'on y ait ajouté quelque chose. »

Et l'on assisterait, hélas! à un défilé assez long, s'il fallait narrer toutes les histoires de gens du monde plus ou moins disqualifiés surpris trichant au jeu dans les grands cercles et les salons du dix-neuvième siècle. Mais ces êtres-là ne sont plus des gens du monde, ils ne sont plus que l'écume et la lie du monde; toutes les castes, toutes les professions ont leurs vicieux, leurs criminels, et c'est encore dans le monde, n'en déplaise aux lanceurs d'anathèmes, aux pamphlétaires, qu'on trouve le moins de brebis galeuses.

CHAPITRE XII

LES JEUX DE HASARD ET LA LOI

Dans tous les temps on a légiféré contre les jeux de hasard. Prohibitions en Orient, en Grèce, à Rome, Edits royaux, Ordonnances synodales. Opinion du ministre protestant Joncourt. Trois espèces de sorts, d'après les canonistes. — Sermons d'un effet foudroyant. Joueur converti. Hypocrisie des gouvernements. — Les Assemblées révolutionnaires et la Commune de Paris contre le jeu. — Maisons autorisées; fermiers des jeux. Boursault Merdiflore. — La thèse et l'hypothèse. L'Etat Tartuffe par excellence dans sa conduite envers les cercles et casinos; il défend, mais tolère; condamne, mais absout. Les pourboires de Fouché. — Maisons de bouillotte. Recrudescence des jeux à l'arrivée des Alliés en 1814. — Le tripot du bailli de Ferrette. — Lois de 1834 et de 1901. Distinction fondamentale entre les grands cercles fermés et les casinos. Impôt des cartes à jouer. Loi de 1907. — Avantages et inconvénients des cercles : d'Alton-Shée, Mme de Girardin, Auguste Villemot, Alphonse Karr. — Contre le monopole de l'Etat. — Discours de M. Empereur au Sénat : sages prémisses, fausse conclusion. — Le personnel des casinos. Déclaration du préfet de police en 1902 : tenanciers scandaleusement protégés par des personnages politiques. Remède pire que le mal.

Tous les gouvernements ont pris des mesures contre les jeux de hasard. Orientaux, Grecs, Romains les prohibent à l'envi; Charlemagne les défend sous peine d'excommunication, et l'on cite l'édit d'un empereur de Chine, en 1740, contre les joueurs et les fripons au jeu. Amendes, emprisonnements furent tout au long inscrits dans les lois, plus ou moins appliqués, selon la tolérance des chefs d'Etat et le zèle de leurs agents. En droit, le jeu est un contrat aléatoire par lequel les parties s'engagent à donner à celle qui gagnera une somme ou un objet déterminé. La loi romaine non seulement refusait toute action au gagnant, mais elle accordait au perdant le droit de réclamer au quadruple ce qu'il avait déjà payé; même Justinien accorda aux officiers municipaux le privilège d'exiger la somme que le perdant négligeait de réclamer, pour l'appliquer à des ouvrages publics. La loi française n'accorde aucune action pour une dette de jeu ou dette d'honneur, mais elle n'autorise pas le perdant à répéter ce qu'il a volontairement déboursé, s'il n'y a pas eu vol, supercherie ou escroquerie[1].

Maintes fois le pouvoir royal essaya d'instituer des prohibitions, presque toujours vaines ou incomplètes. Juvénal des Ursins rapporte qu'au quinzième siècle, le conseil du roi, considérant l'avantage qu'avaient donné aux Anglais les francs archers à Crécy et Poitiers, songea à procurer cette supériorité au royaume de France. On profita en même temps de l'occasion pour interdire sévèrement *tous les jeux de dés*,

---

1. D'après un texte du Digeste, quiconque donnait à jouer perdait ses droits de citoyen : toutefois certains textes permettent les jeux de hasard, pourvu que le gain soit consacré à se donner des festins. *Quod in convivio, vescendi causa ponitur, in eam rem alea permittitur.*

D'ailleurs affirme Sarrans, pour donner plus d'étendue à cette exploitation d'un nouveau genre, on est convenu, d'un commun accord, que les dettes de jeu ne seront plus exigées dans les vingt-quatre heures consacrées par l'usage antique et solennel. Ces dettes sont réglées maintenant, même dans les salons les plus huppés, comme toutes les dettes ordinaires, c'est-à-dire par obligations, billets et tempéraments, attendu, dit-on, que, la loi ne reconnaissant pas les dettes de jeu, elles doivent être garanties autrement que par la probité des débiteurs. Sarrans affirme, mais il érige en pratique universelle des cas particuliers.

« Autrefois, remarque Alphonse Karr, on appelait les dettes de jeu des dettes d'honneur, et elles devaient être acquittées dans les vingt-quatre heures. Cette rigueur et cette dénomination paraissent bizarres au premier abord; eh bien, cela est très justifiable. Une dette de jeu est une dette dont un homme de bonne compagnie ne réclame pas le payement, que du reste il ne pourrait pas exiger, attendu que la loi ne reconnaît pas les dettes de jeu; elle n'est donc garantie que par la probité du débiteur. Le délai de vingt-quatre heures est également admissible, en cela que le jeu n'est pas une affaire, et que l'on est censé ne jouer que l'argent que l'on a. »

de cartes et de paume, qui s'étaient introduits dans le peuple à l'imitation de la Cour, en les remplaçant par les exercices de l'arc et de l'arbalète. Cette ordonnance plut beaucoup au peuple ; il prit goût à ce jeu de l'arbalète. Il n'y avait pas jusqu'aux petits enfants qui n'y devinssent adroits. « Mais bientôt on eut peur que le commun peuple ne connût sa force, et ne devînt plus puissant que les princes et les nobles. Il fut défendu par le roi de continuer ces exercices, sauf dans certaines compagnies d'arbalétriers ; le peuple retourna comme auparavant aux mauvais jeux de hasard. »

Un édit de François Ier (1532) interdit tous jeux aux comp. tables de deniers publics, sous peine de fustigation, de bannissement et de confiscation ; leurs adversaires étaient condamnés à rendre l'argent gagné « et le double d'icelui ». Un duc de Savoie ne tolérait certains jeux qu'à condition d'y risquer seulement des épingles.

Une ordonnance militaire de Chastillon (1572) déclare que « le soldat qui au jeu pipera sera passé par les piques ». En 1717 le Régent fit publier une défense sévère de la bassette et du pharaon, sans distinction de personnes ; le débordement de ces jeux, pour parler comme Saint-Simon, en était venu au point que les maréchaux de France avaient établi à leur tribunal, qu'on ne serait nullement obligé de payer les dettes contractées à ces jeux, qui avaient provoqué plusieurs suicides et la ruine de nombreuses familles[1]. Une ordonnance des Maréchaux de France (de 1760) déclare que ceux-ci n'auraient point d'égard aux demandes portées devant eux pour

---

1. Clunet, *Cercles, Clubs et Casinos; De la Condition légale des cercles avant la loi de 1901.* — L. Duboul, *le Régime fiscal des maisons de jeu...* 1808, thèse pour le doctorat. — Poloni, *le Jeu et le pari au point de vue pénal;* thèse pour le doctorat. — Deloume, *les Manieurs d'argent à Rome.* — Edmond Picard, *les Jeux de hasard et les cercles privés,* Bruxelles, 1893. — Ch. de Carné, *Réglementation des jeux de hasard spéciale aux stations balnéaires, thermales ou climatériques,* 1907. — Peyrafitte, *Cauterets et la commission syndicale de Saint-Savin.* — Desmarais, *Jeux de hasard dans leurs rapports avec le droit pénal,* 1903. — Gasser, *les Jeux publics en France,* 1708. — Grumbach, *les Associations*

créances de jeu excédant la somme de mille livres ; la noblesse ne s'y soumit pas, parce qu'elle blessait le point d'honneur, *représentant nécessaire des vertus qu'on n'a plus*. Par arrêté du 12 décembre 1777, le Parlement de Paris supprime le damnable jeu de *Belle*.

« Notre juge, disait un Italien, m'a fait emprisonner parce que j'avais joué mon argent ; je me demande ce qu'il m'aurait fait si j'avais joué le sien. »

Dans les ordonnances synodales du diocèse d'Orléans (1525), on lit : « Que les ecclésiastiques s'abstiennent en telle sorte des jeux de dés, de cartes et des autres jeux qui dépendent du hasard, que jamais ils n'y parient et n'y soient présents ».

Le ministre protestant Joncourt reprochait aux jeux de hasard de profaner les voies de la Providence : « Les plus petits jeux, affirmait-il, ceux où il y a le moins à gagner ou à perdre, n'en sont que plus criminels, vu que l'on pèche sans motifs. Il ne convient pas de fatiguer pour ainsi dire la divinité, en la faisant intervenir gratuitement, cent fois en une heure. »

Les canonistes reconnaissent trois espèces de sorts : sorts divins, sorts politiques, sorts diaboliques, et les considèrent relativement à Dieu, au gouvernement, au diable. « Mais, dit Dusaulx, le Destin, le Sort, la Fortune, sourdes et muettes divinités, ne secondent constamment que les fripons. Déifier des êtres fantastiques, jadis enfantés par l'ignorance curieuse et inquiète, c'est consacrer ses propres égarements. »

---

et les Cercles. — De Kératry, *les Jeux de hasard en France*, dans Revue Economique internationale, 1908. — Reulos, *l'Autorité administrative et la question des jeux de hasard*, 1903. — Charles Virmaître, *Jeux en France, Législation, Moralité*, Paris, 1872. — Fréréjouan du Saint, *Jeu et pari*, 1893. — Eugène Gontier, *De l'Exception de jeu*, thèse pour le doctorat, Poitiers, 1898. — Evariste Hue, *le Jeu et le pari en droit romain et en droit civil français*, thèse pour le doctorat, Paris, 1894. — Louis de Labrousse, *De l'Exception de jeu*, thèse pour le doctorat, Paris, 1897. — Jacques Maréchal, *le Jeu et l'Administration*, thèse pour le doctorat, Paris, 1910.

Sua cuique Deus fit dira cupido.

Qu'est-ce que le sort? « C'est, remarque Cicéron, un concours secret et fortuit, où la témérité fait tout, la prudence rien. »

On cite quelques sermons d'un effet foudroyant, entre autres ceux du Frère Richard, de saint Jean de Capistran, celui de Bernardino Orchino, prêchant le 5 mai 1423 à Bologne sur les degrés de l'église Saint-Pétrone; les auditeurs apportèrent aussitôt à ses pieds les dés, les damiers, les cartes, qui furent l'objet d'un autodafé en présence des magistrats. Avaient-ils tout apporté? Se consolèrent-ils à la pensée que les moules n'étaient pas perdus? N'auraient-ils pas devancé le trait de ce lettré malade, remettant au confesseur le manuscrit d'un ouvrage peu canonique, et, comme son ami lui reprochait cet abandon, observant avec un sourire : « Oh! mais j'ai gardé une autre copie! »

Un joueur sort tout ému d'un sermon contre le jeu : « Je me sens converti, proclame-t-il; je ne veux plus tenir une carte,... oh non!... je les ferai tenir par mon domestique. » En voilà un, je pense, qui, plus ou moins, avait pressenti cet axiome de pyrrhonisme transcendant : défiez-vous du premier mouvement, c'est le bon.

Par respect humain, par crainte de la fausse opinion publique, la plupart des États civilisés interdisent les jeux de hasard. Est-il besoin d'ajouter que le diable n'y perd rien, ou si peu, pour mainte raison? Et l'une de ces raisons est que les gouvernements pactisent ou transigent avec le diable.

Pendant la Révolution, le mal étant à son comble, les orateurs de la Commune rivalisent avec ceux des Assemblées, tonnent contre la funeste passion; on multiplie les motions, les arrêtés, les décrets, les saisies, les amendes, les perquisitions, et... les députés continuent de fréquenter les tripots qu'ils proscrivent comme législateurs, tandis que ces mêmes tripots s'arrangent — on devine comment — pour que la police devienne sourde, aveugle et incapable de mettre la main sur les pécheurs.

La loi de 1791, assez sévère, reste, ou peu s'en faut, à l'état de lettre morte. La fureur du jeu fut un choléra moral qui n'épargna aucune classe de la nation. « Place à tous, dit Goncourt : aux gens riches les salons dorés du n° 33 du Palais-Royal, où taille Dumoulin, ci-devant laquais de la du Barry; pour les gens à voiture, rue Traversière Saint-Honoré, 35, ou à la Banque de deux mille louis de la rue Vivienne; et encore rue de Cléry, chez la baronne de Mommony; pour les étrangers, rue des Petits-Pères, chez Mme de Linières, chez Mme Jullien au pavillon de Hanovre; chez Mme Lacour, place des Petits-Pères; rue Chabannais, chez Mme Villier. Les laquais jouent chez Chocolat, ancien limonadier ruiné. Enfin les pauvres, les mendiants jouent à six liards la partie, au numéro dix-huit de la rue Richelieu. » Qui ne tenterait la fortune de banquier? Comment ne pas évoquer ces encourageants souvenirs : la petite Lacour vendant 1.200 livres par an la ferme seule des cartes froissées et jetées par terre; l'ambassadeur de Venise payant toutes ses dettes avec son *jeu;* l'ambassadeur de Suède aussi heureux que l'ambassadeur de Venise? Creps, Passe-Dix, Trente et Un, Biribi, ont non seulement leurs salons fixes, attitrés, quatre mille, affirme le citoyen Charon, mais leurs banques ambulantes. Des pavés, des murs servent à improviser cent tripots : à chaque coin de rue un peu obscur, les distributeurs vous proposent *une jolie société*. Ruines, meurtres, suicides s'accumulent; Barnave perd 30.000 livres en une soirée; les dénonciations pleuvent, la municipalité sévit; amendes de 3.000 livres, saisies, banquiers condamnés à un an de Bicêtre, demoiselles de moyenne vertu à trois ou six mois d'hôpital! Le jeu se cache, survit jusqu'à la Terreur, s'épanouit de plus belle après.

Le Directoire réduit à neuf le nombre des maisons de jeu autorisées, et les soumet à une redevance envers l'Etat. La ferme des jeux, qui eut successivement pour administrateurs Perrin, Bernard, Leprince, Boursault-Merdiflore[1], Bena-

---

1. Ainsi surnommé par Montrond, parce qu'il avait en même temps l'entreprise des vidanges et des boues, et qu'il étalait dans ses salons un luxe, extraordinaire alors, de fleurs rares.

zet, etc., comprenait : 1º Le cercle des Etrangers, rue Grange-Batelière, 6; 2º Frascati, rue Richelieu, 108; 3º La maison Dumans, rue du Mont-Blanc, 40; 4º La maison Marivaux, rue Marivaux, 13; 5º La maison Paphos, rue du Temple, 110; 6º La maison Dauphine, rue Dauphine, 36; 7º, 8º et 9º : le Palais-Royal.

Tout en rappelant la loi prohibitive de 1791, restée en fait à l'état de lettre morte, le décret-loi du 24 juin 1806 autorise le ministre de la police à faire des règlements particuliers sur les jeux, pour la ville de Paris et les stations thermales. Le Code pénal (article 410) prohibe formellement les maisons de jeu; mais l'administration continue à se prévaloir du décret de 1806, invoquant l'intérêt des finances de l'Etat, la nécessité de ne pas acculer à la ruine certaines villes d'eaux dont les municipalités avaient fait des sacrifices considérables, et qui tiraient des jeux leur prospérité, leurs principales ressources. Aussi bien, de 1819 à 1837 seulement, les versements des fermiers s'élèvent à 137 millions 313.403 fr. 81 centimes, dont 104.500.000 francs au profit de l'Etat, soit 5.500.000 francs par an, et 32.813.403 fr. 81 centimes pour Paris. Nouvelle loi prohibitive en 1838, nouvelles violations de cette loi par l'administration : si veut l'utilité publique, si veut le bon plaisir gouvernemental. Toujours la thèse et l'hypothèse. Circulaires très sages, très morales, avec un petit correctif de quelques lignes, qui défend mais tolère, condamne mais absout. L'Etat gémit, mais empoche; par cela seul qu'il taxe, il approuve; dans sa conduite vis-à-vis des cercles et casinos, il se montre le Tartuffe par excellence; là, comme sur tant d'autres points, il est le premier dissipateur du monde. Malheureusement on ne peut interdire l'Etat comme on fait des particuliers. Dans quel asile soignerait-on ce prodigue? Quelles douches, quel régime lui appliquerait-on? Ceux que le peuple choisit pour médecins et tuteurs, remplissent-ils avec conscience, surtout avec compétence, leur mandat?

Le chef-d'œuvre de l'hypocrisie d'Etat, saluez! c'est cette lettre de Fouché, ministre de la police en 1802, aux préfets des départements : « On m'assure qu'il existe une association de banquiers de jeux, correspondant avec une *prétendue* administration centrale fixée à Paris. » Et c'est Fouché lui-même qui surveillait, gouvernait, pressurait la ferme des jeux, et ne dédaignait pas de recevoir ses occultes pots de vin sous la forme d'une bourse plus ou moins mystérieuse de 50 louis, déposée tous les matins sur sa cheminée. Après celui-là, il faut, n'est-il pas vrai, tirer l'échelle ? Aussi bien, Decourcelle, dans son *Vœu général,* brochure écrite dans un but de chantage, malmène spirituellement Perrin, tenancier des jeux de 1802, et décrit avec verve la physionomie de ses tripots, avec messieurs de l'Antichambre, messieurs de la Chambre et mesdames de la Chambre, et la séquelle interlope qui grouille autour d'eux, et les dupes qui s'empressent :

> L'argent, l'argent, dit-on, sans lui tout est stérile,
> La vertu sans l'argent est un meuble inutile,
> L'argent fait un seigneur du plus mauvais faquin,
> L'argent en honnête homme érigerait Perrin.

Et l'épître dédicatoire ! Je m'en voudrais de ne pas la reproduire, d'autant plus qu'elle peint presque trait pour trait les trois quarts des tenanciers de jeux passés, présents, et probablement futurs : « Au très adroit, très bienfaisant, très cher, très fameux, très honnête et très noble Perrin aîné, premier administateur, actionnaire, banquier des très utiles, très salutaires, et surtout très lucratives maisons de jeux de hasard. Ancien chevalier d'industrie, aujourd'hui chevalier de la Toison d'Or, chef de la bande noire, généralissime des armées des croupiers, banquiers, tailleurs, grand maître de *Messieurs de la Chambre;* bas, mais puissant seigneur de Petitbourg et autres lieux tant publics que privés; maître de son hôtel à escalier dérobé (comme le reste de sa maison), rue Cérutti, ci-devant d'Artois... »

Le docteur Véron apprit par Bénazet que Perrin remettait tous les matins cinquante louis à Fouché sans reçu. Il paraît aussi que Fouché faisait de temps en temps payer sur la caisse des jeux de Perrin des bons de police de dix ou vingt mille francs : aussi déclarait-il à Bonaparte, Premier

Consul, que les jeux constituaient ses plus précieuses ressources de police. Fouché laissa vingt millions.

Bénazet, obligeant et adroitement généreux, fut le Mécène de quelques gens de lettres; ses familiers l'appelaient l'Empereur.

Les frais de régie de l'Administration des jeux étaient fixés à une somme de 2.400.000 francs. Le fermier prélevait encore sur la recette brute une somme de 100.000 francs pour intérêts, car il devait toujours avoir, soit sur les tables de jeux, soit en caisse, une somme de 1.291.000 francs; on exigeait aussi de lui un cautionnement de 500.000 francs. Sous l'Empire et la Restauration, à côté des maisons de jeu publiques, sous forme de *tables d'hôte* florissaient des *maisons de bouillotte,* dangereux repaires, ayant chacune son *commandant* vénérable, son *commandant aux moustaches en croc,* témoin obligé de tous les duels de céans, avec un fort contingent de veuves de *colonels* ou de *généraux tués à Waterloo,* de *femmes à parties,* et d'escrocs de profession. Il est à peine besoin d'ajouter que, sous les vocables les plus variés, cette vermine morale n'a pas cessé de pulluler.

Voici comment se manifeste l'état d'âme des joueurs à la fin des Cent-Jours :

BÉNÉFICES DE LA FERME

18 juin 1815	....	11,174,67
19	—	11,901,30
20	—	1,730,45
21	—	8,70
22	—	16,890,70
23	—	5,927,45
24	—	5,848
25	—	58,691

Naturellement l'arrivée des Alliés à Paris se traduit par une ruée formidable vers les maisons de jeux. Le tenancier de la ferme se frotte les mains, bien qu'il paye au général Müffing et à Justus Grünner 4.000 francs par jour pour qu'ils protègent l'entreprise, et n'autorisent pas de concurrents. Et les mémoires et brochures du temps citent les gros joueurs étrangers, n'oublient pas Blücher qui ne quitte guère le n° 113, où vient le chercher Beugnot afin d'empêcher l'explosion du pont d'Iéna. « Détail piquant, les Alliés laissèrent derrière eux d'énormes *pavés*, 933.849 francs de billets, presque tous sousctits pour dettes de jeu, sur lesquels 170.109 francs présentaient de vagues chances de remboursement. Il fallut passer l'éponge.

Les rapports de police signalent, parmi les principaux tenanciers de tripots clandestins sous la Restauration, le bailli de Ferrette, représentant du grand-duc de Bade, que l'immunité diplomatique défendait plus ou moins, au grand déplaisir du fermier des jeux publics. Ce même bailli, protecteur des beautés opéradiques, appuyait sa piètre personne sur des fuseaux si minces, que Montrond lui demanda un jour : « Décidément, avez-vous trois épées ou trois jambes? » puis, se retournant vers un ami, il ajouta : « C'est l'homme de France le plus hardi, il ose marcher quand il fait du vent. » On prétendit que, lorsque Ferrette voulait être aimable avec ses ballerines, il leur jouait du violon en chemise : d'où peut-être son surnom d'*Apollon du Père-Lachaise*. En fait, les jérémiades, fort exagérées, du tenancier de la ferme, n'empêchèrent pas le bailli de continuer son rôle de brelandier mondain pendant la Restauration.

Paul Féval constate qu'à ces époques le Palais-Royal était « une manière de forteresse autour de laquelle le vice, pris dans son sens le plus large et le plus générique, avait concentré l'artillerie de ses séductions... L'Amour servait le jeu, le jeu payait l'Amour, l'Amour et le jeu poussaient à l'Orgie, qui leur rendait bien la pareille... A présent que trouve-t-on au Palais Royal? Le silence, la solitude. Qui donc a fait ces lamentables ruines? La police et la loi, au nom de la morale... Ce lieu vivait du vice, le vice le faisait beau. Vous avez prétendu l'amender, l'assainir, et vous l'avez assassiné... Maintenant l'égout n'est nulle part. Ne serait-ce pas parce qu'il est partout? »

Avant la loi du 1ᵉʳ juillet 1901, les cercles et associations étaient régis par la loi du 10 avril 1834 et l'article 291 du Code pénal. Aujourd'hui ils peuvent se former librement, sans autorisation préalable, mais restent, bien entendu, soumis aux sanctions du Code pénal.

Le cercle est, en principe, une association sans but lucratif. Depuis 1871 les abonnés supportent une taxe du cinquième de la cotisation annuelle, taxe à laquelle ne sont point assujetties les sociétés de bienfaisance ou de secours mutuels, les sociétés purement scientifiques, sportives, agricoles, littéraires, musicales, qui ne se réunissent pas quotidiennement. En vertu de la loi de 1891, la taxe porte à la fois sur le montant des cotisations et sur le montant de la valeur locative. Par exemple, pour les cercles dont les cotisations représentent au moins 8.000 francs, et la valeur locative 4.000 francs, l'impôt atteint 20 p. 100 des cotisations, et 8 p. 100 de la valeur locative. Un autre impôt assez lourd, c'est l'impôt des cartes à jouer, qui date de Henri III, et ne fait que croître et embellir. Aujourd'hui les cartes de cercles, clubs et casinos, payent 1 fr. 50 à 2 fr. 50 par jeu de 36 ou 52 cartes, tandis que les cartes ordinaires payent 75 centimes ou 1 fr. 25. Les cercles ne peuvent obtenir de nouveaux jeux qu'en rapportant les as de trèfle et les valets de trèfle des jeux antérieurement livrés. Contre de telles exigences, ils n'ont qu'un moyen : réduire les dépenses générales, le loyer, augmenter les cotisations.

En droit, le cercle ou club est une réunion permanente ou association dont les membres se rassemblent quotidiennement, dans un but d'agrément ou d'étude, et payent une cotisation. Les Grecs ont eu des clubs, comme le prouve un passage d'Aristote.

Ici d'ailleurs il faut établir une distinction fondamentale entre les grands cercles fermés et les casinos. Les premiers jouissent de la même immunité que le domicile lui-même; ils rentrent dans le type « du cercle privé, cloîtré comme un couvent », selon l'expression d'Edmond Picard. Ils ne tombent pas sous l'application de l'article 410 du Code pénal, n'étant pas des endroits ouverts au public, soit librement, soit sur la présentation d'affiliés. Avant la loi de 1901, qui les a placés sous le régime du droit commun, l'administration par exemple y tolère le baccara, contrairement aux statuts approuvés : elle pouvait révoquer, sans aucun recours possible, l'autorisation qui constitue l'acte de naissance du cercle, et c'était la mort sociale, sans phrases. Mais ce coup d'Etat administratif ne se produisait presque jamais, la discipline et la tenue de ces cercles, l'honorabilité de leurs membres, les mettant à l'abri de mesures de rigueur.

Le taux des prélèvements que l'Etat opérera sur le produit des jeux est fixé aux quotités suivantes :

15 p. 100 sur la partie de la recette brute n'excédant pas 500.000 francs ;

25 p. 100 sur la partie de la recette brute comprise entre 500.000 francs et trois millions ;

35 p. 100 sur la partie de la recette brute comprise entre trois millions et cinq millions ;

45 p. 100 sur la partie de la recette brute excédant cinq millions.

Sur ce prélèvement, les communes auront droit aux quotités ci-après :

15 p. 100 sur la partie de la recette brute n'excédant pas 500.000 francs ;

12 p. 100 sur la partie de la recette brute comprise entre 500.000 francs et trois millions ;

9 p. 100 sur la partie de la recette brute comprise entre trois millions et cinq millions ;

5 p. 100 sur la partie de la recette brute excédant cinq millions.

En dehors de ces échelles, la loi de 1907 prévoit certaines clauses spéciales. Nul ne pourra pénétrer dans les salles de jeux sans être muni d'une carte passible d'un droit de timbre spécial, savoir :

0 fr. 25 si l'entrée est valable pour la journée ; 3 francs si l'entrée est valable pour une durée excédant un jour, mais ne dépassant pas quinze jours ; 5 francs si l'entrée est valable pour une durée excédant quinze jours, mais ne dépas-

sant pas un mois; 10 francs si l'entrée est valable pour une durée excédant un mois.

Les cartes qui donnent accès dans les salles où se jouent le baccara, l'écarté ou autres jeux similaires autorisés, sont passibles d'un droit double.

Il faut savoir gré aux Chambres d'avoir réglementé (1907) la passion du jeu en lui accordant une existence légale, alors qu'il n'avait auparavant qu'une existence de fait. La loi vise les seuls cercles et casinos des stations thermales, balnéaires ou climatériques. L'autorisation est temporaire, toujours révocable, ne peut dépasser la durée de 18 ans; les seuls jeux de hasard autorisés sont : le baccara à deux tableaux, le baccara chemin de fer, l'écarté, le jeu des petits chevaux et ses variétés. Tout casino doit avoir à sa tête un directeur et un comité de direction; prélèvement de 15 p. 100 sur le produit brut des jeux, au profit de l'Etat (les stations balnéaires ont aussi leurs avantages, stipulés par le cahier des charges). Voilà en substance l'économie de la loi; un décret de 1907 règle le mode de perception du prélèvement. Ainsi les comptes des jeux sont tenus par table de jeu et par séance; chaque table porte un numéro d'ordre, et doit être munie d'une caisse ou cagnotte distincte, où sont réunis les fonds reçus à titre d'avance pour le service des jeux, et ceux versés par les joueurs. Les infractions constituent des délits de la compétence du tribunal correctionnel. Le montant du prélèvement de 1908 à la fin de 1909 a été de 12.057.982 fr. 02 c.; en 1910, de 6.608.238 fr. 52 c.; en 1911, de 7.235.567 fr. 07 c. Le gouvernement a promis de demander aux Chambres les moyens d'augmenter le prélèvement, du moins pour les principales stations; rien de plus légitime, si l'on considère les énormes bénéfices des tenanciers, à condition toutefois qu'on ne tue pas la poule aux œufs d'or. L'Etat belge, de 1847 à 1871, n'a-t-il pas prélevé 55 p. 100 sur les produits bruts du jeu à Spa, Ostende, Blankenberghe, Chaudfontaine, etc.; sans compter que les villes touchaient 25 p. 100? Les actionnaires des maisons de jeu ne recevaient donc en fin de compte que 20 p. 100 des bénéfices annuels. La loi belge de 1902 a sérieusement prohibé les jeux de hasard, leur exploitation publique ou privée; mais, dans l'intervalle de 1871 à 1902, oyez ce qui se passa : les municipalités des stations thermales tournèrent la difficulté en donnant à bail des immeubles de la commune, avec l'autorisation tacite ou même expresse que des jeux y seraient établis. Aux objections du pouvoir central, elles répondirent que, si l'on jouait dans ces maisons de jeu, il ne s'y tenait que des réunions purement privées. Le mensonge apparaît dans son énorme audace, si l'on se rappelle que le cercle soi-disant privé d'Ostende comptait plus de six mille membres, et que, pour la seule année 1900, la ville préleva la somme de 2.600.000 fr.

On a plaidé devant les tribunaux belges la question de savoir si le baccara est un jeu de hasard, et, comme tel, prohibé.

Système de la défense : au baccara le joueur n'est pas purement passif; il fait acte de volonté en demandant on ne demandant pas des cartes.

Thèse de l'accusation : c'est le hasard qui donne ou ne donne pas les cartes, donc...

Mon ami Hippert, alors conseiller à la cour d'appel de Bruxelles, qui me contait ce débat, ne m'a pas transmis le jugement, sans doute parce qu'il n'était guère douteux, le baccara étant jeu de hasard au premier chef.

D'Alton-Shée énumère les avantages et inconvénients des cercles. Pas de joueurs équivoques comme dans les cafés ou tripots clandestins, pas de refait, de trente et un, de double zéro, pas de prime au profit d'une banque comme dans les maisons de jeu. Mais ils ont un envers : comme on s'habitue à tuer dans le métier des armes, dans les clubs on apprend à ruiner sans remords ses amis. « Au lieu de ne hasarder que la somme qu'on peut ou qu'on veut risquer, l'usage de jouer sur parole entraîne le malheureux à perdre sa fortune et au delà... Quelle monstrueuse inégalité entre les joueurs ! Elle est tellement incontestable, que, pendant ma longue vie, M. des Chapelles et d'autres que je pourrais citer ont réalisé annuellement un bénéfice supérieur à cent mille francs, — et pourtant le whist et le piquet, deux jeux dits de *commerce*, sont seuls autorisés. Enfin bien des gens hésitaient à franchir le seuil d'une maison de jeu, d'un *enfer*, comme disent les Anglais ; maintenant les hommes honorables n'hésitent à se présenter dans un cercle que s'ils ont la crainte de ne pas être admis. » Ces remarques confirment le jugement du vicomte de Launay (Mme de Girardin) et d'Auguste Villemot.

« Les jeux particuliers, dit le premier, font regretter les jeux publics. Le hasard *contrôlé*, c'est ce qu'il y avait de moins dangereux. Mais l'hypocrisie constitutionnelle est le contraire de la saine morale ; nos sages puritains, en supprimant les jeux, ne se sont pas demandé s'ils supprimaient le jeu ; l'important pour eux n'était pas de réprimer une passion funeste, mais de s'ôter bien vite les moyens de la surveiller ; car, dans leur naïveté législative, ils ont confondu la surveillance avec la complicité. Ce qui nous étonne, c'est qu'avec des scrupules si ingénieux et des délicatesses si intelligentes, on n'ait pas encore supprimé les égouts. En effet, n'est-il pas indigne d'un gouvernement moral de conserver la direction de ces fleuves immondes ? Et d'ailleurs, dans ce beau siècle de libertés, n'est-il pas temps enfin de proclamer la plus belle de toutes : la liberté de la fange ? »

« Supprimer les jeux publics, affirme de son côté Villemot, ce n'est pas supprimer les joueurs, c'est fatalement les doubler, et encourager les escrocs. Il arrive ici que la petite morale tue la grande, à moins qu'il n'y ait encore plus de deux morales, celle de l'Etat et celle des particuliers, celle de chaque nation, celle de chaque métier, de chaque position sociale. Peut-être avait-on résolu le problème à Aix-la-Chapelle, et dégagé la conscience publique, en attribuant aux pauvres le produit de la ferme des jeux.

« On est en présence d'une passion qui, comprimée, cherche une issue par les voies souterraines. Vous ne voulez pas du jeu à ciel ouvert ; vous avez les tripots, où on est volé tout à la fois par le jeu et par le joueur. En ce qui concerne spécialement les villes thermales, le jeu est une condition *sine qua non* de leur existence. Vous direz peut-être : « Périssent les eaux thermales plutôt qu'un principe ! » Soit. »

Même note dans les *Guêpes* d'Alphonse Karr : « Le préfet de police, dans un accès de moralité, avait, ces jours derniers (mars 1840), défendu, dans quelques cercles de jeu qu'il autorise, la *bouillotte* et l'*écarté*. Sur les instances de plusieurs députés,... l'ordonnance a été rapportée.

« La suppression du jeu et de la loterie n'est pas étrangère à la fièvre qui a ruiné tant de gens, depuis plusieurs années, sous prétexte d'entreprises par actions.

« Il faut que les passions aient leur cours et leurs exutoires.

« Il serait peu logique de supprimer les égouts en haine des ruisseaux, — c'est cependant la même chose. — Quelque inconvénient qu'eût le jeu public, il en avait moins que le jeu clandestin.

« Le jeu est un instinct et un besoin chez beaucoup de gens ; chassé de ses asiles, il s'est réfugié dans la politique et dans l'industrie ; — au lieu d'y perdre des fortunes particulières, on y met et on y perd le crédit, la fortune politique, la confiance et tous les intérêts du pays.

« On fait beaucoup de moralité contre les vieux vices usés qu'on laisse pour en prendre d'autres...

« La *morale de papier* a donc encore essuyé une de ces défaites qui devraient éclairer sur son inanité.

« Laissez rouvrir les jeux, parce que ça ne fera pas un joueur de plus, parce qu'on y perd sans doute, mais moins vite que dans les tripots, — ça fait durer plus longtemps le plaisir de se ruiner, — et, si l'on s'y ruine, c'est contre des chances fixes et connues d'avance. — On n'y est pas mêlé, par une complicité de clandestinité, à ce qu'il y a de plus abject dans la civilisation...

« Dans les maisons publiques, le maximum est limité ; dans les cercles il ne peut pas l'être. Dans les maisons publiques, l'heure de la clôture est fixée ; les portes des cercles, comme celles des salons privés, sont ouvertes nuit et jour... D'une part, la passion est refrénée ; tandis que de l'autre elle ne l'est pas et échappe à tous les contrôles. »

Il n'est pas inutile de rappeler ici les observations de M. Rouvier, en 1910, contre le monopole de l'Etat : « A l'heure actuelle, l'Etat perçoit un droit sur les différences que fait naître le jeu entre parieurs. Il n'y a peut-être pas déjà à l'en féliciter, ni à l'en louer beaucoup ; mais il existe une différence considérable, moralement et matériellement, entre l'Etat asseyant une de ses taxes sur un produit dont la source est de moralité discutable, et l'Etat se faisant lui-même entrepreneur de jeux. Or c'est précisément ce qui a existé autrefois dans notre pays, ce qui existe encore à l'étranger, sous des formes diverses. Ailleurs c'est le « lotto »; on n'ira pas jusqu'à la loterie, dira-t-on. Je n'en sais rien; quand on aura le doigt pris dans l'engrenage, je ne sais où l'on s'arrêtera. Quoi qu'il en soit, sous prétexte de favoriser des œuvres de bienfaisance, pour des motifs assurément très honorables et très élevés, comme les retraites ouvrières et paysannes, on incitera au jeu la portion de la population la plus intéressante... Ce sont les moins fortunés qui, alléchés par l'appât trompeur d'un gain facile, viendront jouer, qui viendront alimenter abusivement la caisse des retraites en dehors des taxes que vous avez établies. Voulez-vous faire renaître dans la population française la démoralisation et les ruines, cortège habituel de l'institution des jeux publics?... »

Devant le Sénat, M. Empereur a commenté spirituellement le régime actuel des jeux. « Nous avons eu, à une certaine époque, un gouverneur des colonies qui faisait la cour à une princesse malgache dont il voulait conquérir les bonnes grâces. La princesse malgache se montra extrêmement difficile, et n'accepta pas les propositions du fonctionnaire en question. Mais elle lui dit : « Je vous enverrai ma bonne. » Ce qui fut dit fut fait, et, chaque fois que la bonne avait l'avantage de se rencontrer avec le gouverneur, elle donnait deux francs à la princesse. C'est le cas de l'Etat. Le jeu — je le personnifie pour la circonstance — dit à l'administration de l'Etat : « Accordez-moi vos faveurs ! » L'administration de l'Etat se drape dans sa grande dignité, et, avec sa pudeur rigide, lui répond : « Ah non ! je n'accepte pas cela ; c'est immoral : mais je vous enverrai la corporation des tenanciers. » Et chaque fois que la corporation des tenanciers vient passer la nuit dans nos casinos, le lendemain elle donne deux francs à l'Etat, et un franc à la commune. Et le tour est joué... L'Etat reçoit deux francs, la commune un franc, et tout le surplus du bénéfice de l'industrie reste aux tenanciers. »

Depuis que la loi de 1907 a été promulguée, le gouvernement a prononcé dix-neuf retraits d'autorisations, et au moins autant d'interdictions provisoires variant de deux à quinze jours.

Il existait cinq mille cercles taxés en 1906, 4.600 en 1912, 123 stations balnéaires qui représentent 142 casinos tenant des jeux.

Contre le personnel des casinos on ne saurait exagérer les précautions, les pénalités ; les unes sont mal prises, les autres insuffisantes ou mal appliquées. Ceci ressort, avec une clarté aveuglante, de la lecture des ouvrages consacrés à ce sujet, et de la discussion qui eut lieu les 4 et 5 juillet 1912 devant le Sénat. On a entendu alors deux bons discours, celui de M. Empereur, qui a dit cent vérités cruelles, et avancé trois ou quatre erreurs sur le personnel des casinos ; celui de M. Paul Morel, sous-secrétaire d'Etat, qui a plaidé habilement les circonstances atténuantes, non en faveur des tenanciers et de leurs complices de tout genre, mais en faveur du gouvernement, au nom duquel il a déclaré qu'on avait fait le possible dans le passé, et promis monts et merveilles pour l'avenir. En réalité, M. Empereur n'a guère fait que paraphraser ce qu'on avait dit avant lui, mais il a apporté des preuves nouvelles qui corroborent les anciennes affirmations. J'aurais désiré toutefois qu'il distinguât davantage entre les directeurs et croupiers de casinos, qu'il condamne à peu près en bloc, parmi lesquels j'aperçois une petite, très petite minorité honnête ; j'aurais voulu qu'il s'inspirât de la réponse de Bassompierre à la reine qui lui demandait l'explication de cette boutade : « Toutes les femmes de la cour sont des p... à l'exception de trois. » « La première, madame, c'est Votre Majesté; la seconde, c'est ma femme; et je demande la permission de ne pas nommer la troisième, parce que toutes les autres m'arracheraient les yeux. »

Oui, les épis sont plutôt rares dans ce champ où dominent l'ivraie, l'épine et la cuscute, mais enfin ils ne sont pas introuvables. Oui, ces gens-là sortent en général du néant, ont souvent un lourd passé qu'ils ne songent guère à purger, et réalisent, le diable sait comment, des fortunes aussi rapides que scandaleuses. Mais il en était de même avec les partisans ou traitants de l'ancien régime, et il en est de même avec les aigrefins de la Bourse ou du pari aux courses. Ce monde peu scrupuleux dépouille le joueur naïf, sème la corruption, le scepticisme, l'anarchie, enlève à l'argent sa valeur réelle par les prodigalités qu'il favorise, au travail honorable et patient son attrait; mais il procure de grosses sommes aux municipalités, à l'Etat lui-même, répand la richesse parmi les hôteliers et fournisseurs. On se passe la rhubarbe et le séné, personne ne s'étonne plus si les directeurs de casinos jouissent d'un singulier prestige, maquignonnent les suffrages des électeurs, en imposent aux élus. M. Empereur va jusqu'à prétendre qu'ils paralysent l'action de la police, des magistrats, et mettent en sommeil la loi. Peu s'en faut qu'il ne réédite l'invective de Jugurtha contre Rome : « Ville vénale, si elle trouvait un acheteur! »

Ce qui semble grave en cette matière, c'est la déclaration du préfet de police, le 15 mars 1912, devant le conseil municipal de Paris. M. Lépine blâme sévèrement la tolérance du parquet; mais quelles suggestions écoute le parquet, sinon celles du gouvernement, et quelles suggestions écoute le gouvernement, sinon celles de personnages politiques influents? « Certain tenancier, affirme M. Lépine, a eu, en quatorze mois, dix-huit procès suivis de condamnations, et il n'a pas fait un seul jour de prison... D'autres, neuf fois condamnés, n'ont pas fait un jour de prison, et leur cercle continue à prospérer, ce qui est plus fort. Les magistrats sont découragés. » M. Lépine a fait fermer à Paris cent soixante tripots sur deux cents. A quoi bon? Quand on supprime un tripot, il va se rétablir ailleurs.

La conclusion de M. Empereur, en faveur du monopole de l'Etat, semble au moins téméraire. L'Etat-Providence est trop souvent aussi l'Etat-Vampire, et l'on sait la manière dont il exerce plusieurs de ses monopoles. Celui-là n'aboutirait qu'à augmenter considérablement le nombre des fonctionnaires, la puissance du gouvernement, l'amoralité des électeurs et de leurs représentants. Le remède est pire que le mal, et l'on ne saurait trop rappeler aux partisans plus ou moins complets, aux dupes du socialisme d'Etat, que les abus les plus criants ne sont pas ceux dont on ne profite point. Il faut admirer que de très honnêtes gens, après avoir éloquemment dénoncé le mal, préconisent comme remède le moyen inévitable de le décupler. Clairvoyance dans le diagnostic et la détermination de la maladie, cécité radicale dans le traitement; c'est là une contradiction où tombent fréquemment les médecins et les partis, les hommes d'Etat et les particuliers, un travers moral ou un abus de la logique qui a fait couler beaucoup d'encre, coûté beaucoup de millions, et parfois du sang.

CHAPITRE XIII

LOCUTIONS, PROVERBES, IMAGES, BOUTADES, TIRÉS DU JEU

Les proverbes, images poétiques, comparaisons, boutades, axiomes, tirés du jeu ou inspirés par le jeu, sont innombrables : je citerai une partie de ceux que j'ai notés au cours de mes lectures.

« Mars avec ses dés décidera du sort du combat, » dit Eschyle. — « Il faut travailler pour de nobles prix quand on joue son âme aux dés de la fortune. » (Euripide.) — « Je ne trouve qu'un remède pour me sauver dans la situation où sont tombés les dés. » (Phèdre.) — « Se marier, c'est tenter la fortune des coups de dés : ou trois six ou trois as. » (Epicharme.) (Ou trois six ou trois as équivaut à notre dicton « tout ou rien ».) « La vie humaine est un jeu de hasard (*ita vita est hominum quasi si ludus tesseris*). » (Térence.) — Horace : « Le jeune Romain ne sait plus se tenir à cheval et il craint la chasse, plus habile au cerceau grec et aux jeux de hasard prohibés par les lois. » — |Pétrone : « C'est la fortune qui règle l'amitié, comme c'est le hasard qui règle la marche de la dame sur le tablier. »

Saint Jérôme : « *Ludus ipse fit eruditio.* Le jeu lui-même devient une science. » « Mais comme les hommes accoutumés à un travail assidu et quotidien, lorsque le mauvais temps les force de le suspendre, jouent à la paume, aux dés, aux osselets, ou bien imaginent quelque jeu d'une nouvelle espèce pour occuper leur loisir; de même ces philosophes qui se sont éloignés du travail des affaires publiques, ou par l'effet des circonstances ou par leur seule volonté, se trouvant n'avoir rien à faire, se sont adonnés, les uns à la poésie, les autres à la géométrie, d'autres encore à la musique et d'autres enfin, tels que les dialecticiens, se sont créé à eux-mêmes une sorte de jeu nouveau dans une science de leur invention. » (Cicéron, *De Oratore*.)

« Tromper en engageant sa parole, équivaut à tricher au jeu. » (Comte de Falloux.)

M⁰ de Puysieux : « Les hommes se devraient garder de jouer avec les femmes pour deux raisons : la première, qu'on n'ignore pas et qu'on peut dire, c'est qu'elles jouent mal ; et la seconde, qu'on n'ignore pas davantage, mais que l'on ne dit point, c'est qu'elles sont friponnes. »

« Si le supérieur joue aux cartes, que feront les moines ? » (Espagnol.)

« La veille du départ, ne joue pas. »

Proverbe italien : Pour rendre un Vénitien heureux, il faut trois choses : une courte messe le matin, une partie de jeu après dîner, et une fille dans la soirée.

Dreux du Radier (*Tablettes historiques*) prête un mot d'à-propos (que de mots arrangés après coup !) au roi Louis le Gros : « Dans le combat de Brenneville contre Henri I⁰ʳ, roi d'Angleterre, en 1119, un chevalier anglais ayant pris les rênes du cheval sur lequel Louis le Gros était monté, et criant : « Le roi est pris ! » Louis lui déchargea un coup de la masse d'armes dont il était armé, et le renversa par terre, en disant : « Sache qu'on ne prend jamais le roi, pas même « aux échecs. »

Vauvenargues : « Les joueurs ont le pas sur les gens d'esprit, comme ayant l'honneur de représenter les hommes riches. »

Conseil du duc d'Aumale au duc de Guise : « Ne réparez jamais une faute, ne jouez jamais sur parole, méfiez-vous d'un vieux Polonais. »

Dieu a un beau jeu de cartes qui n'est composé que de rois, de princes, etc. Il bat les cartes, par exemple le pape avec Luther, et ensuite il fait comme les enfants qui, après avoir tenu quelque temps les cartes en vain, se lassent du jeu, et les jettent sous la table. (Luther.)

Une caricature politique du dix-septième siècle représente une partie de cartes entre le roi de France, l'empereur d'Allemagne et le cardinal de Richelieu; la légende porte : *C'est le cardinal qui conduit le jeu.*

Un prédicateur humoristique du dix-septième siècle, le Père André, s'avisa de comparer les quatre docteurs de l'Eglise latine aux quatre rois du jeu de cartes : saint Augustin est le roi de cœur par sa grande charité; saint Ambroise est le roi de trèfle par les fleurs de son éloquence; saint Jérôme est le roi de carreau par son peu d'élévation, etc.

A la première représentation du *Germanicus* de Pradon, les spectateurs, surpris de n'avoir vu paraître sur la scène que des hommes dans les premiers actes, s'entredisaient :

« Voilà une vraie tragédie de collège, il n'y a point de femmes. »

Au commencement du troisième, on vit émerger du fond du théâtre, en même temps, deux princesses et deux confidentes, et l'on entendit dans la salle une voix gasconne, éclatante, demander :

« Quatorze de dames; sont-ils bons? »

Ce qui excita des bravos et l'hilarité générale.

L'hiver donne les cartes, le printemps joue le jeu.
Si l'argent vient au pas, l'or s'enfuit au galop.
Risquer peu dans la perte, oser tout dans le gain.
Tout grec est débauché, prodigue, fastueux.
Fermer un jeu public, c'est ouvrir vingt tripots.
Virmaître appelle les échecs le jardin des mathématiques.
Le vin, la colère et le jeu nous montrent tels que nous sommes.
Les maisons de jeu tombent, les joueurs restent.
Dusaulx : « C'en est fait des mœurs quand le prince joue. »

Souviens-toi que le Temps est un joueur avide
Qui gagne sans tricher à tout coup! C'est la loi.
Le jour décroît, la nuit augmente; *souviens-toi!*
La terre! Ce n'est plus qu'un triste et mauvais lieu,
Un tripot dégoûtant où l'or a tué Dieu...

AUGUSTE BARBIER.

Un dessin représente Louis XVI sur l'échafaud, disant : « Il ne me reste rien, je joue ma vie. » — Et le bourreau riposte en le saisissant par les cheveux : « Je tiens le coup. »

Le ponte peut échapper s'il reste debout; il est perdu s'il s'assoit.

Un décavé se tue d'un coup de pistolet; un des joueurs qui a entendu le coup, remarque philosophiquement : « C'est un pauvre diable qui va de son tout. »

« Je conçois qu'un citoyen aille au jeu, mais c'est lorsque, entre lui et la mort, il ne voit plus que son dernier écu. » (Jean-Jacques Rousseau.)

Brouiller les cartes : causer de la mésintelligence, fomenter le désordre.

Le tapis brûle : mot usité entre joueurs, pour exciter un nouveau venu à mettre au jeu.

« Vous allez faire pic, repic et capot tout ce qu'il y a de galants dans Paris. (Molière.)

C'est un vrai carabin au jeu, se disait d'une personne qui hasarde une somme au jeu, et se retire aussitôt, perte ou gain.

« Voilà bien des paroles perdues! » soupirait un prédicateur à qui on avait gagné au jeu la rétribution d'un *Carême*.

Les cartes sont bien brouillées (il y a de grandes divisions dans l'Etat).

Donner carte blanche; jouer cartes sur table; savoir sa carte, perdre la carte.

Le jeu ne vaut pas la chandelle.

Dés chargés : dés pipés, dés de mauvaise foi.

Il a *la main chaude*, se dit d'un homme qui gagne au jeu plusieurs coups de suite.

Etre sous la coupe de quelqu'un.

Tenir le dé (se rendre maître d'une conversation).

« Car Madame à jaser tient le dé tout le jour. » (Molière.)

Expédier un homme en forme : lui gagner tout son argent.

Le jeu a ses hauts et ses bas.

Les fautes sont faites pour le jeu; cela est plus fort que jeu; le dernier vaut mieux; être à deux de jeu; c'est le droit de jeu; Mettre une personne en jeu; couvrir son jeu; jouer sous jambe; jouer du pouce; jouer des mains, des mâchoires; la parole fait le jeu.

« Dieu est grand, il a créé les montagnes. L'homme est petit, il a créé les casinos. » (Ardisson, *philosophe* fameux en son temps.)

> Un joueur qui revient est un joueur vaincu.

Un président de République américain refusa une partie d'échecs, en disant :

« Si c'est un plaisir, il est trop sérieux; si c'est un travail, il ne l'est pas assez. »

« Tous joueurs, tous voleurs. »
« Beaucoup de joueurs, pas mal de voleurs. » (Villemessant.)

Mieux vaut jouer contre un pipeur que contre un chanceux; il vaut encore mieux ne jouer ni contre l'un ni contre l'autre.

> Les fous sont, aux échecs, les plus proches des rois.
> RÉGNIER.

Mme Barratin : « Le bonheur est une partie de whist; en compromettant son jeu, on compromet celui des autres. »

Jeu où il y a dommage ne vaut rien.
Jeu de main, jeu de vilain.
A beau jeu, beau retour.
A bon jeu, bon argent.
A mauvais jeu, bonne mine.
Ce n'est pas un jeu d'enfant.
C'est un jeu joué.
Du jeu vient feu.
Il fait bien le jeu quand il est beau.

> Le jeu, la femme et vin friand,
> Font l'homme pauvre tout en riant.

Le jeu n'en vaut pas la chandelle.
Tirer son épingle du jeu.

> Le jeu, la nuit, le lit, le feu,
> Ne se contentent jamais de peu.

La politique est une sorte de tripot, où tout le gain est pour les joueurs, et toute la perte pour la galerie.

Jeudi 16 décembre 1875 : *Journal des Goncourt*, tome V, Thiers dit au tribun : « Gambetta, vous avez été imprudent, oui, vous avez été imprudent, vous pouviez... » Et comme Gambetta lui coupait la parole, en lui disant qu'il savait ce qu'il faisait, qu'il n'y avait aucun danger, au bout de quoi il ajoutait : « Et après tout !... — Oui, vous êtes un joueur, reprenait Thiers, un beau joueur ; vous avez raison ; pendant que vous êtes en passe, il faut *faire suer aux cartes* tout leur argent. »

« Dans cet effrayant trente et un, trois énormes joueurs tenaient la banque tour à tour : la liberté, l'anarchie, le despotisme, tous trois trichant, et s'efforçant de gagner une partie perdue pour tous. » (Chateaubriand, *Mémoires d'outre-tombe.*)

La Providence bat les cartes, le hasard les brouille.

> O médiocrité, celui qui pour tout bien
> T'apporte à ce tripot dégoûtant de la vie,
> Est bien poltron au jeu s'il ne dit : Tout ou rien.
>   MUSSET.

« Qui souvent joue, mange et boit, paye tard ce qu'il doit. »
Le meilleur des dés est celui qu'on ne joue pas. (Dictons espagnols.)

« Pierre le Grand s'était acharné à engager son pays dans le jeu des combinaisons européennes ; il avait voulu que sa diplomatie figurât, et pontât à tous les brelans diplomatiques du continent, quitte à sauver sa mise, aux moments critiques, en renversant la table et en bousculant les joueurs. » (Waliszesski, *l'Héritage de Pierre le Grand.*)

Du même historien : « A partir de 1572, quand, de fictivement élective qu'elle était jusqu'alors, la monarchie polonaise le devint réellement, les comices du champ de Wola furent un tripot. L'Europe entière y battit les cartes : une seule fois, au cours de deux siècles, il arriva aux joueurs d'y retourner un roi. » (*Bathory*.)

« La gueisha est ce que l'a faite la folie humaine soumise à l'illusoire désir d'un amour fait de grâce et de jeunesse, sans responsabilités ni regrets; voilà pourquoi elle a appris à jouer avec les cœurs, comme elle a appris à jouer au ken. Mais s'il est loisible à l'homme, en ce monde douloureux, de se faire un jeu de bien des choses, il en est trois au moins que, par une éternelle loi, il ne saurait risquer impunément : la Vie, l'Amour, la Mort. Celles-là, les dieux se les sont réservées pour eux-mêmes, puisqu'il n'est réservé qu'aux dieux d'en savoir user sans mal faire. Gardez-vous donc bien de vous livrer avec une gueisha à quelque jeu plus sérieux que le ken ou le *go*, car c'est déplaire aux dieux. » (Lafcadio Hearn, *le Japon inconnu*.)

« Dans la vie du cœur, on court après la souffrance, comme au jeu on court après son argent. » (Paul Bourget.)

L'histoire semble n'être qu'une partie d'échecs entre un petit nombre de joueurs.

On n'a jamais rien imaginé de mieux que de faire voler (au jeu) des hommes par des femmes.

En 1851, le comte de Falloux prêchait à ses amis la fusion entre légitimistes et orléanistes. Comme M. de Laboulie, grand joueur de whist, émettait des doutes au sujet de l'entreprise, Falloux dit :

« Vous prophétisez que nous échouerons; est-ce une raison pour ne pas faire ce que vous appelez une invite au roi?

— Quand on joue le roi trop tôt, on le fait couper, réplique Laboulie.

— Mais quand on le joue trop tard, reprend Falloux, on perd la partie. »

« On a un jeu très faible d'abord. On écarte trois cartes sur cinq. On vous en donne trois autres qui augmentent admirablement votre jeu : c'est ce qu'on appelle une rentrée. Rappelle-toi *le Bossu*. Lagardère, entouré de spadassins dans les fossés de Caylus, est sur le point de succomber, quand Cocardasse et Passepoil viennent combattre à ses côtés, et lui fournissent la *rentrée* considérable qui améliore son jeu. » (Tristan Bernard.)

En thèse générale, ce sont toujours les plus spirituels qui inventent les *jeux*, et les plus bêtes qui les jouent le mieux.

Le jeu de dominos en distique :

> Sur le marbre poli, des gens en train de boire,
> Agitent gravement et l'ébène et l'ivoire.

Le jeu de dames :

> Sur le bois quadrillé, deux joueurs pleins d'espoir,
> Se prennent tour à tour des bois jaunes et noirs.

Un joueur malin gagne régulièrement un autre joueur pendant un mois dans une station thermale ; au moment de partir, il lui donne ce conseil : « Quand vous donnez, on voit toutes vos cartes. »

Une veuve remariée à son époux qui joue au poker :
« Vous avez une chance de c...
— Vous vous croyez toujours avec votre premier mari. »

Proverbe béarnais sur le joueur passionné : « S'il jouait la gale, il voudrait la gagner. »

Joueur, pêcheur, chasseur, plaideur, tout cela n'a guère de valeur (dicton béarnais).

Le jeu a des rameaux de travers (proverbe basque).

CHAPITRE XIV

LES JEUX DE LA TRANCHÉE : LA MANILLE, LE BRIDGE

J'ai écrit pendant la guerre un article sur la manille, et un peu de prose rimée sur le bridge, deux jeux favoris de la tranchée. Voici ces opuscules :

La Manille.

La guerre étant le jeu de la mort et de la vie, il est bien naturel que les soldats aient cherché à se distraire du terrible sport par d'autres jeux où du moins ils s'amusent, et ne risquent que leur argent.

Et, dans la guerre de mouvement comme dans la guerre de tranchée, dans tous les temps, chez tous les peuples, ils ont cultivé certains jeux qu'ils avaient emportés avec eux en quittant leurs foyers, qui leur rappelaient la douceur du passé et jetaient pour quelques instants un voile sur les inquiétudes du présent.

Dans l'antiquité, ce sont les dés, les osselets, les dames, les échecs. Hérodote rapporte que Pisistrate fit marcher son armée si habilement, qu'il surprit les Athéniens sortant de table : ceux-ci, après dîner, s'étaient mis, les uns à jouer aux dés, les autres à dormir. Lorsque Corinthe fut prise par Mummius, Polybe vit les vainqueurs jouer sur des tableaux renversés à terre.

Les dés n'ont pas perdu la faveur du soldat moderne; ne présentent-ils pas l'avantage de la rapidité et de la facilité, avantages indispensables au succès des jeux de hasard, des jeux populaires? Mais les dés n'accaparent plus entièrement la passion du joueur; l'invention des cartes, qui remonte au quatorzième siècle, peut-être même avant si l'on en croit les Hindous, leur a suscité des rivales; dès le quinzième siècle les cartes firent leur apparition dans les camps. Au seizième siècle, Rabelais énumère plus de deux cents jeux; tous assurément n'ont pas été pratiqués par les soldats, beaucoup l'ont été plus ou moins, selon le rang, l'éducation, le grade, chaque joueur suivant la pente de ses goûts, de la mode, de la hantise exercée par les esprits aventureux et décidés sur les âmes faibles.

Et aujourd'hui, pendant cette guerre formidable où nos héros dépassent ceux d'Annibal, de César, de Condé, de Napoléon, deux jeux surtout, la manille, le bridge, charment leurs loisirs. L'un d'eux m'a dit finement : « La Providence bat les cartes, le hasard les brouille, et bien souvent les dés de celui-ci sont chargés, pipés, dés de mauvaise foi; et donc, je ne prétends pas opposer le hasard au hasard, mais je voudrais lui opposer la combinaison, le calcul, la prévoyance, par conséquent me divertir par les jeux qui font à ceux-ci la meilleure part, et au hasard la moindre, bien que cette moindre part soit toujours considérable. Et c'est pourquoi je joue, je recommande le bridge et la manille. »

Parlons un peu de cette manille si chère à nos *poilus,* puisque poilus il y a; le sobriquet ne me plaît guère, je l'avoue, mais il a fait fortune, et je passe condamnation.

Elle nous vient du nord de l'Espagne et du midi de la France, n'a aucune analogie avec la manille qu'on jouait à Paris au dix-huitième siècle. Elle naît vers 1865, a tout de suite de nombreux pères ou parrains, et, grâce aux Gaudissarts, aux journaux, se propage de ville en ville, de province en province. Ses inventeurs, comme la plupart des inventeurs, ont bénéficié des trouvailles du passé; et il semble bien qu'ils aient fait une sorte de pot-pourri, de salade russe, en amalgamant trois jeux français : la *Brusquembille,* le *Quarante de rois,* la *Triomphe;* un jeu anglais : le whist; ils ont donc imité, copié, rajeuni, retranché, et, comme on sait, c'est imiter quelqu'un que de planter des choux.

Eh oui, le whist : mais les gens du Midi se sentaient fort gênés en présence de ce jeu froid, distingué, silencieux. Alors, en empruntant à d'autres certains traits, ils ont composé un personnage représentatif de leur caractère, un personnage gai, vivant, c'est-à-dire un jeu clair, ensoleillé, animé, n'engendrant pas la mélancolie. De telle sorte que la manille est une espèce d'arlequin multicolore, venant des quatre points de l'horizon social; le jeu aristocratique des classes laborieuses, bien vu de la bourgeoisie et capable de satisfaire tous les goûts, ceux des simples, ceux des raffinés, car on le joue de huit ou neuf manières; il s'est déjà modifié plus d'une fois, se transformera encore, et l'on peut lui appliquer l'aphorisme du sceptique : Dieu n'existe pas, il devient.

Ne croyez donc pas que ce jeu soit facile; il paraît tel, et c'est peut-être une des raisons de son succès, que chacun croit le bien jouer après l'avoir un peu pratiqué; mais il a, lui aussi, ses mazettes et ses talents originaux; ses ignorants et ses savants, ses éternels débutants et ses surhommes. Combien mériteraient cette galéjade d'un artilleur provençal à son partenaire fautif : « Sacrée gourde! S'il y avait un jeu de dominos composé de couillons, tu en serais le double-six! »

D'ailleurs le mot *manille*, en matière de jeu de cartes, est pleinement espagnol; il veut dire la carte privilégiée, la carte par excellence; *manillon* signifie le plus fort après le premier. Ici la manille est le dix, et les manillons sont les as; le dix d'atout est imprenable.

La manille se joue généralement à quatre personnes, deux contre deux, ou à trois, comme au whist, deux joueurs ensemble et le troisième avec un mort, dont le jeu demeure découvert sur le tapis. On se sert d'un jeu de trente-deux cartes comme au piquet.

La partie à quatre personnes se joue en deux parties liées; à trois personnes, elle se joue en trois parties simples. La partie à quatre personnes est en trente-quatre points; il faut donc en gagner deux pour gagner la partie liée. A trois, il faut que celui qui a le mort gagne ses adversaires. On peut encore jouer la manille à quatre personnes, en une seule partie, mais alors en quarante-quatre points, afin d'éviter de gagner en un seul tour de cartes.

Celui qui donne doit bien mêler, *salader* les cartes, afin de n'encourir pas de reproches. On donne de gauche à droite, et le côté droit est le premier à jouer; la dernière carte est retournée, elle forme l'atout, appartient à celui qui a donné.

On doit toujours couper bien franchement, pas à moins de quatre cartes, soit en dessus, soit en dessous du jeu; la coupe à deux, trois cartes, est un des innombrables moyens employés par les tricheurs pour *corriger le hasard* et faire des dupes.

Les cartes se distribuent quatre par quatre, soit huit à chaque joueur; il ne reste donc pas de talon.

On tire pour la désignation des partenaires; les deux premiers dix qui sortent sont ensemble; naturellement les associés deviennent solidaires, partagent la bonne et la mauvaise fortune, répondent l'un pour l'autre. On tire ensuite à qui fera le premier : la plus haute carte l'emporte et commande, soit pour faire soi-même, soit pour donner à faire au joueur de gauche. Les manilles ou les dix valent cinq points; les manillons ou les as, quatre points; les rois, trois points; les dames, deux points; les valets, un point; la levée, qui se compose de quatre cartes, vaut un point; la même valeur est attribuée à la retourne.

Le coup n'est valable qu'autant que c'était à votre tour de donner les cartes; toutefois, si les cartes sont jouées, le coup est bon. Dans tous les cas, on doit refaire s'il se trouve une ou plusieurs cartes retournées pendant la donne, à moins que le coup ne soit accepté par les adversaires avant qu'ils n'aient vu leur jeu.

Le premier à jouer, qui a jeté sa carte sur le tapis, ne peut sous aucun prétexte la reprendre. De même, carte sur table ne peut être reprise, à moins que ce ne soit à vous de fournir, et que vous ayez de la carte demandée. On doit fournir et forcer à la couleur de la carte demandée, ou couper si l'on ne peut faire autrement, sauf le cas où votre associé est maître; alors, vous pouvez vous défausser d'une carte quelconque.

Le premier à jouer peut parler, interroger, déclarer son jeu à son partenaire, à condition de ne faire aucune fausse annonce, de ne pas employer des mots incompréhensibles pour les adversaires, de s'interdire scrupuleusement tous signes et gestes révélateurs. Quand on joue la manille à trois, on ne doit rien se dire; ici, comme au whist, le mort suffit pour se renseigner.

Qui mal donne perd sa donne, mais seulement après avoir retourné.

Il est défendu de regarder les levées pliées, même la dernière. Chacun doit ramasser ses levées personnelles; les associés ne mêlent leurs plis qu'à la fin du coup, pour compter leurs points.

Celui qui fait, seul ou avec son partenaire, toutes les levées, ce qu'on appelle la vole, gagne la manche : on dit alors qu'il a fait un trente-quatre, si la partie est en trente-quatre points seulement.

Si, pour mieux faire comprendre votre jeu à votre associé, vous lui montrez vos cartes, vous ne pouvez plus les reprendre, et devez les laisser sur le tapis, et jouer à jeu découvert jusqu'à la fin du coup.

Il n'est permis de ramasser ses huit cartes qu'après que la distribution est entièrement terminée, et la retourne faite.

Les infractions aux règles donnent droit aux adversaires de bénéficier d'une manche complète de 34 ou 44 points.

Tels sont, en gros, les principes du jeu, tel qu'on le pratique en général. Mais, il y a des variétés[1] dues à l'ingéniosité des joueurs, à ce besoin d'innover qui ne parait jamais plus puissant que dans l'histoire des jeux; parmi

---

[1]. Voici les principales manilles (nos soldats pendant la guerre ont encore innové, paraît-il) : manille muette, manille à trois avec un mort, manille à l'envers, du dix-sept, manille aux enchères, partie avec surprises cachées, partie avec cartes de la surprise découvertes, manille de misère, manille à deux, autre manille.

ces variétés, je signale la manille aux enchères, qui s'inspire sensiblement du boston, qui est même, on l'a remarqué, un petit boston.

Bien entendu, la manille a son vocabulaire spécial, son argot, que les initiés emploient communément, non sans y faire des additions plus ou moins heureuses; *s'esquicher* : jouer sa carte la plus faible; *couffer* : perdre son jeu; *coller* : faire la main à un partenaire ami; *démanger* : craindre une couleur quelconque; jouer *son coup de raide* : jouer son chelem sur table au hasard.

On appelle les atouts *Messieurs. Et les Messieurs?* demande-t-on à son partenaire. *Etes-vous bien* ou *mal avec ces Messieurs?*

Et les termes usités entre joueurs passent dans le langage usuel : « Ça vous coupe le manillon, » dit un personnage de *Boubouroche* à son interlocuteur.

La manille fleurit sur tout le front, et nos soldats ont enjolivé gaillardement sa terminologie. D'abord ils ont inventé une divinité du jeu en général; ce n'est plus Mercure et les sous-dieux qui gravitent autour de Mercure, c'est la déesse *Gobibille* à qui ils adressent leurs invocations avant de commencer. Et puis ils se sont fait une langue de jeu toute guerrière, où les profanes se trouvent dépaysés au premier abord.

La dame d'atout est devenue *Marianne*, le roi d'atout *Nicolas;* les manilles sont des *Rosalie;* plus particulièrement, *Rosalie d'atout* a deux sobriquets : la *Piquante* ou la *Grande;* les manillons sont les *Nègres.*

Au lieu de faire trente-quatre, ils disent joyeusement : *On parle de paix.* Un beau jeu : un *jeu de grenades.* Au lieu de : être bien de la maison, on demande : « *Et comme tabac?* » Et des ripostes à l'unisson : de l'extra-fin... des bûches... assez pour moi. »

Un permissionnaire me conte que, de son côté, on appelle les as des *420;* les rois, des *marmites;* les dames, des *120;* les valets, des *75;* les basses cartes, 10, 9, et 8, des *schrapnells;* les maigres sept, des *balles perdues.*

Mais quel merveilleux dérivatif! Un croiseur allemand tire sur un de nos sous-marins qui plonge aussitôt, et ne revient à la surface que cinq ou six heures après. Quand on demanda à nos mathurins comment ils avaient passé le temps sous l'eau, ils répondirent simplement : « Nous avions des cartes; nous avons joué à la manille, et ça ne nous a pas paru long; le lieutenant et deux ou trois hommes, à tour de rôle, veillaient au grain. »

La manille a ses fanatiques. On m'a affirmé — je jurerais bien, je ne parie pas que le trait est certain — que deux grenadiers, après s'être battus toute la journée sur l'Aisne, avaient accepté une mémorable partie de manille contre deux chasseurs, dont le régiment n'avait pas donné ce jour-là. Vers trois heures du matin, les grenadiers, épuisés de fatigue, et ne pouvant se décider à quitter la partie, parce que la déesse Gobibille ne leur était pas favorable, conjurèrent les chasseurs de jouer pour eux de la main gauche, à quoi ceux-ci loyalement consentirent. Et le plus extraordinaire, c'est que les mains gauches gagnèrent les droites : les dormeurs se réveillèrent, ayant rattrapé et au delà leur argent. Ce n'est pas à ces gaillards-là qu'on pourrait répéter utilement le proverbe espagnol : *Le meilleur des dés est celui qu'on ne joue pas.*

En résumé, la manille est un jeu aimable, jovial même, mais qui n'exclut nullement, et au contraire exige le calcul, le sang-froid, la mémoire; on peut donc lui appliquer en toute vérité ce distique :

> Le whist est un calcul de probabilités
> Dont les esprits distraits doivent être écartés.

Et donc, si vous voulez devenir un maitre à la manille, apprenez-la, pratiquez-la beaucoup et ne la traitez pas comme une babiole.

Souvenez-vous que notre métier nous façonne à mesure que nous l'exerçons.

Petite psychologie du Bridge et de quelques types de bridgeurs.

1.

Tout d'abord évitez ces pontifes du jeu
Qui le font ennuyeux comme un poème épique,
Triste comme un désert sans eau, comme un adieu :
Pédants qu'il faut chasser de notre République.

2.

Redoutez ceux qui vont comme si leur destin
Dépendait d'un carreau qui préserve ou qui tue;
Perte ou gain, avec eux le supplice est certain :
Ils ont pour idéal le train de la tortue.

3.

Il faut leur appliquer la règle de Portland :
Cinquante points d'amende après vingt-neuf secondes;
D'un juste châtiment personne n'est friand,
On est tôt corrigé lorsque la foudre gronde.

4.

Gardez-vous avec soin des braillards, des hurleurs
Qui semblent toujours prêts à vous chercher querelle,
Fatiguent le tympan par de vaines clameurs,
Et mènent plus grand bruit que tambour ou crécelle.

5.

Fuyez comme un fléau ces pontes discourtois
En qui revit soudain la brute héréditaire :
Gourmander sans pitié les voisins tout pantois,
Eriger son système en dogme, en bréviaire,

6.

Ignorer le respect, les rites, le bon ton,
Semble de la tribu la moindre peccadille.
La corriger? Jamais! L'envoyer chez Pluton?
Non plus! C'est un danger pire que la torpille.

7.

Le grincheux voit partout la conjuration
Des choses et des gens : ce fâcheux égoïste.
Ce hérisson moral, objet d'aversion,
Dans le monde produit l'effet d'un anarchiste.

8.

Autre peste du jeu : l'insipide taquin
Qui croit nous amuser en lançant l'ironie,
Parade, et fait en somme un métier d'arlequin :
Dur et méchant, l'esprit est une félonie.

9.

Avec le dédaigneux, on pense au mot naïf
Que dit Hegel mourant à son meilleur élève :
« Toi seul tu m'as compris! Mais non! Mon objectif
Reste incompris de tous, et près de Dieu m'élève! »

10.

Hâbleur, ivre de mots, débordant, indiscret,
Tartarin le bavard parle plus qu'il ne pense,
De trop bien le connaître inspire le regret,
Pérore contre, pour, répond même au silence.

11.

Partenaires douteux, les naïfs étourdis
Pénètrent dans le jeu comme dans une église
L'oiselet égaré, font un salmigondis
De couleurs que le sort rarement favorise.

12.

Le timide, à travers le dédale du coup,
Voudrait qu'on le guidât, en dépit de la règle :
Peut-être, s'il osait, mais la peur le rend fou,
Jouerait-il mieux que tel qui se croit un grand aigle.

13.

Le fat de bridge aspire avidement l'encens,
Se voit, non tel qu'il est, mais tel qu'il devrait être,
Et, plein d'illusions, fait rire à ses dépens :
Voulez-vous plaire au fat? Appelez-le : cher maître.

14.

La mode du snobisme est la divinité :
Le bridge a-t-il des snobs? Le bridge est à la mode,
Bien que plusieurs, au prix d'une infidélité,
Discutent hardiment son capricieux code.

15.

Au bout de quelque temps, on repousse l'ennui
Comme un fardeau pesant, un éternel carême;

Aussi le bridge a-t-il peu de snobs aujourd'hui;
Il assomme ou ravit : pour lui tout est extrême.

16.

Hélas! je jurerais, même je parierais
Qu'il est encor des sots dans notre belle France,
Et de les dénombrer jamais ne finirais,
Car leur chiffre grossit jusqu'à l'invraisemblance.

17.

On voit des sots instruits, des sots pleins de talent;
Mais ils n'ont pas le tact, le goût, cette verveine
De l'âme qui donne aux mots leur suave accent.
« Il y a plus de sots que d'hommes, » disait Heine.

18.

Le sot de bridge agit ou parle hors de propos,
Blesse les délicats alors qu'il croyait plaire,
Perché sur son défaut, souriant et dispos;
Au fond, le sot de bridge est un sot ordinaire.

19.

Le précepte : Glissez, mortels, n'appuyez pas,
Sans cesse est méconnu par la dame ergoteuse,
Qui blâme, contredit, dispute pas à pas;
Qu'elle ait tort ou raison, au diable la fâcheuse!

20.

Quand j'entends pérorer et gronder ce Mentor,
Je crois être devant la princesse enchantée
Qui crachait des serpents, au lieu de perles d'or,
Attendant vainement le secours de Protée.

21.

A ceux-là je préfère encor l'audacieux,
Don Quichotte du bridge, Icare des enchères;
Superbement il croit escalader les cieux,
Et tombe, en emboursant des amendes très chères

22.

Songez que Cavour eut tout de l'homme d'État,
Possédant la prudence, et même l'imprudence
Qui devine, prévoit, n'engage le combat
Qu'après avoir reçu des dieux la confidence.

23.

Les distraits : leur travers est un péché mignon ;
Ils comptent d'ailleurs des variétés nombreuses :
On peut être distrait et charmant compagnon,
En commettant parfois des fautes désastreuses.

24.

Un non moins amusant pécheur, l'irrégulier,
Va du ciel aux enfers, du grenier à la cave,
Tantôt joueur exquis, tantôt fol à lier,
Parfois maître du bridge, et parfois son esclave.

25.

Les moyens compliqués, les sans-atout douteux
Sont le fait du subtil qui, cherchant les coups rares,
Risque de récolter des échecs onéreux :
A force d'être fin, son jeu semble bizarre.

26.

Mais j'allais oublier le seigneur Céladon :
Pour lui le bridge n'est qu'un stratagème habile
Qui, vers le paradis trompeur de Cupidon,
Conduit l'explorateur d'un pays difficile.

27.

Il est envoûté par l'éternel féminin,
Et frissonne à l'éclair des regards, des sourires ;
C'est le dévot d'Eros, ce géant ou ce nain,
Roi des faibles mortels, des dieux et des empires.

28.

Le bridge se révèle un merveilleux agent
De flirt : ne fait-il pas beaucoup de mariages,
Des emparadisés Mercure diligent,
Du Tendre connaissant les plus petits villages ?

29.

« Madame, m'aimez-vous ? demandait un bridgeur,
Malin octogénaire, à sa jeune voisine.
— Monsieur, qui n'aimerait votre esprit enjôleur ?
Vos mots sont des tableaux, votre verve fascine.

30.

— Oh ! C'est trop ou trop peu. M'aimeriez-vous d'amour ? »
Confuse, elle reprit : « Cher maître, pas encore.

— Lors votre pied mignon a choisi pour séjour
Mon pauvre pied goutteux. Ah! combien je déplore

31.

D'être mort! Un tel pied, digne de Phidias,
Jadis m'eût inspiré des vers. » La compagnie
Sourit, se demandant si Vénus ou Pallas
Avait poussé la belle à cette espièglerie.

32.

Dans mes excursions, j'ai rencontré deux fois
Un type curieux, comique, l'indiscrète
Qui dit tranquillement, de sa plus gente voix :
« Aujourd'hui j'ai perdu ; ma piété décrète

33.

Que je ne payerai point, et vous me verserez,
Messieurs, tout votre gain, ou même davantage ;
C'est temps de pénitence : ainsi vous prêterez
A Dieu qui bénira le jeu, grâce au partage. »

34.

Je connais une infante, ayant un jeu piteux,
Qui jette en tapinois un valet sous la table.
Ça ne prend pas toujours ; le coup n'est pas douteux :
Le whist-club de New-York le juge inattaquable.

35.

Telle n'a pas d'argent quand le sort l'a trahie.
« Ah! Mon Dieu, quel ennui ! — Quoi ? — J'ai perdu ma bourse! »
Avec le sexe fort la ruse réussit ;
Or, ne vous flattez pas, messieurs, qu'on vous rembourse.

36.

Celle-ci recourt à l'*Impasse du balcon*,
Contemple de trop près le jeu de l'adversaire :
Procédé subtil pour franchir le Rubicon
De l'attaque, et frôler le métier de corsaire.

37.

Une autre imagina de s'exclamer : « Coup nul !
C'est la règle à... Ce neuf est ma plus forte carte. »
On voudrait déjouer l'audacieux calcul,
Mais comment détourner cette flèche du Parthe?

38.

X., cousin du célèbre Harpagon, veut toujours
Gagner, a pour aïeul l'assommant Jérémie :
Perd-il huit ou dix francs, c'est trois mois de discours
Contre le partenaire et l'équipe ennemie.

39.

Le bridge a le menteur, doublé d'un vaniteux :
« Je bridge chez Rohan, avec les la Trémouille;
Je joue un franc le point, et, dans les cas douteux,
Arbitre désigné, jamais je ne m'embrouille. »

40.

« Puisque vous avez fait tout cela, je vous crois;
Je ne le croirais pas si j'avais fait moi-même. »
Mais notre homme, cuidant que mon propos narquois
Cachait un compliment, poursuivit son poème.

41.

Autre faute de goût : réclamer le gros jeu;
Parler, agir ainsi, c'est mal aimer le bridge,
D'un cœur peu délicat signer le triste aveu;
On pense autrement au collège de Cambridge.

42.

Signalons ces deux clans : tricheurs et trichoteurs;
On triche dans les clubs, dans le monde on trichote.
Du moins se montrent-ils polis, ces imposteurs,
Et ne traitent-ils pas leur victime en ilote.

43.

« Je n'ai pour m'acquitter qu'un billet de cinquante,
Gémissait un perdant, et c'est un billet russe. »
Sa voix se colorait de si nobles accents,
Que personne d'abord ne flaira son astuce.

44.

Tout passe, tout casse et tout lasse. Un financier
Offrit un jour : « Je puis vous faire la monnaie. »
Voilà l'homme penaud, voilà le créancier
Instruit à distinguer le bon grain de l'ivraie.

45.

« J'ai vu mieux, j'ai vu pis, n'ai rien vu de pareil. »
Ce mot me revient à propos de certains pontes,

Vrais Allemands des jeux, détrousseurs du soleil,
Et, pour gagner vingt francs, prêts à toutes les hontes.

46.

Le gai Panurge avait, dit maître Alcofribas,
Soixante-trois moyens de robber la pécune ;
Les tricheurs en ont plus : leur aïeul Barrabas
Aurait, avec leurs tours, fait meilleure fortune.

47.

Tout *Philosophe* est un prestidigitateur.
Il en est de très forts, et même leurs émules
Ne sauraient deviner le truc escamoteur,
La *Botte de Nevers* que tant d'art dissimule.

48.

Mais alors ? direz-vous. — Cette minorité —
J'ai dévoilé sans fard des défauts assez graves —
C'est la rançon du jeu, de l'attrait aimanté
Qui prend lettrés, mondains, femmes, soldats, burgraves.

49.

Jouez sans hésiter, toujours du même train,
Et changez de tactique, afin que l'adversaire,
Vous cherchant d'un côté, se trompe de terrain,
Et, croyant triompher, prépare son calvaire.

50.

Spectateur ou joueur, vous n'avez pas le droit
De donner des conseils : un seul mot, un sourire
Peut changer le destin, sauver un maladroit
Qui, sans le sage avis, tomberait dans le pire.

51.

Souvenez-vous aussi du mot de Talleyrand ;
Ne prenez pas la marque avant qu'on ne vous l'offre :
Trop de zèle est suspect ; les airs de conquérant
Ne siéent qu'à nos soldats, à Castelnau, Foch, Joffre.

52.

Chaque équipe devrait désigner deux marqueurs :
Les cercles, les Anglais procèdent de la sorte ;
La loyauté n'est pas le talent, et vainqueurs,
Vaincus ont intérêt que vérité l'emporte.

53.

Jamais on ne prendra trop de précautions :
L'homme est un animal qui trompe ou qui s'abuse,
Etre borné, divers, plein de présomption;
Il faut le surveiller, de peur qu'il ne mésuse.

54.

« Se méfier, non pas; mais ne point se fier. »
Disait dame Geoffrin : joli mot de nuance,
Dénonçant l'exploiteur, le louche braconnier
Qui prétend abuser de notre bienveillance.

55.

Le tableau du marqueur doit être lumineux
Comme un soleil d'été, fait pour toute l'équipe,
Si bien que d'un coup d'œil le joueur curieux
Sait à lui-même son barème et son Œdipe.

56.

Je sais des financiers, un mathématicien,
Qui font de leur tableau le plus obscur grimoire;
Il semble composé par un magicien
Qui voudrait embrouiller l'esprit et la mémoire.

57.

Deux colonnes : en haut, amendes et honneurs,
En bas, les points de manche; or, sur chaque colonne
On inscrira les coups, heureux ou malheureux,
Ceux que Plutus protège, et ceux qu'il abandonne.

58.

La femme, ayant plutôt le don de l'imprécis,
Et rarement celui de la mathématique,
Marque moins bien : elle a de plus nobles soucis,
Le divin, la beauté, son foyer, la musique.

59.

Ayez toujours présent l'axiome sauveur :
Au bridge les gros gains s'obtiennent par l'amende;
Là, comme en politique, il en coûte au rêveur
Qui confond sa chimère avec le dividende.

60.

Le leader ou flanc gauche attaque la couleur
Que son associé déclara dans l'enchère :

C'est là, presque toujours, le moyen le meilleur
D'éviter le chelem, la manche meurtrière.

61.

Pesez bien votre jeu, pesez surtout celui
Des trois autres bridgeurs, j'entends leur jeu probable :
Les moyens ? Votre jeu pour deviner autrui,
Raisonnement, mémoire, instinct d'ange ou de diable.

62.

Déclarer *quatre cœurs* quand on peut en faire un,
C'est courir au-devant d'une lourde défaite.
Le bridge est un combat : au moment opportun
Il faut marcher, *passer*, et couvrir la retraite.

63.

Quand votre vis-à-vis *contre* quatre ou trois tricks,
Respecter sa parole est la règle absolue :
Un calcul inspiré guide ses pronostics,
Son carquois a le trait qui triomphe et qui tue.

64.

La *Déclaration* est le point capital :
Sur cent, la chance vaut au minimum cinquante,
La déclaration trente-cinq au total,
Quinze le bien joué que l'art conduit, régente.

65.

En trompant l'adversaire, on trompe aussi l'ami :
Comme le sage Ulysse, écartez les sirènes,
Le *Sans-atout léger* qui sonne l'hallali,
Le vôtre, et se traduit en fâcheux phénomènes.

66.

Très périlleux aussi le coup des *quatre honneurs*,
Sans soutien sérieux ; il séduit les novices.
« Nous, baisser pavillon ! clament ces pourfendeurs ;
Non ! jamais ! » Et ils vont au bout de leurs caprices.

67.

Résultat : Trasimène, Iéna, Waterloo,
Partenaire fâché, boudant, vaines excuses,
Le *robre* en désarroi grâce à ce vertigo,
L'ennemi triomphant du succès de ses ruses.

68.

Pratiquez savamment le coup de l'embusqué ;
Amenez à trois, quatre, un bouillant adversaire
Qui soudain, par un contre imprévu démasqué,
Trop tard regrettera son élan téméraire.

69.

Un pré pour une lande, un bœuf pour un poulet,
C'est le secret du jeu, la grande politique.
Attirer poissons gros, moyens, dans son filet,
Séduire le destin par l'art et la tactique,

70.

Voilà ce qui ravit l'amoureux du succès.
Au bridge, je demande un plus rare prodige :
D'abord m'amuser, puis m'entr'ouvrir le palais
Du bienfaisant oubli, père des doux prestiges.

71.

Le bridge est un appel au mystère, au destin,
Ce tyran des vivants, des morts et de l'Histoire,
Vendeur d'illusions, ondoyant, incertain,
Boiteux pour la vertu, jaloux de la victoire.

72.

C'est aussi l'union de l'Instinct et de l'Art
Ligués pour limiter du hasard la puissance,
Malgré ses foudroiements se taillant juste part,
Et laissant une porte ouverte à l'Espérance.

73.

Pendant ce cataclysme immense, eschylien,
Où nos âmes, nos cœurs, ivres de tragédie,
Puisent dans l'idéal leur éternel soutien,
Le bridge verse en moi comme une mélodie.

74.

Un désir m'envahit d'oublier par instants
L'effroyable holocauste et les deuils héroïques
Qui tiennent nos esprits douloureux, haletants,
Ecartelés à deux infinis, mais stoïques.

75.

Sur le front nos soldats jouent leurs sublimes jeux,
Le jeu de notre honneur, le jeu de la patrie :

Le bridge distrait ces héros, ces demi-dieux,
La manille et lui sont chasse-mélancolie.

76.

Du début à la fin soyez de bonne humeur :
La joie a son aimant, et la plainte est sans grâce ;
Les cartes ont une âme et vont à l'enjôleur
Qui sourit et répand la gaieté dans l'espace.

77.

Jamais un gentleman ne doit récriminer,
Epiloguer pendant le coup, pendant la donne.
Mettre un bœuf sur sa langue et ne point sermonner
Le coupable, voilà ce que le tact ordonne.

78.

Une fois cependant j'entendis murmurer
Par un bridgeur exquis : « Ce n'est pas qui perd gagne ! »
Après vingt gros péchés tolérés sans pester.
Avec de tels zéros le jeu devient un bagne.

79.

Donc, si le partenaire est trop insuffisant,
Retirez-vous sans bruit, sous un prétexte honnête ;
L'amour-propre, remède ou poison séduisant,
Fait des petits, des grands, sa proie et sa conquête.

80.

Un maître de maison vous saura fort bon gré
D'être le chevalier de l'aimable figure,
Gracieux pour chacun, toujours bien inspiré,
Du plaisir général guide et vaillant augure.

81.

Lorsque vous recevez, patriotiquement
Gardez-vous de donner des cartes étrangères :
Elles sont sans clarté, sans art, sans agrément,
Dédale pour les yeux, à l'esprit mensongères.

82.

Vous devrez avant tout grouper vos invités
D'après leurs goûts, talents, esprits et sympathies,
Les forts avec les forts, les mourants, leurs beautés :
Ainsi vous décuplez les tendres harmonies.

83.

Comme l'être humain reste ondoyant et divers,
Un Arlequin moral, il est des gens du monde,
Dans la vie habituelle exempts de tout travers,
Déployant cent vertus, verve, grâce et faconde.

84.

Prennent-ils une place à la table de jeu,
Aussitôt se produit une métamorphose :
Plus d'enjouement, et vous, ô courtoisie, adieu!
Ce qui lui semble affreux ailleurs, le ponte l'ose.

85.

Le jeu suscite ainsi des gens mal élevés,
Fâcheuse éclosion, déplorables microbes,
Fatals ardélions des défauts réprouvés,
Rappelant aux voisins Déjanire et sa robe,

86.

Ivres de passion, victimes et bourreaux.
Il semble qu'un sorcier, d'humeur rude et fantasque,
S'amusant à brouiller les âmes, les cerveaux,
Fasse d'un sage un sot, et d'Apollon un masque.

87.

Dans beaucoup de salons on a peu de respect
Pour le code des clubs qui reçoit mainte entorse :
Subir le règlement, avoir un jeu correct,
Quelle fadaise! Et l'on croit démontrer sa force

88.

En suivant son caprice et créant du chaos.
C'est l'éternelle histoire : au nom de l'anarchie
On se fait dictateur dans son petit enclos;
Chacun à son profit rêve la monarchie.

89.

Mais comment l'apprend-on ? Comme tous les métiers,
Comme les autres arts, par la longue pratique,
La volonté, le goût, éternels héritiers
Des talents en tout genre, et leur sûr viatique.

90.

Prenez quelques leçons, et lisez les traités
Sur ce jeu non pareil, ses avatars, ses rites;

Pénétrez lentement ses secrètes beautés :
Le bridge n'est jamais un sport de sybarites.

91.

Certain admirateur demandait à Newton
Comment il avait fait sa grande découverte :
« En y pensant toujours! » Mot digne de Platon,
Tactique de l'effort que rien ne déconcerte.

92.

Tout le monde n'a pas sous la main trois mourants
Noblement unis pour initier leur reine,
Après avoir signé la trêve des amants :
Qui sait s'ils ont reçu la rançon de leur peine?

93.

Telle femme possède une pure beauté,
Telle autre n'a pour soi que l'art d'être jolie,
De plaire sans les dons de Vénus Astarté ;
Sa grâce cependant nous enchante et nous lie.

94.

Ainsi le bridge a ses principes absolus,
Quelques exceptions, des règles relatives,
Celles-ci séduisant les gens irrésolus
Que hante le mirage ardent des tentatives.

95.

Manœuvrez prudemment, ayez un jeu loyal,
Exempt de fantaisie et d'élan romantique ;
Un maître peut risquer un coup paradoxal,
Le joueur moyen doit observer la tactique.

96.

On devient cuisinier et l'on naît rôtisseur :
Ici comme partout le rôtisseur est rare.
Même pour s'élever au rang de fricasseur,
Il faut que longuement l'apprenti se prépare.

97.

Beaucoup demeureront d'éternels débutants ;
Ce qu'un violonneux, ce qu'un peintre d'enseigne
Est à Mozart, Van Dyck, ces piteux figurants
Le sont au grand bridgeur qui par son talent règne.

98.

Jouez, si vous pouvez, avec de vieux amis
Unissant la science à l'indulgent sourire,
De bonne compagnie avant tout, et soumis
Au code délicat que dame Grâce inspire.

99.

Le bridge a les vertus du tarot sibyllin;
Nombres sacrés, kabbale, antithèse, synthèse,
Arcanes majeurs et mineurs, réel, divin,
Tout puise en ce jeu son principe et sa genèse.

100.

Il est l'ennemi né des snobs et des bavards,
Ces pestes des salons, du parlementarisme,
Mais aime les beaux dits, ces brillants étendards
D'un vif esprit, qui font scintiller l'atticisme.

101.

Pendant le coup, silence! Après, avant, plein droit
D'être galant, verveux, de charmer sa brigade,
Et de se révéler causeur alerte, adroit,
Qui lance comme un trait paradoxe ou boutade.

102.

Chaque peuple prétend avoir créé ce jeu,
Anglais, Américains, Français, les Turcs eux-mêmes,
Qu'importe l'origine? Il est digne d'un dieu,
Digne de son succès, digne de longs poèmes.

103.

Le bridge et l'amitié, ces ailes de l'esprit!
La musique et l'amour, ces deux ailes de l'âme!
Ce quatuor divin, qui rayonne et sourit,
Je voudrais, ô lecteur, qu'il fût votre dictame.

FIN

ADDITIONS

Le plus grand plaisir de la vie.

On demandait à Horace Walpole :
« Quel est, selon vous, le plus grand plaisir de la vie? »
Il répondit :
« C'est de gagner au jeu!
— Et ensuite?
— C'est de perdre au jeu. »
Toute la passion du jeu est dans ces quelques mots.

Le jeu de dominos.

DURAND.

Ne fais-tu rien le soir pour te désennuyer?

DUPONT.

Je joue aux dominos quelquefois chez Procope.

DURAND.

Ma foi, c'est un beau jeu. L'esprit s'y développe;
Et ce n'est pas un homme à faire un quiproquo,
Celui qui juste à point sait faire domino.
Entrons dans un café. C'est aujourd'hui dimanche.

DUPONT.

Si tu veux me tenir quinze sous sans revanche,
J'y consens.

DURAND.

Un instant! Commençons par jouer
La consommation, d'abord, pour essayer.

(MUSSET, *Dupont et Durand*.)

Un jeu de l'Anjou. — Formulettes.

Vive l'Amour! La carte a fait le tour. Au jeu, il s'agit de réunir dans sa main cinq cartes de la même couleur. Chaque joueur, ayant reçu cinq cartes quelconques, choisit à tour de rôle une des cartes dont il veut se défaire, et la passe à son voisin de gauche; celui-ci fait de même, et ainsi de suite jusqu'à ce que l'un des joueurs ait réuni cinq cartes de la même couleur. Alors, il a gagné l'enjeu, et il crie : « Vive l'Amour! La carte a fait le tour! » De là le nom du jeu. Il faut être en nombre.

.*.

Biser le derrière de la vieille : être capot au jeu de cartes.

Pour savoir gagner, il faut savoir perdre.

Le jeu aime la trompe. (Angevin.)

Qui brasse la salade la mange, signifie : tant pis pour celui qui a fait maldonne.

Le bon valet n'a jamais laissé périr son maître.

Les cartes à jouer et la gravure.

« Ainsi, les cartes à jouer, venues de l'Inde en Europe en passant par l'Arabie, vers 1370, avaient en peu d'années couru du Midi au Nord, et ceux qui les accueillaient avec empressement, sous l'influence de la passion du jeu, étaient loin de soupçonner que ce nouveau jeu renfermait en lui le germe des deux plus belles inventions de l'esprit humain, celle de la gravure et de l'impression, avant que la voix publique eût proclamé la découverte à peu près simultanée de la gravure sur bois, de la gravure sur métal et de l'imprimerie. » (Paul Lacroix [bibliophile Jacob], *les Arts aux moyen âge.*)

Les malchanceux.

On voit dans les villes d'eaux des fanatiques qui joignent à la passion du jeu l'habitude de toujours perdre. S'ils mettent leur argent sur la noire, c'est invariablement la rouge qui sort. Ils se consolent en pensant que la rouge n'est pas éternelle, et que la noire finira bien par apparaître. Mais ils ont beau *nourrir* la noire avec un dévouement digne de tous éloges, l'ingrate s'obstine à ne pas sortir. Néanmoins ils persévèrent, et ne changent de couleur qu'après avoir épuisé des trésors de patience. Alors, cette fois, c'est la noire qui commence à se montrer. Ne croyez pas cependant qu'ils se découragent : ils mettent sur la rouge tant que la noire sortira, et ils ne parieront pour la noire que lorsque la rouge aura des chances. Le préfet de la Vendée est un exemple frappant de ce que peut faire la veine au jeu de la politique. (Louis de Coulanges, *les Préfets de la République*.)

Le claquedent table d'hôte.

Briffault (*Paris à table*, 1846) raconte qu'autrefois, pour les joueurs brusquement réduits à la misère, il y avait, dans chaque maison de jeu, une caisse de miséricorde, appelée *Boîte de services pour les asphyxiés, noyés ou blessés*. Un peu plus loin, il écrit : « Depuis que le jeu déploie ses fureurs, il y a des soupers de joueurs qui se mettent à table vers quatre heures du matin, à la même heure où les *escarpes* et les *gouapeurs* vont manger, à la halle, cette soupe perpétuelle dont la marmite, contrairement au tonneau des Danaïdes, ne se vide jamais. » Du même Briffault cette satire des claquedents qui se dissimulent sous le vocable d'une débonnaire table d'hôte : « Entre ces deux régions se multiplie une autre espèce de table d'hôte, funeste et malfaisante. Toute la vie incertaine de Paris s'y précipite; l'aristocratie des bohémiens y abonde et y domine; les artifices, les fraudes et les mensonges des existences nomades et douteuses s'y rassemblent : coupe-gorge et guet-apens, telles sont les deux grandes divisions. Ces tables périlleuses sont généralement tenues par des matrones émérites, de vieux grisons, des entremetteurs, des Aspasies de trente ans et des femmes entretenues : les chevaliers d'industrie y dressent leurs embûches; la galanterie banale en fait les honneurs. C'est là que débutent les jeunes libertins, et que finissent les vieux roués. C'est une des plaies les plus vivaces de la vie de Paris... La majorité des cercles, des tables d'hôte et des maisons de santé n'ont qu'un but, un seul, qu'elles poursuivent sans relâche : ce but c'est le jeu, qui a pour associée la prostitution. » Tout cela, vrai en 1846, n'est pas moins vrai aujourd'hui.

Physiologie du joueur des cercles.

Une page prise sur le vif, d'Albert Millaud :

« Le joueur s'installe. Il tripote ses jetons, il a hâte de recevoir sa carte... Il la tient enfin, puis l'autre... Grand silence.

« — En voulez-vous? dit le banquier.

« Il file ses cartes l'une sur l'autre. Suprême émotion, indicible jouissance. Il abat, s'y tient ou en demande. Dans ce dernier cas, nouvelle émotion! Espérance ou déception. Le banquier aussi prend une carte. C'est un dix. O joie! Sensation! Frémissement! En deux minutes, le joueur a souri, grincé, sué, souffert, joué.

« Et ainsi de suite jusqu'à sept heures, où l'on va dîner. Et pendant ces trois heures, quel argot, et toujours les mêmes choses!

« — Charles, deux cents louis!

« — Je me culotte.

« — Le tirage à cinq, il n'y a que ça (quand il réussit).

« — Aussi pourquoi avez-vous tiré à cinq (quand ça ne réussit pas)?

« — Vous avez tiqué; le banquier a vu que vous aviez sept.

« — J'en donne.

« — J'en prends.

« — Une bûche.

« — Vingt-cinq louis qui tombent.

« — Charles, deux cents louis, S. V. P.

« — Vous savez, un tel est mort!

« — Il doit savoir maintenant s'il faut tirer à cinq.

« — Les cartes passent.

« — Huit! huit! neuf! Charles, deux cents louis!

« Le joueur va dîner, décavé, éreinté, nerveux. Il a perdu, il ira se coucher de bonne heure, ou bien il finira la soirée au théâtre. Bast! Neuf heures sonnent, il n'y tient plus. Il prend congé de ses amphitryons, sous un prétexte à peine acceptable, et le voilà parti pour le *tripot*. C'est de ce nom qu'il qualifie le paradis où il respire. Et la partie recommence jusqu'à deux heures du matin, avec l'éternel refrain :

« — Charles, deux cents louis!

« Quelquefois le joueur gagne. Alors il a un bon mouvement. Il empoche son argent et s'en va; mais, arrivé à la porte :

« — Encore un coup! se dit-il, et il revient à la table, jusqu'à ce qu'il ait tout reperdu...

« Vingt-cinq ans plus tard, on retrouve ce décavé dans un cercle. Il n'est plus joueur, il est gérant. »

Le nouveau bridge.

J'ai fait allusion (page 90) à cette variété de bridge aux enchères que les dégoûtés de l'ancien ou plutôt des anciens bridges —

Il leur faut du nouveau, n'en fût-il plus au monde —

tentent d'acclimater dans les salons et dans les cercles. Sa principale originalité, c'est que le déclarant, l'adjudicataire du coup, marque à la colonne d'en bas, réservée aux manches, seulement le nombre des levées qu'il s'est engagé à faire. Exemple : X. a déclaré deux levées à pique, et il n'y a pas eu de surenchère; il en fait quatre. La levée de pique comptant neuf, il marque seulement dix-huit en dessous ; mais à la colonne du dessus, celle des amendes et des honneurs, il marque cinquante pour chaque levée en plus, cent dans le cas actuel. Il est donc très important, plus important encore qu'avec l'autre bridge, de bien mesurer ses forces, de déterminer exactement le caractère, l'étendue de la victoire qu'on va remporter ; et c'est là le grand mystère du *Contrat,* du *Plafond,* du *Pirate,* — les trois noms dont on a baptisé le nouveau venu. Le problème devient particulièrement délicat pour le partenaire du déclarant. S'il a un beau jeu, doit-il se taire ou pousser plus loin, par exemple dire trois sans-atout, qui font une manche, lorsque son vis-à-vis s'est arrêté à deux ? Celui-ci a-t-il bien évalué ses moyens ? Que signifie le silence des adversaires ? Les belles cartes de son jeu à lui seront-elles bien placées ? Il y a là toute une série d'aléas et de tentations entre lesquels évoluent les raisonnables, les timides, les audacieux, avec des solutions diverses selon les tempéraments. J'ai remarqué que ce bridge pousse beaucoup les derniers à risquer des déclarations qui paraîtraient fort imprudentes aux *simples enchères*.

Il y a aussi la différence dans la manière de compter. Ici les honneurs comptent double, chaque manche vaut cent au côté gagnant, et à la fin on inscrit cinq cents (ou quatre cents) à l'actif des vainqueurs. Si la déclaration est *contrée,* la première levée faite par l'ennemi en plus compte deux cents, les autres cent. Ainsi, je contre trois piques, ou trois cœurs, ou trois carreaux, ou trois trèfles ; l'adversaire doit faire neuf plis ou levées, il n'en fait que cinq : on marque à l'actif de mon camp deux cents pour la première, cent pour les autres, soit cinq cents points d'amende. En somme, le Contrat est plus cher que l'autre bridge, le double disent les adversaires, un tiers plus cher seulement disent les partisans, parce que les parties durent plus longtemps. Le mot *Contrat* s'explique tout naturellement par ce fait qu'on gagne dans les limites de l'engagement pris, du contrat stipulé. *Plafond* vient sans doute de ce qu'à ce bridge, on marque beaucoup à la colonne du dessus.

Pirate? Ici les explications varient.

Les tenants du bridge aux enchères reprochent à celui-ci de dégénérer en jeu d'argent, de développer l'esprit de vertige et de témérité. Ils n'aiment pas le changement perpétuel, croient fermement que leur bridge réalise la perfection dans l'ordre du jeu, comme le *Misanthrope, Hamlet, Don Juan,* la réalisent dans l'ordre dramatique et musical. Le *bridge a ses conservateurs et ses progressistes* : on pense bien que ceux-ci ne restent pas à court d'arguments; ils font remarquer que l'amélioration n'est pas la licence ni l'anarchie, que les antagonistes ont bien accepté les évolutions d'où est sorti le bridge aux enchères. L'un d'eux m'a même dit assez drôlement : « Les conservateurs sont des girouettes rouillées, » et il a paraphrasé un mot profond du comte de Falloux : « Les abus sont révolutionnaires, et les réformes conservatrices. » Ainsi se retrouve, dans la psychologie d'un simple jeu, l'éternel dualisme qui fait le fond de l'humanité, dualisme représenté par deux partis : ceux qui veulent maintenir, ceux qui prétendent marcher en avant.

Le jeu pendant les Conclaves d'autrefois.

« Jadis, à la mort d'un pape, Rome semblait prise d'ivresse et d'une folie furieuse. Un interrègne, comme on l'a dit, était le règne de la canaille. » Le pape Paul III ayant demandé à Fra Bacio quelle était la plus belle fête de Rome, il répondit : « C'est la fête qui se célèbre à la mort d'un pape et à l'élection de son successeur. » ... On faisait des paris sur l'élection, comme aujourd'hui sur les courses de chevaux; les chances des prétendants étaient publiquement cotées. Plus tard, la loterie remplaça les paris. M. Cartwright raconte que les pères conscrits eux-mêmes, pendant le Conclave, trouvaient moyen de satisfaire leur passion pour le jeu en employant les numéros qui leur étaient révélés par une inspiration divine, par les opérations mystiques du Saint-Esprit. « Après avoir assisté à l'entrée de deux ou trois dîners, écrivait Stendhal, au moment où, suffisamment édifiés, nous allions nous retirer, nous vîmes venir par le tour, de l'intérieur du Conclave, un billet sur lequel étaient tracés les numéros 17 et 25, avec prière de les mettre à la loterie... Ces nombres pouvaient signifier qu'au vote du matin, le cardinal occupant la loge numéro 25 avait eu 17 voix... Les numéros furent fidèlement remis à un domestique du cardinal P... »

« On peut douter que nous valions mieux que nos pères, mais nous sommes plus décents, nous sauvons les apparences... Il existe en Italie un livre de la loterie qui donne l'explication des songes, et les gens qui rêvent ont coutume de le consulter avant de choisir leur numéro et de faire leur mise. Lorsque, au lendemain de la mort de Pie IX, les cardinaux présents à Rome s'assemblèrent pour la première fois dans la salle du Consistoire, il s'éleva une contestation sur leur nombre. On compta, on vérifia, et le cardinal Ferrieri dit gaiement : « Je suis content que nous soyons 37 et non 39, parce que 39, dans le livre de la loterie, veut dire pendu. » (Victor Cherbuliez.)

ERRATA

Page 14 : lisez *tournure d'esprit des Egyptiens* au lieu de tournure de l'esprit.
— 43 : — *Apollon* au lieu de Apollin.
— 54 : — *Schangaï* au lieu de Shangaï.
— 107 : — *Chapitre VII* au lieu de Chapitre VIII.

TABLE DES MATIÈRES

Chapitre premier. — Considérations générales sur le jeu .... 5 à 16

Nombreux problèmes que soulève le jeu : instinct primordial, passion organique, maladie de l'âme; corrompt le pauvre par l'envie, le riche par l'habitude; huitième péché capital; son caractère impératif, universel. Distinction nécessaire entre les jeux de combinaison et les jeux de hasard. — Opinion d'un publiciste sur les *Villes entretenues*. — Principaux jeux des Grecs et des Romains. Tradition populaire sur l'inventeur du jeu de dés. Les osselets et l'amoureux d'Aphrodite. — Le cottabe. — Le tablier ou trictrac. Passion des Grecs pour le jeu : il fit perdre plus d'une bataille. — Le temple de Minerve Scirade. Partie de trictrac entre un prêtre d'Hercule et son dieu. — Impuissance des lois en Grèce et à Rome : le palais des Césars plus d'une fois transformé en tripot. Discussion entre savants sur le jeu d'échecs : il fut pratiqué à Rome; Ovide y fait allusion. Prière du joueur d'échecs. Scènes de jeu dans les peintures de Pompéï.

Chapitre II. — Superstitions de joueurs............ 17 à 23

Les joueurs d'autrefois et d'aujourd'hui ont eu les mêmes superstitions. Méry se flatte en vain d'apprivoiser le Destin : le paladin de l'équilibre. La noire débitrice envers la rouge. Systèmes ou martingales. — Les échecs et la guerre. — Une explication fantaisiste. Variétés de superstitions : l'écu mascotte; les plumes du pigeon blanc; fétiches équestres; le cloporte; appel aux devineresses; tapisserie et jettatura. — Celui qui se croit changé en une carte à jouer. — Théorie théosophique de l'unité des jeux; le tarot des Bohémiens; il serait le père de la plupart des jeux connus. Le jeu royal de la vie humaine.

Chapitre III. — Le calcul des probabilités .... 24 à 37

Les savants arrivent aux mêmes conclusions que les autres adversaires du jeu; dans un temps donné, le jeu ruine ceux qui s'y livrent, sauf ceux à qui les conditions acceptées ou la mauvaise foi confèrent un avantage. Le hasard a des caprices, il n'a pas d'habitudes. — Montmor applique la théorie de Bernouilli aux quatre jeux en vogue de son temps. Ceux qui perdent leur temps au jeu méritent d'y perdre leur argent; les jeux eux-mêmes sont soumis à la géométrie. — Définition de la probabilité. Opinions de Laplace, Emile Borel, Joseph Bertrand, Henri Poincaré, Arago. — Raison, logique et plaisir aux prises. — Le joueur viole le grand principe de la gradation; tous les coups sont nouveaux; le coup qui précède n'a aucune influence sur le coup qui suit. La loi des grands nombres. Regarder jouer, c'est jouer. Démonstration de Galilée. Propositions de Condorcet. — L'avantage du banquier change tout : celui-ci s'enrichit par la cagnotte. — Henri Langayrou : sorites scientifiques des savants. Trente et Quarante. Roulette. Caractère commun à tous les jeux de pur hasard. La Banque marchande d'espérances ou d'illusions.

CHAPITRE IV. — Origine des cartes : leurs transformations .... 38 à 50

Chaque peuple prétend avoir inventé les cartes. Des auteurs croient qu'elles viennent des Egyptiens, des Chaldéens, des Chinois, ou des Hindous. Partisans de l'origine allemande. Réponse de Virmaître. Les cartes connues en Belgique dès 1379. Jeux primitifs de figures allégoriques ou mythologiques. La légende de Gringonneur : les cartes de Charles VI sont des tarots vénitiens. — Symbolique des jeux. — Trois sortes de tarots. Le tarot de Venise. Legs de Gaignières au roi. Nombreuses métamorphoses et applications des cartes. — Un jeu de fantaisie allemand. Le Ghendgifch hindoustani. En fait, la question de l'origine reste posée, et n'est pas résolue. — Décret de la Convention nationale en 1793 : cartes républicaines. Quatorze de chefs du pouvoir exécutif. Jeu de cartes contre-révolutionnaires. Cartes cartomanciennes. Décret de 1889. Jeux pédagogiques, gastronomiques, servant de gravures de modes, etc.

CHAPITRE V. — Quelques jeux en vogue autrefois, aujourd'hui .... 51 à 70

Divers sens du mot *jeu*. Les peuples civilisés se font des emprunts réciproques. Principaux jeux pratiqués en France du seizième au vingtième siècle. Jeux spéciaux à certaines provinces. La Bassette au dix-septième siècle : Mme de la Sablière abandonnée pour elle par la Fare. — Biribi. — Cavagnole. — L'inventeur du jeu d'échecs; partie providentielle; partie de Ximénès contre lui-même. Quatrain de Junot à la reine Hortense. Lamennais joueur d'échecs. Echiquiers vivants. — Le Quinze. — Le Reversis et

Mlle de Sévigné. — Le Boston. Le Pharaon et *Candide*. — Blücher au *Salon des Etrangers* en 1814 : mot de Louis XVIII. — Le Quadrille honni par le P. du Cerceau. — Le ballet du jeu de Piquet. — Trictrac et politique.

Chapitre VI. — Historiettes des jeux.................. 71 à 107

Académies de jeu. Passion de Henri IV pour les cartes. — Les abbés Ruccellai et Franchipani. — La science du jeu jadis fait partie de l'éducation noble. Querelle de jeu. Tactique de Mazarin. — Pénitence de Bautru. Inutiles conseils d'un carme. — Jeux en vogue à la cour de Louis XIV : Mmes de Montespan, Langlée, Dangeau. Réflexions de Mme de Sévigné et de Saint-Simon. Le jeu fut un rite royal à la cour. — Un remplaçant au jeu. On joue du poisson chez le roi. — Gourville : la diplomatie du jeu. Grands seigneurs instituant des jeux dans leurs hôtels sous le couvert de leurs livrées. Louis XV et Samuel Bernard ; un brelan chez Mme de Tallard. — Le jeu de l'abbé de Choisy. — Une riposte. — Le jargon du jeu. — Voltaire et le Biribi. — Epigrammes. — L'abbé de Boismont. Le marquis de Livry. — Hôtels de Gesvres et de Soissons : la Roulette. Vers de Ségur sur le Loto. — La reine Marie-Antoinette et le jeu. — Aventure de Tilly. Le Salon Sainte-Amaranthe. Le créancier de Charles Fox. — Le Whist. — Arnault joue à l'oie avec Bonaparte. La Martingale de Wast. — Parties de Whist avec Napoléon Ier. — Bals parés hebdomadaires en 1803. — Les jeux devant le Conseil d'Etat du Premier Empire. Rapports de police sur les grands joueurs d'alors. Impressions du prince Clary. Une société de vieilles joueuses. — Charles Nodier joueur d'écarté. — Clubs de dominos. Une partie de dominos quasi historique : Gambetta et Coquelin. Chez Dantan, chez le peintre Glaize. — Charles X et le Whist; une page de Chateaubriand. Les Quatre Vieilles. Fétichisme militaire. — Episode du Trente et Quarante. — Pontes du Second Empire. Aperçus d'un pokeriste, par Tristan Bernard.

Chapitre VII. — Les principaux jeux à l'étranger.... 108 à 136

Les jeux pénètrent partout avec les chemins de fer et la vapeur. — Angleterre. — Belgique. — Hollande. — Grand-duché de Luxembourg. — Suisse. — Allemagne : le *truc* à la diète d'Augsbourg (1547); réponse de Granvelle. — Bavière. — Autriche; les jeux hongrois. — Espagne : la roulette ambulante de l'armée française en 1809. — Italie, la *Trombola*. — Pays scandinaves. — Roumanie. — Russie : un trait de Catherine II; le jeu à la cour d'Elisabeth; la fête de 1778; valet pris pour un roi. — Etats-Unis : l'affaire Rosenthal et la police de New-York. — Amérique du Sud. — Jeux des anciens Egyptiens : enjeux mythologiques, dés truqués. — Perse. — Inde : les jeux à la cour d'Akbar, le *Tchaudal*

Mandal, le Tchaupar; aux échecs, Akbar se sert de ses femmes en guise de pions. — Indo-Chine : les *Trente-six Bêtes*, le *Ba-Kuan*, le Fantan. — Extrême-Orient : Sordia, Trictrac, Echecs japonais, Go, Uta Karuta, Cartes fleuries. — Jeux coréens.

Chapitre VIII. — Contre le jeu .... 137 à 175

Un dossier chargé. Plus de proscripteurs que de défenseurs. Ceux qui condamnent devraient souvent figurer au banc des inculpés. Quelques pièces de l'accusation. L'enjeu des Germains, des Chinois, des Hindous. — L'Hymne aux dés dans le Rig-Véda. Serments de joueurs. Parabole persane. — Didius Julianus. — Voyons d'abord le coup ! — Sang-froid d'un financier. — Duguesclin joueur malheureux. Perdants peu philosophes. — Deux définitions. — Etats généraux de Bourgogne et de Bretagne. Imprécation espagnole. Le fagot de Rotrou. Testament de joueur. — Banco ! — Le succès d'une pièce joué aux dés. — La messe manquée. — Doléances de psychologues. — Moyen original de payer une dette de jeu. — Quatrain sur Frascati. Un vieux galantin. — Celui qui joue en dormant. — Quelle culotte ! — *L'associé voleur*. — Ma revanche ! — Le privilège de voir jouer. — Regnard et du Fresny. — Prêtres joueurs. La leçon de Locke. — Tripots de la Restauration; changement invraisemblable. — Variétés de décavés. — Dévouement inutile. — Benjamin Constant écrit un ouvrage sur des cartes de jeu. — Tireurs et non tireurs à cinq. — Villemessant et Benazet. Un joueur converti : le docteur Véron. — Mme de Girardin et le jeu en 1844. — *La maison de conversation* de Bade : Alfred de Musset. — Réponse d'un croupier de Monaco. — Les confessions d'Auguste Villemot. Les indiscrétions d'Horace de Vielcastel. — Fétiches. — La vertu des eaux de Hombourg. — Aventure d'un officier joueur. — La partie de Joss et Zéno dans *Eviradnus*. — Les moralistes et le jeu. Satan et le jongleur.

Chapitre IX. — Pour le jeu...................... 176 à 191

Instrument psychologique de premier ordre. Le *Mercure Galant*. Mot d'un homme d'Etat. Le jeu a ses héros, ses exemples de repentir. — Le scrupule du marquis de Bonnay. Traité du frère Johannès. Le jeu, grand démocrate, rapproche les distances. Le prince de Condé et Baron. — Le jeu offre aussi un excellent moyen de faire sa cour : Ruy Gomez et Philippe II, Henri IV et le duc de Savoie. — Le jeu abrite de singuliers commerces. Chateaubriand sur le goût de Talleyrand pour les cartes. — Moyen de mnémotechnie. — Un cercle artistique : assaut de galéjades pendant la partie de trente et un. — Le jeu charitable. — L'enjeu des âmes. — Une preuve de l'existence de Dieu par les dés. — Arguments incertains. — Le vrai joueur. — Les cartes héroïques et sceptiques. — Pourquoi les jeux publics sont préférables aux jeux particuliers. — Apologistes décidés : Henri de Fleurigny, Jules Noriac, Tristan Bernard. — Une réponse de Napoléon III. — Inanité des déclamations contre Monte-Carlo. — Les jeux de Bourse, les paris aux courses cent fois plus dangereux que les jeux de hasard.

CHAPITRE X. — La tricherie au jeu...................... 192 à 214

La forme la plus odieuse et la moins dangereuse du vol pour le coupable. — Sobriquets des tripots : leur nombre effrayant. — Anecdotes. Chaque escroc de jeu doublé d'un prestidigitateur : variétés infinies de cette pègre. Ecoles et professeurs de tricherie. Art de se grimer. Escroqueries classiques. *Donner à manger à la pie.* Garcia à la Havane. Mots de ralliement du *syndicat philosophique.* Poussette. Coup du billet neuf. Télégraphe sous-marin. Le rouleau du général. — Cynisme des tricheurs et indolence des *pigeons.* Les faux jetons, les plaques, leur origine. — Les séquences. Dans la plupart des casinos le contrôle est illusoire, la répression impossible. L'art de décacheter et recacheter les jeux neufs. — Le *Cercueil des malins* et le *Tombeau des grecs.* — Les femmes qui trichent. — Comment se garer ? — Les croupiers, leurs bénéfices. Garçons de jeux : *la pipe passe.* Axiome mathématique. Conséquences fatales de la fermeture des jeux publics. — Argot des philosophes. Les musiciens. — Jeux populaires : Quatre-vingt-dix, Birlibibi, Baraque, Klondike, Plus d'atouts.

CHAPITRE XI. — Tricheries et tricheurs célèbres...... 215 à 237

Pimentel rembarré par Sully. Le cardinal Riario. Tactique et stratégie des *Cordons bleus de l'Ordre.* Les comédies de Dancourt. Forme irrésistible de la tricherie — Jugement de Sancho Pança. Les escrocs à la cour de Louis XIV ; stériles efforts contre eux, le mauvais exemple venant de la cour ; témoignages de la Palatine, de Saint-Simon, de Mme de Motteville. — Mazarin et le chevalier de Gramont ; procédés de celui-ci. Friponneries du grand maître de la garde-robe. Le *paroli* du chevalier de la Ferté. — Couplet de Toutabas. Le duc de Villeroy sur saint François de Sales. — L'aventurier Apoulos. — Le jeu de Louis XV ; escrocs de bonne compagnie. Rouleau suspect. Des Grieux initié par le frère de Manon Lescaut. — Exploiteurs de viande chaude. — Une partie d'écarté en plein tribunal. Le jeu dans les villes d'eaux au dix-huitième siècle. — *Mémoires* de Casanova. — L'hôtel du Petit Radziwill. — Lord Yarmouth et le prince régent d'Angleterre. — Le jeu de Napoléon Bonaparte. D'Alton-Shée victime de Rosemberg. Le marmiton de la comtesse Kisselef. Une soirée chez la Barucci au temps du Second Empire. — Révélations d'un ancien préfet de police. — Bandes cosmopolites d'escrocs. — Leçon de tenue à Khalil-Bey.

Chapitre XII. — Les jeux de hasard et la loi......... 238 à 257

Dans tous les temps on a légiféré contre les jeux de hasard. Prohibitions en Orient, en Grèce, à Rome, Edits royaux, Ordonnances synodales. Opinion du ministre protestant Joncourt. Trois espèces de sorts, d'après les canonistes. — Sermons d'un effet foudroyant. Joueur converti. Hypocrisie des gouvernements. — Les Assemblées révolutionnaires et la Commune de Paris contre le jeu. — Maisons autorisées; fermiers des jeux. Boursault Merdiflore. — La thèse et l'hypothèse. L'Etat Tartuffe par excellence dans sa conduite envers les cercles et casinos; il défend, mais tolère; condamne, mais absout. Les pourboires de Fouché. — Maisons de bouillotte. Recrudescence des jeux à l'arrivée des Alliés en 1814. — Le tripot du bailli de Ferrette. — Lois de 1834 et de 1901. Distinction fondamentale entre les grands cercles fermés et les casinos. Impôt des cartes à jouer. Loi de 1907. — Avantages et inconvénients des cercles : d'Alton-Shée, Mme de Girardin, Auguste Villemot, Alphonse Karr. — Contre le monopole de l'Etat. — Discours de M. Empereur au Sénat : sages prémisses, fausse conclusion. — Le personnel des casinos. Déclaration du préfet de police en 1912 : tenanciers scandaleusement protégés par des personnages politiques. Remède pire que le mal.

Chapitre XIII. — Locutions, proverbes, images, boutades, tirés du jeu............................... 258 à 265

Chapitre XIV. — Les jeux de la tranchée : la Manille, le Bridge .... 266 à 286

Additions .... 287 à 294

5-19

IMPRIMERIE DELAGRAVE
VILLEFRANCHE-DE-ROUERGUE

Librairie DELAGRAVE, 15, rue Soufflot, Paris.

BIBLIOTHÈQUE D'HISTOIRE ET DE POLITIQUE

La Guerre, par E. Denis, professeur à la Sorbonne. In-18, br.	3 50
L'Angleterre, par E. Guyot. In-18, br.	3 50
La Chine, par G. Maspero. In-18, br.	5 »
La Grande Serbie, par E. Denis. In-18, 2 cartes, br.	3 50
L'Italie, par A. Pingaud. Préface de E. Denis. In-18, br.	3 50
Les Slovaques, par E. Denis. In-18, br.	3 50
L'Allemagne et la Paix, par E. Denis. In-18, br.	5 »
Le Colonel Driant, par G. Jollivet. In-18, br.	3 50
La Guerre vue en son cours, par Paul Leroy-Beaulieu, de l'Institut. 2 vol. in-18. Chaque vol., br.	3 50
Sous-Marins et Submersibles, par M. Laubeuf, ingénieur en chef de la Marine. 30 dessins, 8 planches In-8°	5 »
Histoire de la Marseillaise, par J. Tiersot. Ill. 8 planches photo. In-8°, br.	6 »
Souvenirs de la Cour du Kaiser, par Miss A. Topham, traduit de l'anglais. In-18, br.	3 50
La Vie Militaire, par E. de Amicis, traduit de l'italien. In-18, br.	3 50
Chez eux, par Léon Blanchin, blessé rapatrié. In-18, br.	2 »
A l'arrière, par Jean Breton. In-18, br.	2 »
L'Alsace-Lorraine, par A. Prignet. Préface de Daniel Blumenthal, ancien maire de Colmar. In-8°, ill., br.	4 »
relié	5 50
La Serbie Légendaire, par Mme Genina Clapier. In-18, br.	3 50
Le Soldat Serbe, par le Colonel H. Angell. 1 vol. in-18, nombreuses photographies, br.	2 50
Les Alliés et les Neutres, par Ernest Lémonon. In-18, br.	3 50
L'Allemagne à la conquête de l'Italie, par Giovanni Preziosi; trad. par Ernest Lémonon. In-18, br.	3 50
Le Martyre et la Gloire de l'Art français, par Léon Rosenthal, professeur au lycée Louis-le-Grand ; 16 planches hors-texte. In-8°, br. . . . 4 50 — relié	6 »
La Vie de roman de Lloyd George, par Beriah Evans; trad. par R. Lebelle. In-18, br.	3 50
Les Crimes inexpiables, par Jean Donat et Jean Signorel. In-18, br.	3 50
Histoire de la Révolution de 1848, par Gaston Bounicls. In-18, br.	4 »

www.ingramcontent.com/pod-product-compliance
Lightning Source LLC
Chambersburg PA
CBHW071525160426
43196CB00010B/1657